戦争・平和・国際組織

歴史的に考える

戦争
【歴史的に考える】
平和
武田昌之 著
国際組織

東海大学出版部

War, Peace, and History
A Study on Pacifism and International Organization Plans

Masayuki TAKEDA
Tokai University Press, 2018
Printed in Japan
ISBN978-4-486-02175-9

目次

第1部

ヴァイマル期における平和主義

第1章　ヴァイマル期における平和主義

はじめに

第一次世界大戦は、ドイツ人の国民意識に深い影響を与えたといわれるが、[1] ヴァイマル期は、戦争と平和の意味の再検討が行われた時期であったように思われる。そこでは、新しいナショナリズムが登場するとともに、一方では、平和主義も思想的・組織的に豊穣の秋を迎え、キリスト教に基づく宗教的平和主義者、社会主義に親近感をもつ平和主義者など、様々な平和主義者が現われ、議論を展開し、多くの組織を結成した。[2]

ところで、ドイツの平和主義は、平和主義者の全国組織たる、ドイツ平和協会（Die Deutsche Friedensgesellschaft〔以下、ＤＦＧと略〕）が自由主義者を中心に一八九二年に設立された頃から本格的な歩みを始めた。[3] 第一次大戦以前には、平和主義者は、戦争と平和を専ら国家間の問題と考えており、軍縮の推進、仲裁裁判制度や国際法の発展、国際組織の設立等の方法で、戦争を阻止し、永続的平和（Der dauernde Friede）を築こうとした。また、彼らは内政については現状維持志向が強かった。[4]

それに対して、ヴァイマル期の平和主義の特色の一つは、戦争と平和の問題が、内政との関連で論じ始められたことだといわれている。それは、例えば、国内の政治・経済・社会状況は対外的平和と不可分の関係があると考え、積極的に現実の政治に関わろうとする平和主義者の姿勢に現われている。[6] しかし、見方を変えると、かかる新しい傾向は、戦争と平和の問題を、まず、国家と国民の関係という点において捉えようとする態度として把握することもできるように思われる。一方、第一次大戦以前からの平和主義者は、基本的には、先に述べたような伝統的傾向を引き継いだ。彼らは、新たに登場した平和主義者が、ラディカルな平和主義者などと呼ばれるのに対して、組織平和主義者であるとか、穏健な平和主義者などと呼ばれるが、[7] その彼らも、国際連盟の設立等の新しい状況の中で、何らかの変化を余儀なくされた。

このように多様な面を示すヴァイマル期の平和主義については、既にそれを包括的に扱った研究があり、本稿もそれに負うところが多い。そして、ヴァイマル期の平和主義の全体像の概観はそれらの先行研究に委ねるとして、本稿は次のような問いを据えて、ヴァイマル期の平和主義を扱うことにする。すなわち、平和主義者は、戦争と平和を国家間の問題としてはどう考えていたのか、また、国家と国民の関係という面ではどう捉えていたのか、という問いである。しかし、具体的には、国家の防衛と国際連盟の強制執行（Exekution）、制裁（Sanktion）、兵役義務と兵役拒否に関する見解を主に取り上げる。[8]

これらから本稿が目指すのは、彼らの主張の当時における実現可能性の検討や、思想的系譜を詳しく辿ることではなく、彼らがその見解をどのように正当化しようとしたのかを明らかにし、その見解の時代的特性を捉え、逆に、そこからほの見える、ヴァイマル期という時代の一面を探ること、また、先に述べたような問いをたてることによって、先行研究では見えなかった、ヴァイマル期の平和主義の側面を、僅かではあっても示そうとすることである。[9] また、本稿は、結果的には、我が国で近年注目されているヴァイマル文化を担った、多くは平和主義的傾向をもった左翼知識人像の一面を照射することになるだろう。[10] 更には、本稿では十分に議論する力をもたないが、ヴァイマル期という時代を超えて、近代国民国家における戦争と平和という問題に対する関心が、本稿の底流にあることを付け加えたい。史料としては、平和主義の理論的雑誌 Die Friedens-Warte 誌、[11] 左翼知識人の中心的雑誌 Die Weltbühne 誌、[12] 当時の平和運動のハンドブック、[13] ヒラー（Hiller）の二冊の論説集を、[14] 主に、用いた。

Ⅰ．国家間の問題としての戦争と平和

１．国家の防衛に関する諸見解

平和主義者が侵略戦争を非難したのはいうまでもないが、防衛戦争については見方が分かれており、個人の正当防衛と類比すべき集団的正当防衛と考えることなどから、それを肯定する主張は根強くあった。[15] しかし、ヴァイマル期には、かかる伝統的議論の克服が試みられた。

例えばヴェーベルク（Wehberg）は、防衛戦争を個人の正当防衛との類比で肯定する見解に対しては、個人の正当防衛を認めた上で、「国家は簡単には破壊されない。まずは占領されるだけである。占領は取り返しのつかないものではなく、平和的手段で再び解除し得るものだ」と述べ、集団的正当防衛を軍事的防衛とのみ捉える考えに反論する。[16] しかし、仮に集団的正当防衛が防衛戦争のみを意味していても、問題となっている軍事行動が侵略か防衛かを区別することが難しいのは明らかである。原則的には防衛戦争を認めるシェーナイヒ（Schoenaich）も、現実には次の理由で防衛戦争に反対する。「戦争に利害関係をもつ者の技術は、まさに、彼らが諸国民の目の前で侵略戦争を防衛戦争に偽造することにある。歴史のどんな時代においても、総ての軍事的指導者は、『我々は侵略されている』と常に主張してきた」[17]。また、逆に、輿論を操作することが指導者層の重要な課題になることを、彼は予測している[18]。

国家の軍事的防衛に批判的な態度は以上の例から窺えるが、具体的にはどのような対応が考えられていたのか。侵略と防衛に関して、フリート（Fried）は、「武力に訴える前に平和的調停手段を試み、それを利用し尽くした証拠を提出しない国は侵略国である」と定義付け、この基準に合った国家の軍事的防衛力の行使を正当なものと捉えた[19]。一方、侵略と防衛の認定を国際連盟に委ねること、更にはそれだけでなく、国家の軍事的防衛権自体に危険性を見て、軍事的防衛権を国際連盟に委譲すること、これらに解決の道を探ろうとする見解もあった。ヴェーベルクは、一九二三年のギリシア・イタリア紛争の際、ギリシアがイタリアに軍事的対抗措置をとらず、国際連盟理事会への提訴に自制したことを高く評価するとともに、識者に対して次のような問いかけを行った。すなわち、侵略に対して自衛権の行使で対抗しないという方法を一般化すること、更には、個々の国から自衛権を取り上げ、国際連盟に個々の国の利益の保護を委ねることと、世界平和の維持との関係をいかに考えるか、と[20]。また、彼は一九二五年のギリシア・ブルガリア紛争の解決に臨んでの、オースティン・チェンバレン（Austin Chamberlain）の「どんな種類であれ、どこで布告されたものであれ、宣戦は我々〔国際連盟加盟国〕の総てに関わり、利害関係をもつ」という見解を、「いわゆる危険に晒されている国家の利益の防衛を行うのは、個々の国家の課題でなく国際連盟の課題だ」と解釈した[21]。これに対して、ヴェーベルクの問いかけの回答者の一人フーゴ・プロイス（Hugo Preuss）は、個人や団体の自助が国家理念の道徳的・政治的強化でのみ克服されるように、国家の自助は国際的共同体とその法秩序の強化でのみ克服され得るが、現状では国家の自助の放棄は不可能である、と現実の国際連盟の脆弱さを指摘して、国際連盟への軍事的防衛権の委譲に批判的な態度を示した。これは代表的反論だが、逆に、国際連盟を積極的に強化することで、このケースの一般化を図ろうという回答も寄せられた。ゲルラハ（Gerlach）は、最強の国家の軍隊より優れ、将来には国家の軍隊の代わりとなるような強制執行軍事力を国際連盟がもつことを、その前提と考えた[22]。

ところで、国家の軍事的防衛に対する疑問は、以上のような手続的、または、原理的問題からのみ生じたのではなく、第一次大戦では全面的な形をとらなかったが、次の戦争の形になるであろう未来戦争（Zukunftskrieg）に対する予測にも由来している。未来戦争には、その国の産業、特に工業力が戦争と重要な関連をもつという側面、科学技術の発達によって、少数のエリート志願兵が毒ガスや航空機を利用して戦闘を行うという側面、これらから、攻撃は銃後に向けられ、戦争は特に大工業都市の住民を巻き込む形になる、という側面があるが、かかる戦争での軍事的防衛の意味がしばしば検討されたのである。例えば、エンブデン（Embden）は、軍事専門家の見解を引用しつつ軍事的防衛の有効性を検討している。すなわち、航空機が防衛兵器としては不適切であり、航空機からの毒ガス弾の投下で数時間で数百万人の死者が出る可能性がある、かかる攻撃に対する防御は、間接的防衛というべき敵の都市への対抗攻撃の形をとるしかないし、また、自国民を精神的に良好な状態に保つために、いくらかの防衛手段をとることは必要だが、敵国民の士気を挫く方が逢かに重要である、という軍事専門家の見解を紹介し、次のように断じた。工業の中心への一連の攻撃によって行われる戦争では、「現実的防衛は、中心的大工業都市の全住民のための待避壕が作られ得た時のみ貫徹され得る」か、国土防衛の実質的内容とは、大都市の住民をすばやく疎開させ、飢えと雨と敵の航空機からの攻撃に晒すことなのだ、と。そして、彼は、「現代の軍備が専ら戦争を招き、加えて戦争を本国にもたらすであろうということが明らかである。完全に軍備を撤廃した国民は、どんなに違った具合に戦争と向かい合うことか！」と、既存の防衛システムの破産を宣告した[23]。同様にヴォーカー（Woker）も、国際連盟による、化学兵器の研究・管理を提案するとともに、世界的な徹底的な軍備撤廃を唯一の国土防衛の形と捉えた[24]。

また、ヴェーベルクも、専ら未来戦争という要素のみに着目したわけではないが、軍事的防衛の現実的意味に対して、懐疑的な態度を示した。彼は、一九一四年にフランスは防衛戦争を行うべきではなかったと述べ、他方、ルール占領期の経済的抵抗を高く評価する。なぜなら、仮にそうした経済的防衛手段や法への訴えが不十分でも、軍事的防衛には、国土が戦場になり多くの市民が殺されるという確実な欠点があるからである。それゆえ、彼は、国際連盟は総ての戦争と宣戦を禁止して、経済的防衛手段のみを国家に認めるべきだと主張した。[25] また、明白な侵略の際にも軍事的防衛が行われなければ、市民が拘禁されたり虐殺されたりする、という批判に対しては、軍事的抵抗こそがそうした結果を招くと反論するとともに、平和的手段による防衛は現代では軍事的防衛より偉大な行為だ、と賞揚した。[26] そして、カトリックの平和主義者シュトラートマン（Stratmann）の言葉を引用して、彼もまた、「ある国民の武装はその最大の危険を意味し、非武装は最大の安全を意味する」という見解を示したのである。[27]

国家による軍事的防衛に関しては、以上のように疑問が呈され始めていたが、その代替方法としては、仲裁裁判等による平和的解決や、消極的抵抗のほかに、国際連盟による強制執行・制裁が重要なものとして考えられていた。そして、それをめぐる問題は、ヴァイマル期の平和主義者の論争点の一つでもあった。

2. 国際連盟の強制執行に関する諸見解

平和主義者、特に組織平和主義者は、国際連盟の強制執行軍事力や強制執行戦争をいかに正当化したのか。ゲルラハは軍縮と関連付けて捉えている。彼は、ある国の一方的軍縮が、その国に対する不正行為を誘発しやすいこと、即時国際的軍縮が空想的であることを指摘して、国際連盟軍の存在こそが個々の国家の軍隊の解体の前提条件であると主張した。そして、どんな軍隊もそれ自体は倫理的でないことを認めつつ、国際連盟に軍備を集中し、国家による軍備の誤用を回避することを一定の進歩と見なした。また、彼は、強制執行戦争を認めうる唯一の防衛戦争と捉えていた。[28] このほかに、強制執行軍事力は国内の警察との類比でも正当化が試みられたが、[29] 歴史に範を求める説明も行われた。そもそも、平和主義自体、中世のラントフリーデに発想の多くを負っているが、[30] シュヴァルツ（Schwarz）は、一九世紀のドイツ帝国の形成期に、個々のラントの軍事力が高次の共通の統帥権下に移行した先例に則って、歴史の発展の高度の段階である人類の段階では、国家の秩序維持には不必要な軍備の統帥権は中央に委ねられるべきだとして、超国家的防衛力の意義を正当化しようとした。[31]

これに対して、国家の軍事的防衛権の国際連盟への委譲を主張したヴェーベルクは、当時、平和主義者の間にあった強制執行戦争への肯定的傾向とは異なり、それを極めて限定的に捉えていた。彼は、ドイツの侵略に過敏なフランスやベルギーの不安を除くには、道徳的・経済的制裁だけでなく、軍事的制裁が必要であるし、逆に、それによって国際連盟が強化されることを示唆した。[32] また、軍事的制裁の執行以前に、侵略者の認定等の吟味がなされ、他の手段での解決が図られるので、軍事的制裁が実際になされる可能性は小さく、自動的に軍事的措置がとられやすい国家の軍事的防衛より多くの長所があることを認め、唯一の課題は国家の防衛戦争の禁止である、と論ずる。[33] しかし、国家の軍事的防衛に向けられた疑問は、戦争としての性格から、国際連盟の強制執行戦争にも該当する。例えば、国内の警察は犯罪者のみを対象とするのに対して、強制執行戦争は常に多数の無辜の人々を傷つけ、総ての地域を荒廃させることが予測されるのである。それゆえ、彼は、軍事的強制執行を極めて例外的措置とし、経済的強制執行を適切な方法と捉えた。[34]

以上のように国家の防衛戦争の克服を試みたヴァイマル期の平和主義に次の点を指摘することができる。第一に、従来、平和主義者においても自明の権利と見なす傾向の強かった軍事的防衛権を、国際連盟に委譲するという見解から窺える、国家主権の制限を図ろうとする点である。[35] 第二には、手続や目的が正しければ正当な武力行使はあり得るのだ、という考え方が組織平和主義者には強く残っているという点である。それは、手続的により精級な、国際連盟の強制執行戦争という新たな「正しい戦争」の登場の中に見ることができる。第三には、集団が高次の集団に統合されていく――ラント・ライヒ・超国家という具合に――という認識が、これらの考え方を背後で支えている点であり、高次の統合体としての国際連盟に大きな期待がかけられていた。第二の点に関していえば、組織平和主義者のかかる傾向の原因の一つは、彼らが戦争と平和を何よりもまず、国家間の公正という観念から捉えようとしたことであるように思われる。ヴェーベルクも、法や公正の理念が出発点であり、どんな状況下でも武力は用いないという信念はもっていなかった。[36]

これに対して、ヴァイマル期には、第一次大戦の悲惨な体験を経て、戦争と平和を国家と国民の関係という側面において考えようとする新たな傾向が生まれた。[37] そこで、次に、兵役義務と兵役拒否をめぐる諸見解を中心に取り上げて、それを考えてみたい。

Ⅱ．国家と国民の問題としての戦争と平和

1．兵役義務に関する諸見解

第一次大戦前の平和主義者は、内政に関して現状維持志向が強く、兵役という、国家と国民の間に生じる関係は当然なものと考えがちだった。それゆえ、彼らは、クエーカー等が古くから主張していた兵役拒否を、「法の前の平等」に反する異端的な平和主義と見なし、更には、卑小な平和主義として非難さえした。しかし、兵役拒否は、第一次大

戦中に特にイギリスで活発に行われ、戦後、各国で兵役拒否を主張する組織が結成されるに至り、ドイツでもＢｄＫ等の組織が作られたのである。[38]

ところで、ヴァイマル共和国には兵役義務は存在しなかった。そのことは、兵役拒否の主張が広範に広がり得なかった原因の一つと指摘されている。[39] しかし、逆に、兵役義務が廃止されたことは、兵役義務や兵役拒否、更には、国民にとっての戦争の意味を徹底的に考察する機会を与えたということもできよう。また、ヴァイマル期には、現実にしばしば一般兵役義務の再導入――特に民兵制の形での――が取り沙汰されており、平和主義者もそれを議論している。そこで、まず、兵役義務導入を図ろうとする見解と、それに反対する主張を取り上げ、兵役義務が一般にどう見られていたかを考えてみたい。[40]

政党では、党綱領にもあるように、ＤＤＰは民兵制の導入を主張していたが、ＳＰＤの内部にも民兵制導入論はあった。[41] これらの主張の原則的理由は別として、その現実的理由としては、国防軍が共和国の中で異分子化している状況の解決と、陸軍の侵略的性格の除去という点があげられよう。[42] 確かに、共和国期前半には闇国防軍の編成の試みがあり、後半には秘密再軍備とそれを利するための措置が試みられており、[43] 民兵制の導入はそうした危険性を回避する一つの方法であった。しかし、こうした主張に対しては、兵役義務がヴェルサイユ条約に反するという点からだけでなく、平和主義者からいくつかの反論がだされた。ゲルラハは、民兵制の導入は軍国主義の強化に繋がり、それは現国防軍のもつ危険性より大きいと述べ、重要なのは国防思想の根絶であり、民兵制の導入は世界の非武装化を遠ざけると反論したし、[44] ヴェーベルクも、同様に、民兵制の精神的悪影響を指摘するとともに、ドイツにおける兵役義務廃止が、そもそも軍縮の第一歩として位置付けられていた事実を踏まえ、民兵制の導入は軍縮の破産宣告を意味すると批判した。[45] ダイムリング（Deimling）も、ＤＤＰ内で民兵制が将来の陸軍を形作るべき形態と推賞されているのを批判して、民兵制の軍隊は現代の戦争に耐え得ないと反論し、また、民兵制導入は、現在では軍拡を意味すると指摘した。[46] 以上の議論は、主に一九二〇年代の短期的な状況の把握に基づいてなされているが、これ以外にも原則的理由に基づく議論があり、そこからは、より長期的な時間の中での兵役の意味を探ることができる。

一九二四年三月、ＤＦＫは国会選挙を前にして、各党に一般兵役義務導入に反対する意志があるかどうかを問いかけた。これに対して、ＤＤＰは、「一般兵役義務の観念は総ての民主主義運動の根本原則だ」と回答し、オシエツキー（Ossietzky）らを含むドイツ共和党（Republikanische Partei Deutschlands）も、総ての国防の形の中で最も民主主義的な形態である国民民兵軍（Volksmiliz）に国防軍を編成替えすることを必要と考える、と答えた。回答のあった中で一般兵役義務に明確に反対したのは、それが階級国家の強化をもたらすという理由をあげた、ゲオルク・レーデブーア（Georg Ledebour）の率いる社会主義ブント（Sozialistischer Bund）だけだった。[47]

一方、一九二五年五月末の国防省予算審議で、バイエルン人民党のマルティン・ロイブル（Martin Loibl）は一般兵役義務の導入を主張し、それを、「フランスの偉大な革命の時代に由来する制度、つまり、共和主義国家によって作られた制度である」と説明した。[48] また、コーン（Kohn）も次のように述べている。「忘れてならないのは、一般兵役義務は殆どの国民にとって何か神聖なものであり、国家の機関、特に学校によって、繰り返し市民の理想として教えられている、ということである。また、一般兵役義務は、偉大な革命的行為として生み出され、フランスでは、光栄ある一七八九年の全き栄光に取り巻かれている。一般兵役義務は、専制君主の支配を覆した国民の主権の表現であり、ドイツでは一八一三年の自由主義運動がその起源だった」。加えて、一般兵役義務が国家の独立の支柱だったことも指摘されている。[49] 一方、模範とされたスイスの民兵制はどう見られていたのか。チューリヒ大学のラガツ教授（Ragaz）は、「『兵役に耐えうること』が、妻や子だけでなく農場や財産をも守る自由な男の印だ、という前提に民兵制は基づいている。［中略］軍隊は民主主義の目印となり、自由な国民の名誉となる。つまり、軍隊を毀損する者は、民主主義の神聖さを毀損している」と、考えられていると指摘している。(50) また、兵役義務の導入が一度決定されれば、民主主義の原則から個人はそれを拒み得ない、という見解もあった。(51)

これらの例からは、一般兵役義務、特に民兵制が、民主主義的共和国の自由な市民に最適の制度であるという、その成立時に付与されたプラス価値において捉えられていたことが確認されるし、見方を変えると、一般兵役義務、更には戦争が、そこに組み込まれる国民――確かに、国民自らが一般兵役義務や戦争を生み出したという側面もあるが――の生と死の問題として扱われず、抽象的に天下国家を論ずるという形でのみ扱われている、ということを指摘できよう。そして、かかる傾向は、フリートやクヴィッデらの平和主義者も共有していた。(52)

これに対して、ラディカルな平和主義者は、一般兵役義務や兵役拒否、戦争について異なる見方を示している。次に、ヒラーの平和主義を中心に少し詳しく見ていきたい。

2. ヒラーのラディカルな平和主義(53)

ラディカルな平和主義に関して、ヴェーベルクは、「ドイツの平和主義のラディカルな党派は、個々の人間の生の権利（Das Recht auf Leben）の不可侵の原則を優先し、それゆえ、防衛戦争も強制執行戦争も含めて、総ての国家間戦争を拒否し」社会革命を目指さない平和運動を幻想的なものと捉えている、と定式化し、また、この党派を、絶対に武器をとらない絶対［平和］主義者（Absolutisten）と、革命的目標のためには武器をとる左派相対［平和］主義者（Linke Relativisten）に分けた。(54) 戦争阻止の手段としては、ラディカルな平和主義者は組織平和主義的方法も支持したが、犠牲になることの拒否、という最も単純で効果的な方法である兵役拒否を中心として、ゼネストや徴用拒否を含めた直接行動を主たる方法とする点が、彼らの特色である。

ところで、兵役拒否は平和主義者の理念の反映でもあり、拒否する際の理由がいかなるものかということは、重要な問題である。第一には、宗教的・倫理的理由による、いわゆる良心的兵役拒否がある。第二には、主に社会主義者による、政治的理由からの兵役拒否がある。[55] また、組織平和主義者の中には、ヴェーベルクやゲルラハのように、国際法違反の戦争での兵役拒否を権利、更には義務と考える者もおり、[56] 宗教的平和主義者の中にも、正しくない戦争での兵役拒否を義務として考える人々がいた。[57] これらの超個人的な理念、いわば大義に基づく兵役拒否の主張は、ヴァイマル期の平和主義を支える強固な土台だったが、ヒラーの平和主義は、これらと少し異なる理念に立っている。

ヒラーの平和主義では、生の尊厳（Die Heligkeit des Lebens）と、生の権利の不可侵という二つの理念をあげることができる。両者は若干異なる意味合をもっている。前者が、理念として考え方の土台になるものとすれば、後者は目的として、政治理念として、特に国家主権と対置されるものであるし、また、前者は、生を自分のものと考えなくとも可能な観念であるのに対して、後者は生を自分のものと捉える考え方に立っている。[58] そして、前者より後者を強調するのが、ヒラーの平和主義の特色の一つと思われるが、それを確認しつつ、具体的に彼の平和主義を見ていきたい。

一九二〇年に書かれた論説「左派平和主義」の中で、彼は、戦争自体に対しては反論することはできないが、戦争で忌まわしい点は、「戦争が生を意志する人間、健康で、創造力と創造の喜びをもった無辜の人々に殺されることを強い、外国人という欠点をもつだけの、同じように健康で生を意志する、生産的な無辜の人間を殺すことを彼らに強いることである」（傍点は引用者による）と述べており、また、「国家は、自分の肉体を自由に扱う権利、個人の自己決定権、すなわち、〝自分自身に対する権利〟を理性的な方法で個人に認めなければならないし［中略］同意によって他人の肉体を自由に扱う権利も認めなければならない」と原則的な立場を表わし、自殺や決闘は処罰すべきではないし、志願兵による戦争は集団的決闘だから原則的には反対できない、といっている[59]。

こうした考え方は、生の権利を明確に示している。生は他人が侵すことはできないが、自ら断念することはできる、という考えである。そして、生の権利は国家において次のように位置付けられる。「総ての権利のうちで最高の権利は生の権利である。あらゆる人間の生の権利を無効にするような性質をもっているほど重要な国家の利益などない。［中略］生の権利は公法という天球がその回りを取り巻く軸である」[60]。ここからも窺えるが、ヒラーは人間が国家のためにあるのではなく、国家が人間のためにあると考えており、国民の生を守るのが国家の基本的課題なので、兵役強制は国家理念の倒錯であると断じ、また、兵役義務を軍事奴隷制と名付け、賃金奴隷制同様の関心を向けるべきだ、と述べている[61]。

確かに、生の権利だけでなく、生の尊厳も見落としてはならず、彼はそれが平和主義の土台をなしているといっている[62]。しかし、既に引用した見解からも推察できるが、加えて、総ての戦争の拒否を明言した後で、「それでも、平和主義的理念と行動の本質的攻撃点は依然として国防強制である」[63]と述べることは、一般兵役義務の廃絶を軍縮の第一歩と位置付け、兵役拒否を戦争阻止の最大の手段と捉える、手段に関する認識とは別に、意志に反して殺されてはならないという、自己の生への強い権利意識を示しているといえよう。かかる意識から、宗教・倫理に基づく平和主義との相違が生じる。彼は次のようにいう。「平和主義の、本能に対する偽りも非難されなければならない。それは、議論を専ら『殺すなかれ』という義務命令からのみもってきて、人間の『生きていたい』という根源的意志、それに直接由来する根源的権利については何も知らないふりをするのだ。優先し根源的なのは、義務でなく権利である。まず、死にたくないという私の意志がある。そして、感情移入、または、形而上的同一化によって、同胞の同じ意志を想像するという理由でのみ、私が自分の生に求めるのと同じ畏敬の念を彼の生に献ずる義務の感情が私に生じ、殺さないという私の意志が生ずるのだ」[64]。

それゆえ、彼は生命や身体を脅かされた際の対抗行動を個人や集団の正当防衛として認める。ただし、彼は防衛戦争を正当防衛とは認めない。なぜなら、彼は近代の戦争は市民の生命や身体への攻撃を目的としたものではなく、領域等の財産をめぐる戦争（Besitzkrieg）であり、撲滅戦争（Ausrottungskrieg）ではないと考えるからである[65]。

彼はまた、生の意志と権利を発想の根底に据えることで、当時導入されつつあった、良心的兵役拒否を認める条項のついた兵役を認める人々を批判する。「その条項の支持者は、〝臆病からの〟兵役拒否から勿体ぶって区別する、良心的理由による兵役拒否のための〝基準〟を求めている。私は、友の名において、きっぱりとこの区別を拒否する。産業財閥のバカらしい利益や、政治家の野蛮な名誉欲のために、自分の生命を犠牲にしたり、片目でさえ犠牲にしたりするのを拒否する〝臆病者〟万歳！　生に対する意志を臆病と名付け、自分を平和主義者であるという人には誰にでも、私は非常に慇懃に答えている。『なぜ自分が平和主義者なのかを知らない平和主義者がいる』と」[66]。

以上からは、次の点が指摘できると思われる。すなわち、良心的兵役拒否や政治的理由からの兵役拒否などが、超個人的な、見方を変えると、超国家的な大義を必要とするものであり、極論すれば、国家においては兵役義務を常態とし、兵役拒否を特殊とするような発想に近いのに対して、ヒラーの主張は、その国家観と、生の権利を最高の権利として位置付けることによって、兵役義務を異常な状態と見なし、それゆえ、兵役拒否には何ら大義を必要としない、という発想に立っている、ということである。この相違は小さくないと思われる[67]。

しかし、兵役義務や兵役拒否のこのような捉え方は、ヒラーのみのものではない。ヒラー同様に、一般兵役義務は自由な国民に最適な制度ではなく、奴隷的状態であり、兵役拒否こそ自由な個人としての態度であると考える人々がいた。例えば、ベルリンの弁護士ハンス・プロイス（Hans Preuss）は、「結局、重要なことは、総ての個人が態度を変えて自由な人間に発展することである。官憲への服従は、自由な個人の意識にとってかわられなければならない」と[68]「自由」によって兵役拒否を正当化しようとした。また、一般兵役義務が「近代」でもっていた意味を指摘したコーンも、「我々の闘いは［中略］個人の生を自由に扱うという、それ相応の権利をもつ今日の国家概念に挑む時にのみ意味をもつ。［中略］我々はまず人々を覚醒させ、兵役義務はそれほど神聖なものではなく、かつては解放的意義をもっていたかもしれないが、今日ではもはや解放的意義をもっていない、歴史的になった問題であることを示さなければならない。今日、新しい自由概念が生じつつある」と、国民に無制限に主権を行使する国家概念を批判し、また、ヒラー同様に、「臆病からの」兵役拒否も支持した。[69]

ヒラーの平和主義の原則的力点は以上のように反兵役義務にあったが、批判は総ての戦争に向けられている。彼は志願兵による戦争を原則的には認めたが、第一次大戦中のイギリスのように、精神的・物理的必要性から必然的に徴兵制の導入がなされること、また、一般国民にも被害——国土荒廃と流れ弾による被害——を与えることから、現実問題としてはそれに反対した。[70]防衛戦争については、近代の戦争を所有をめぐる戦争と捉えることで、生はどんな場合でも財産より価値があるので、防衛戦争という考え方は成り立たないと否定し、一国民が殺されるよりは全国民の奴隷化の方がましだ、と生の重みを強調した。[71]更に、防衛戦争を、外から迫りくる権利剥奪と奴隷化の危機への対応と捉え、類比によって、解放戦争を、既に存在している外からの権利剥奪と奴隷化への対応、内戦を、既に存在している内なる権利剥奪と奴隷化への対応、と位置付けて、総てを拒否して平和的手段での解決を主張した。[72]ヒラーの一九二〇年代初期までの平和主義の概要は以上のようなものである。[73]

これからは、ヒラーや彼に近いラディカルな平和主義者が、戦争と平和を、まず、国家と〈私〉の問題、個人の生と死をめぐる問題と捉えていたことがわかる。それゆえ、国家間の公正の原理に立った「正しい戦争」の考え方は否定された。こうした傾向は、一般兵役義務の解釈に更に明確に現われている。つまり、伝統的な議論が、国家における市民の義務の側面を問題とするのに対して、ヒラーたちは、国家はどんな大義をもってしても、個人の生と死に関わる問題に介入し得ないという見解を示していたのである。

ヒラーの一九二〇年代初期までの平和主義は、総ての戦争を拒否し、戦争阻止の手段も平和的なものであることで、一応の整合性をもっていた。しかし、それは、戦争に反対する蜂起や革命的武力行使を肯定し、それによって政権を掌握することを認める、革命的平和主義へと変化する。それでは、次に、革命的平和主義を概観することにしたい。

Ⅲ．ヒラーの革命的平和主義

シェーア（Scheer）は、ヒラーの転換は社会主義に対する見方の変化に原因があり、また、ヒラーの思考の中心には革命の理念がある、と述べており、主に、そうした点を中心に革命的平和主義を扱っている。[74] そこで、まず、平和主義と社会主義の原則的関係の変化を確認してみたい。ヒラーは一九二〇年代初期に、資本主義体制を国家間戦争の主因と捉え、社会主義的に秩序付けられた世界は永続的平和の蓋然性を遙かに高めると述べ、平和運動と社会主義運動の結合の必要性を主張している。ただし、世界社会主義体制の成立以降も、人種や民族等の諸集団間の対立の武力解決はあり得るので、平和主義は不必要にはならない、ともいっている。[75] これに対し、一九二三年には、世界社会主義は世界平和主義の前提条件であるという解釈が出され、[76] それは、一九三一年の、「社会主義はもちろんそれだけでは平和ではない。しかし、平和を欲する者は社会主義を欲しなければならない」という考え方にも受け継がれた。[77] こうした見解や、ＧＲＰとＢｄＫのプログラムの比較からわかる変化は、[78] 一九二〇年代初期には、資本主義体制下での永続的平和の可能性が全く否定されていたわけではなかったのに対して、一九二三年以降にはそれが否定されたという点である。ただし、ヒラーは、資本主義体制下でも個々の戦争が阻止し得ることを、一九二三年以降も認めている。[79] この変化の大きさをどう評価するかは別にして、この変化が革命的平和主義への転換の主原因なのかどうか、また、なぜ、この時期に変化が生じたのかという点も説明されなければならない。しかし、この問題はしばらく措くとして、次に、手段の側面の変化とその正当化を追ってみよう。

一九二〇年代初期に、彼は、目的に反する手段を用いることを非合理的と解釈し、総ての戦争を拒否していた。[80] これに対し、一九二三年には、ハーグ世界平和会議（一九二二年一二月一〇日〜一五日）で、オランダの社会主義者エド・フィメン（Edo Fimmen）が、戦争に反対するための公然たる蜂起は、労働者が行う唯一の戦争、つまり、戦争に対する戦争（Krieg gegen den Krieg）である、と述べたのを、平和主義的絶対主義と攻撃的プロレタリアミリタリズムの中道として高く評価した。[81] 国内の危機的状況を経た一九二四年には、一般の内戦や、一九二三年に提起された戦争に反対する内戦（Bürgerkrieg gegen den Krieg）の正当化が試みられた。ヒラーは、一揆主義者には必要ならば武力で対決しなければならないし、内戦は犯罪との闘いであって戦争ではない、と武力行使を肯定した。また、国家間戦争に対抗して革命——内戦をも可能性として含んだ革命——を起こすことを主張し、それを恐るべき悪と認めつつ、国家間戦争より小さな悪として位置付けた。一方、この時点で、「目的は手段を正当化する」と述べて、従来の手段・目的関係を放棄するとともに、平和主義は手段に関する理論でなく、目的に関する理論であるとして、戦争に反対する内戦を正当化したのである。[82]

社会主義に至る革命も、かかる戦争に反対する蜂起と結び付けて論じられている。その際、社会主義が永続的平和の前提条件であり、社会主義が革命によって達成されると考えるなら、革命運動に力を集中すべきだという批判があり得るが、ヒラーは次の理由からそれに反論する。すなわち、第一には、既に述べたように、現体制下でも、個々の戦争の阻止が可能であり、それに努めるべきだという理由、第二には、社会革命は平時にはあり得ない、という確信からである。彼は次のように述べる。「私はドイツでは革命は全く不可能か、次の戦争が勃発した時に起きると信じている。そして、兵役拒否、軍事徴用拒否、反戦の大衆蜂起が我々の革命の形になると信じている」。そして、彼は平和運動を革命の梃子と捉えた。[83]一方、戦時中の革命を導くような、「白軍の中に入って赤軍化する」という見解に対しては、「そうした改造が成功しても、それは、ヨーロッパが毒ガスで九〇パーセント破壊された時にできるのだ」と、懐疑的である。[84]

これらの見解からは、ヒラーが当面の問題として重視しているのは、依然として個々の戦争の阻上ということであり、社会主義に至る革命も、開戦時革命という、戦争を阻止するための行動と付随してのみあり得る、と解釈されていることが指摘できる。すなわち、少なくとも当面の問題に関しては、革命的平和主義においても、革命や社会主義に重点が置かれているというよりは、平和主義に大きな比重がかけられている、ということを指摘できると思われる。しかし、手段の問題に関していうなら、彼が武力行使を肯定するに至ったことは否定できない。

ところで、革命的平和主義への転換は、根本的理念たる生の権利とどう関わるのか。彼は、一九二四年に次のように述べている。「至る所で、例外なく、生の権利が限界を形成する。生を意志する者の生に対する要求は、無条件に守られなければならない。［中略］しかし、かかる要求が自由意志で断念される場合がある。［中略］自分自身に対する（より一般的な）権利は、生の権利を断念する権能を彼に与える。つまり、決定的なのは、自律性であり自由意志である。それゆえ、犠牲の自由意志は常に守られなければならないし、入隊を強制する赤軍は白軍より良くはない」。[85]ここからは、内戦に参加する面での、生の権利の解釈が変化していないことは確認できる。なぜなら、一九二〇年代初期でも、彼が最も問題視していたのは、死や殺人の強制だったからである。つまり、生の権利に関して問題とされるべきは、防衛戦争や強制執行戦争を非難する際には、一般の犠牲者、すなわち一般人の生の権利の侵害を問題としながら、内戦においてはそれを軽視している点である[86]。

　ヒラーの見解の転換には、フィメンの主張の影響、一九二三年のドイツの危機的状況からの心理的影響が考えられるが[87]、彼は、未来戦争に対する予測によっても、転換を正当化しようとしている。つまり、志願兵と技術者を中心に、科学技術を駆使して行われる戦争では、兵役拒否はもはや戦争を阻止する最も有効な手段とは考えられないという点、更には、前線と本国の区別のない戦争では、戦場に立たず、本国に座していても殺される可能性が高いという点、この二つの理由から、ヒラーは、戦争阻上の最重要手段として、兵役拒否に代わって開戦時革命をもちだしてきたのである[88]。

　最後に、未解決のまま残してきた、社会主義をめぐる問題について、不十分ながら少し考えてみたい。戦争と平和の問題と社会主義の必要性の関係を、彼はしばしば軍縮との関連で述べている。すなわち、彼は、世界的な徹底的な軍縮がなされなければ、戦争の危険性――侵略戦争のみならず、それに対抗する防衛戦争や強制執行戦争の危険性――は除けないし、国際連盟も十分に機能しないと考えた。軍縮は、未来戦争という要素で更に急務になったが、軍縮を推進すべき国際連盟や諸々の会議の現実は、それが大きな期待をかけられないものであることを彼に教え、現体制下での軍縮が不可能だとの結論を彼は下した。そして、彼は、軍縮を達成する前提を、世界社会主義体制に求めるに至ったのである[89]。

　しかし、開戦時革命が世界社会主義体制を一挙に成立させることは不可能であろう。とすれば、仮に個々の国での開戦時革命が成功しても、世界社会主義体制成立以前の個々の社会主義国における戦争と平和の問題が生じる。この点に関して、ヒラーは、一九二〇年代初期には、革命の成果よりも個人の生は価値があるとして、社会主義国ソ連の防衛戦争に反対していたが、[90] 一九二〇年代後半には、社会主義国の防衛戦争は平和のための闘いでもある、と述べ、志願兵のみによると限定しつつも、それを肯定するに至った。[91] ところで、そもそも開戦時革命は国家間戦争の阻止を第一の課題にしていたが、それにもかかわらず、そこで成立した政権が防衛戦争を認めるなら、干渉戦争が起きた時に、新たなる国家間戦争が展開することになる。しかも、その戦争は、未来戦争という性格によって、国民の大多数を巻き込むことが予測されるという、より深刻な矛盾が生じることになる。しかし、この点についてヒラーは何も語っていない。いずれにせよ、この局面において、社会主義という大義が最前面に出ることによって、新たなる「正しい戦争」が登場するのを我々は見るのである。

おわりに

ヴァイマル期の平和主義者が、国家の防衛や国際連盟の強制執行、一般兵役義務や兵役拒否等についていかに考えていたのか、ということを扱ってきた。本稿の問題関心の底流をなすのは、近代国民国家と戦争と平和という問題なので、最後に、かなり大雑把だが、より長期的な戦争の歴史を、そこにおける対立関係と戦闘の形態を中心に振り返り、それを踏まえて、ヴァイマル期の平和主義を位置付けてみたい。[92]

近代国民国家成立以前の戦争は、傭兵等の職業軍人によるものが主であり、一般の人々は、被害を受けることは多くとも、多くの場合戦闘の主力ではない。この時期の戦争では、個々の王侯と彼に雇われた戦闘者集団同士が対立関係にあり、また、その戦闘は儀式的性格を強くもっていたといわれる。近代国民国家では、兵役義務制度が、共和政の擁護・独立・平等・自由・民主主義等の理念の下に成立していった。かかる制度の成立は、軍隊が国家の軍隊、更には、国民の軍隊になることを意味しているとともに、逆に、国家全体が一個の巨大な軍隊になることであるとも解釈できよう。そして、それはまた、戦争に、戦闘者集団――この時期では、戦闘者集団は広くは国家であるが――間の対立という、従来からあった対立関係に、戦闘者集団内の対立、すなわち、国家とその国民の対峙する関係を加えた。戦闘も、長期的・破壊的な全面的対決の様相を帯びた。しかし、一八一五年以降第一次世界大戦まで、特に、普仏戦争以降、ヨーロッパで大規模な戦争は起きていない。そのため、軍隊は、一種の教育機関、平等の場、兵役義務の成立時に付与された諸理念の実践の場としての傾向が強く、戦争もまた、平凡な日常からの逃避の場、国家のために尽くす栄光の場と想像されやすかったのではないかと思われる。それゆえ、一般兵役義務の成立によって、鋭い対立関係としても顕在化するはずだった、国家と国民の関係は、少なくとも建前上は、プラスの価値の形で現われがちだったと思われる。このように、戦争と平和が、少なくとも建前の上で、生と死の問題というより、国家をめぐる諸理念の問題と捉えられがちならば、兵役拒否はそれに対抗できる大義名分、すなわち、宗教や倫理、社会主義のような超国家的理念を必要としたと思われる。[93]一方、戦争と平和を専ら国家間の問題として考えるような、第一次大戦前の平和主義の傾向も、上に述べたような、戦争が国家と国家の対立としてのみ現われがちな状況に対応しているように思われる。

しかし、第一次大戦を直接的・間接的に経験した人々の中には、戦争が理念で正当化される場でなく、戦争は戦争でしかないと実感する人々[94]、また、戦争と平和を生と死の問題であると実感する人々が現われた。ここにおいて、戦争において国家と国民が対立する関係が顕在化し、また、戦争と平和が国家をめぐる抽象的な理念の問題でない以上、大義などなく、単に「死にたくない」という理由からの兵役拒否も正当なものだ、と考える人々も現われるに至った。こうした兵役拒否の主張にとって、敗戦によって軍隊のもっていた価値がいくらかでも動揺し、また、兵役義務が廃止されたヴァイマル共和国は、理想的な場であったといえよう。一方、第一次大戦は未来戦争の片鱗を見せたにせよ、ドイツ本国に重大な被害は及ばなかった。また、精神的・物理的にみて志願兵のみによる戦争の遂行は不可能だという認識が、大戦中のイギリスの例から得られた。これらは、兵役拒否が、戦争で死なないことと、戦争を阻止することという二つの目的にとって、最大の手段である、という考えを生むのに大きな影響を与えたと思われる。第一次大戦後、兵役拒否が盛んに主張されるようになり、また、戦争と平和を国家とその国民の関係という点で考えようとする傾向が急速に拡大した背景には、以上のような歴史の流れがあったように思われる。(95)

しかし、一九二〇年代の半ばに未来戦争に対する予測が高まるとともに、平和主義は修正を迫られた。前章で既に述べたように、兵役拒否は、戦争を阻止する手段としても、戦争で死なない手段としても不十分だと考える人々が現われ始めた。こうした未来戦争に対する予測の中で――確かにその過大評価に反発する人々もいたが――、ラディカルな平和主義者の中には、産業と戦争の関係に注目し、徴用拒否・軍需物資等の製造拒否・ゼネストなどに力を入れることを主張する者も現われた。(96)一方、組織平和主義者の中にも――確かに国際連盟の設立というインパクトも大きいが――、国家の防衛戦争や国際連盟の強制執行戦争への懐疑を深める者が現われた。更には、非武装こそ安全を保障する、という主張も出され始めるのである。ヒラーの転換も、こうした、戦場で「参加する」戦争から、いわば、国民全体を「巻き込む」戦争への変化に対する対応の一つだった、と位置付けることができるように思われる。

以上のように振り返ってみると、ヴァイマル期は、戦争と平和という面において、一つの、時代の曲がり角をなしていたように思われる。そして、ヴァイマル期の平和主義は、時代が転換期にあることを鋭く意識し、時代に合った戦争阻止と平和維持の方法を模索しようとした試みだった、ということができよう。

（本稿は一九八四年七月一日に脱稿した。）

第2章　国際連盟とドイツの平和主義

はじめに

国際連盟の成立は平和主義者に大きなインパクトを与えた。それは国際組織の必要性、軍縮の推進、仲裁制度の確立等の、彼らの年来の主張の正当性を証すものであり、また、その主張を現実に展開する場を作り出したかのように見えたからである。

本稿の目的は、[1]ドイツの平和主義的雑誌『フリーデンス・ヴァルテ（Die Friedens-Warte）〔以下FWと略〕』[2]を史料として、そこから見える限りでの、言い換えるならドイツの平和主義者の見た限りでの、国際連盟の活動とその問題点、及びそれに対する平和主義者の批判・提案を扱うことである。とはいえ、国際連盟の活動全般を扱うわけではなく、中心となるのは国際連盟の制裁・強制措置の問題であり、軍縮・仲裁裁判制度の問題にはそれと関わる限りで触れていく。[3]この問題は防衛戦争・兵役拒否・戦争責任・ファシズム等をめぐる問題と並んで、第一次大戦後のドイツの平和主義者の論争点の一つであり、ドイツの平和主義を語る際には避けて通れない問題である。また、それに関する議論は国家の防衛や国際平和ということを考える際に、あるいは、僅かでも参考になるかもしれない。

1．前史

超国家的組織の強制措置に関する、今世紀における議論は既に第一次大戦以前に始まっている。その流れをヴェーベルクの論文をもとに概観することから始めよう。(4) 彼によると、義和団事件における共同行動がこの問題に対する関心の始まりとされ、平和主義者の中でも、これを将来の国際組織のための良い徴候として捉える人々は少なくなかったという。

軍事的強制措置に肯定的な議論としては、国際法学者で一九三〇年に常設国際司法裁判所判事に任命されることになるシュッキング（Schücking）が、既に一九〇九年に『世界の組織化』の中で将来の世界国家連邦の中での連盟強制措置の必要性をドイツ連邦の先例を引き合いに出して正当化している。また、彼は、翌年ライデン大学教授フォレンホーフェン（Vollenhoven）が、仲裁裁定が拒否された際の強制措置のために各国はその海軍力の一部を提供する義務を負うべきであると述べ、更には国際的陸軍の必要性に言及したのを受けて、それらの存在が、心理的効果をもつとともに、国際法に必要な保障を与えることを指摘してその見解を支持した。一九一三年には、後にフィンランドの首相となるエーリク（Erich）が、国際強制措置軍事力を有事割当軍とせず常備軍とすべきこと、この国際軍と国防軍を分離すべきこと、本部を永世中立国に置くこと、などの具体的な提言を行った。

もとより、これらの肯定的な議論が主流であったというわけではない。早くも一九〇五年にはフランスのデュマ（Dumas）が強制措置戦争も戦争であることに変わりはないとして平和的手段での解決を主張しており、また、一九一一年から一四年にかけての平和主義者の国際会議においても否定的な傾向の方が強かったのである。

しかし、第一次大戦の勃発は、国際的軍事的強制措置の必要性を痛感させ、各国の平和主義組織はその再検討に乗り出したのであった。

大戦の処理及び戦後の国際秩序確立のために開催されたパリ講和会議においてもこの問題は議論の的となった。ここでは、フランスが、国際連盟にあっては道徳的な力だけでは不十分であるとして、国際的強制措置軍事力、それも常備軍方式のそれの設置を主張したのに対して、英米両国が消極的で、結局フランス提案は否決され、国際連盟憲章ではこの問題は次のように規定されたのである。

八条一　連盟国は、平和維持のためには、その軍備を国の安全及び国際義務を協同動作をもってする強制に支障なき最低限度迄縮小するの必要あることを承認す。

一六条二　連盟理事会は、前項の場合において連盟の約束擁護のため使用すべき兵力に対する連盟各国の陸海または空軍の分担程度を関係各国政府に提案するの義務あるものとす。

次に、この問題が一九二〇～三〇年代初期のドイツの平和主義者にどのように考えられていたかという本題に入ろう。

2. 強制措置軍事力に対する肯定的議論

①ゲルラハ（Gerlach）と「国際連盟軍」

ＦＷ一九二三年三月号の、ゲルラハの論文「国際連盟軍」は、次のような書き出しで始まっている。[5]「もし国際連盟が全ての国家に優位する権力であり、国家のうちでもっとも強大なものより強力であるという、そのあるべき姿になろうとするなら、司法的権限では不十分である。その決定の背後により大きな道徳的な重みがあったとしても不十分である。国際連盟は、残念ながら不完全な我々の世界では、今後も長く最終手段であり続けるであろう実力を必要とする。国際連盟には軍事力が必要なのである」。この論文を境にしてFWでの当該問題に関する議論は堰を切ったように盛んになったように見える。(6) そこで、ここではまず、ゲルラハの見解を紹介することから始めよう。

彼はいう。「あらゆる国家の軍隊の廃絶を達成するための唯一の方法は国際的な軍隊の創設である」しかし、全ての国家の即時全面軍縮は夢物語に等しい。一方、ある国家の一方的な軍縮は侵略的な国家へ特許状を与えることにほかならない。したがって、「軍縮のテンポをあげ、その程度を増大させる前提は国際連盟軍の創設である。ジュネーヴには不法な攻撃から自分たちを守ってくれる意志だけでなく、必要な軍事力があることを諸国民が知ってはじめて、彼らは、自らの国家の安全保障に顧慮することなく、個別的軍隊を放棄しよう」。

このように彼は論ずるとともに、国際連盟軍は個々の国家の軍隊に比べてより経済的であり、軍事予算の削減という副次的な効果も併せもっていることを指摘する。そして「もとより、軍隊はどんなものであっても、それ自体倫理的な存在ではない」しかし、「軍事力を国際連盟の手に集中して国家によるその誤用を取り除くという大きな進歩に、まずは、甘んじるべきであろう」という結論を彼は下している。(7)

軍縮と超国家的軍事力の問題を結び付けたゲルラハのこの議論は、同年のFWに掲載された国際連盟軍肯定論に共通の姿勢を示すものといえよう。ところで、ゲルラハ自身は同じ趣旨の発言を既に一九二一年の世界平和会議（ルクセンブルク）でも行っており――この提言はフランス、スイスの代表によって支持されたが、イギリスやスカンディナヴィア諸国代表、それにドイツでもクヴィッデ（Quidde）らに批判され、全体の半数以上の賛成を獲得するには至らなかった(8)――、また、既に触れたように当該問題に関する平和主義者の議論は、肯定的なものであれ否定的なものであれ、それ自体の系譜をもっているが、二三年から二五年にかけて、FWでこの問題が盛んに論じられたことには別の背景を見ることができるように思われる。ヴェーベルクは、二四年に国際連盟で軍事的強制措置を肯定する議論がピークに達したと後に書いているが(9)、その影響を平和主義者たちも受けていたことは容易に想像できる。そのピークを形作る原因となったのが、国際連盟におけるセシル（Cecil）提案とジュネーヴ議定書であり、次にそれを簡単に見てみよう。

②ジュネーヴ議定書

ノルウェー代表のランゲ（Lange）は、一九二〇年の第一回国際連盟総会において、二年間という期限付きでの軍事費凍結提案を行い、更に、第四回総会においては一般的軍縮計画が採用されるまでの期間、軍事力を制限することが決議された。しかし、これらはいずれも、多くの国家の反対で実現するには至らなかった(10)。こうした状況を打開すべく提起されたのが、イギリスのセシル卿による「軍備制限のための一般的安全保障条約」である。第四回総会では、この軍縮と安全保障を結合させた方法が軍縮協議の出発点となることが宣言された。同案は一九二三年二月に詳細な検討が開始され、理事会に最終案が渡された。それは、戦争勃発後四日以内に理事会が侵略国を認定し、それに応じて調印国が侵略国を封鎖するとともに、欧州各国はその四分の一の軍事力をもって軍事行動に参加する等を内容としている。同案は、かかる方法によって、条約を締結し軍縮を行った国に、条約に加わらず独自の軍事力に立脚した国より大きな安全保障を確保しようとしたわけである(11)。

このセシル案は英仏の対立等によって失敗に終わったが、その対立関係が両国の左翼政権の成立で氷解する中、同案を更に発展させた「国際紛争の平和的解決のための議定書」、いわゆるジュネーヴ議定書が作成されることになる。同議定書は、国際連盟規約を補ういくつかの特色をもっていたとされている。すなわち、

1．侵略戦争が禁止され、それが国際的犯罪として位置付けられたこと。これによって、防衛戦争、及び理事会または総会との合意のもとになされる戦争以外の戦争が禁止されることとなる。

2．侵略の認定のための基準を規定し——それは次に述べる仲裁手続きとも連関しているのだが——、それに対応する形で制裁（軍事的・非軍事的制裁）手続きを規定したこと。

3．国際紛争の平和的解決のための手続きを詳細に規定したこと。また、その際、(a)いくつかの例外を除き法的問題だけでなく、政治的問題に関しても、その方法と決定を義務的・拘束的なものとして位置付けたこと。(b)当該手続きの主体の基本を、政治的な影響を受けやすい連盟理事会ではなく、仲裁委員会としたこと。

これらにより自国の安全保障に不安をもつ諸国家に十分な安全を確保して、軍縮の促進を図ろうとしたわけである。この議定書自体は二四年の第五回総会で採択されたにもかかわらず、推進役の英仏の、特に英国の政権交代によって失敗に帰した。

しかし、それにもかかわらず、また、議定書自体はいくつかの欠点を有していたにせよ、平和主義者の一部はこれを高く評価していた。例えば、ヴェーベルクはそれを現代のマグナ・カルタと形容している。(12)

③強制措置軍事力肯定論の根拠

FWでの議論にもどろう。ゲルラハ以外の人々は、強制措置戦争の必要性をいかなる理由で主張したのだろうか。ゲルラハは、軍縮、もっと明確にいうならば、個々の国家の軍隊の廃絶の前提として、超国家的軍事力を正当化して

いるが、この議論を更に詳細に展開したのがヴェーベルクであり、彼は個々の国家の軍隊のもつ危険性、そして、それが個々の国家の判断で行う防衛戦争のもつ危険性をしばしば指摘している。

そもそも、国家の防衛戦争は、国家のもつ当然の権利として、それどころか、義務として考えられがちであった。[13] 無抵抗で、自衛することなく他国の援助を期待する国民は国際社会での軽蔑を招く、とモンジェラ伯（Montgelas）が述べたとき、[14] 彼は、それほど特異なことをいっていたわけではないのである。

しかし、ヴェーベルクは、そうした常識にこそ戦争を招来する危険性を見ていた。彼はいう。防衛戦争の権利更には義務を認めることは新たな軍事衝突を認めることになる。[15] 個々の国家が防衛戦争を行わない状態こそ必要なのであり、そのための第一歩として、まず、防衛戦争はどんなものであれ、連盟理事会の認可を必要とするとすべきであり（国家の軍事的防衛権の委譲）、そののち、個々の国家の防衛戦争を完全に禁止するというステップがとられるべきである（国家の軍事的防衛権の放棄）。[16] しかし、その際、国際連盟は個々の国家に防衛戦争の放棄の代替手段を与える必要がある。国際連盟が例外的にではあれ軍事的援助を行う用意があるとすれば、防衛戦争の放棄は心理的にも容易になるであろうし、[17] 逆に、連盟が安全保障を行わなければ、個々の国家により大きな軍備の保持を強い、また、個別的な軍事同盟の結成を促すことになるからである。[18] 彼の議論の要旨は以上のようなものであるが、宗教的平和主義者のフランケ（Francke）は、こうして位置付けられた制裁戦争こそ唯一正当な防衛戦争であるとも述べている。[19]

このヴェーベルクらの見解は、国際連盟においても、地歩を固める方向にあったように思われる。例えば、一九二六年の報告でベルギーのブルケール（Broukère）は、攻撃された国が自衛するとその武力行動は戦争状態へと展開すると述べているし、[20] また、フランスのボンクール（Boncour）は、軍縮委員会の準備委員会において、連盟の中では国家間の戦争は考慮されてはならないと主張しているからである。[21]

ところで、正当化の議論は、仲裁裁判との関連でも行われている。そもそも、この理由付けは前述の通り既に大戦前フォレンホーフェンも行っていたが、ジュネーヴ議定書が、義務的・拘束的仲裁制度を提起してから、より重要なものと考えられるようになった。というのは、平和的な紛争解決の機関・方法を選択できる既存の体制においては、自己に不利な判断が下されると予想される紛争に関しては、（訴えるにしても）決定の拘束性の弱い連盟理事会の調停に訴えれば良かったのだが、判決が拘束的な仲裁制度を、少数の例外を除いて、義務とする制度が仮に成立すれば（あるいは望ましいとすれば）、承伏できない判断が出されることが予想される係争も多々現われ、当然、軋轢の増大が見込まれる。(22) それに備えて、判決を実行する支えとしての軍事的強制措置の規定が必要とされるというわけである。逆に、そうした点が不備であれば、超国家的組織全体の崩壊がもたらされかねないことを、ヴェーベルクは、中央アメリカ司法裁判所の例をあげて指摘している。(23)

このことは、国家機関とのアナロジー――それが、どこまで当を得たものかということは措くとして――での正当化とも関わってくる。例えばフランケは国家に執行官（Gerichitsvollzieher）や警察官がいるように国際社会にも強制執行軍事力が必要であると述べるとともに、かかる組織による武力行使はもはや戦争と名付けるべきではないと論じている。(24)

④具体的編制の提案

ヴェーベルクがいうように、当該問題に対する、原則的な問題がクリアされれば、具体的な編制の問題など、単なる技術論に過ぎないということも可能だが、(25) 平和主義者が軍隊の編制を論ずるという、一見すると奇妙な出来事に対する興味も含めて、彼らの議論に耳を傾けてみよう。

ＦＷでは、ゲルラハ論文以降、同じ年に四人の現役及び退役した軍人、フランスのサライユ（Sarrail）将軍、ドイツの退役陸軍少佐エンドレス（Endress）、退役陸軍少将で一九二九年からドイツ平和協会会長となるシェーナイヒ（Schoenaich）、更に退役陸軍大将でドイツ第一五軍団長であったダイムリング（Deimling）が、国際連盟軍について論じている。

サライユは個々の国家は独自の軍隊を保持してはならないとし、社会状況に応じた規模の治安警察軍のみを認めている。一方、国際連盟軍は、迅速な投入のために、必要性が予想される複数の拠点に駐屯させるなら、いくつかの提案が示すような四〇～五〇万人という兵力は不必要で、二五万人程度で足りるとしている。彼が最も問題としているのは、兵員の徴募であり、国内の現状――志願兵の払底――から見て、これを長期勤務の志願兵のみから編成するのは不可能であり、大多数は連盟理事会の決定にしたがって各国の既存の軍隊の兵士を充てることを予想している（フランスは三万人程度を見込んでいる）。編制については、各国の割当兵は国籍ごとに連隊・旅団・師団に分けられ、志願兵は多国籍的にひとまとまりとすることを提案し、それぞれの国籍ごとに編成された部隊は、本国を離れた、しかし、自国の利益に関わる地点に配備する。この方式では統一言語等の必要はなくなり、後は最高司令官を理事会が任命するだけで足りる、という利点を彼は指摘している。この軍隊が大陸を越えたものとして機能するかどうか、また、しないとすれば、増強が必要かどうか等の点に関しては、彼は今後の検討課題であるとしている(26)。

エンドレスはどうか。彼も個々の国家は軍事力を保持してはならないと述べ、連盟が武器やその他の軍需物資の生産を管理すべきことを主張した上で、国際連盟軍の設置の際の技術的問題を扱っている。彼によると、最も重要なのは、超国家的精神の育成と維持であり、そのために、将校の選任の際には教養と平和思想の支持が条件として要求され、また、当面は将校、兵士ともにその大部分を第一次大戦の非参戦国から採用すべきであるとしている。また、将校・兵士ともに十分な保障をすることが肝要であると述べている。編制については、彼は、サライユとは異なり原則的に全加盟国からなる混成軍とすることを主張しており、そのため、統一軍務用語が必要であることを指摘している。指揮権は国際委員会が掌握し、それが戦時には最高司令官を任命することになるが、最高司令部でも、また、各部隊でも、司令官とその幕僚の多国籍化の必要を指摘する。このように、彼の主張は、国際連盟軍の超国家化という点で非常にラディカルである。彼はまた、陸・海軍それぞれの細かな編制（師団数・大隊数とその装備内容等）とその配備についても具体的に述べているが、ここでは立ち入らない[27]。

この両者、特にエンドレスは、この問題を欧州の（就中、独仏のといえるのだろうが）問題として考えがちに見えるということも付け加えておこう。

この両者が常備軍タイプを打ち出しているのに対して、シェーナイヒはそれに否定的である。彼は、強制措置のあり方を、完全軍縮の達成以前と以後に分けて論じているが、前者においては独自の国際連盟軍は不必要であり、有事に編成される多国籍軍型で十分であり、そこで予想される様々の問題（統一的指揮権やその他の技術的問題）も克服可能であると述べ、一方、完全軍縮期においては、経済的強制措置で十分であるとしている。また、大戦を経た世界が、ドイツが一九世紀に辿ったプロセス――貨幣の統一、関税の統一、そして連邦、を進んでいくのではないかという希望的観測を示している[28]。

ダイムリングについては、筆者の手持ちの資料（Niedersächsische Staats-und Universitätsbibliothek Göttingen からのマイクロフィルム）では欠号となっているので、詳細な内容については知ることができないが、ヴェーベルクによると、ダイムリングは、戦争の変化（毒ガス等の大量殺戮兵器の導入）と共同体意識の向上で平和志向が高まっており、それは、国際連盟軍の存在よりも大きな意味をもっており、また万一の際は、現在ある経済手段や軍事手段（個々の国家の軍事力を統一的指揮権のもとに集める方法）で十分であると述べているという。[29]

ヴェーベルクも、常備軍タイプと有事分担軍タイプのメリット・デメリットの比較を行っている。それによると、前者では、軍事的措置が最終手段としてではなく自動的にとられる可能性があり、後者では侵略国と関係の深い国が割当を拒否する可能性があると、それぞれの欠点を指摘しているが、[30]後で触れるように、最終的には常備軍タイプに批判的である。

さて、この問題はFW以外ではどのように論じられていたのか。一つだけ例をあげると、例えば、一九三〇年には英国の国際連盟連合のデイヴィス（Davies）が国際連盟警察軍の設置を主張しているが、それは、割当分担軍と国際軍に分かれており、後者は非武装地帯・小国・戦略拠点等に配備され、また、前者が一九一四年時点の武器の保持のみ認められるのに対し、最新武器で装備されるという優越性を保つべきであるとしている。[31]

ところで、以上の議論で国際連盟軍と個々の国家の軍隊の関係はどう考えられていたのか。彼らの目標が個々の国家の完全軍縮にあったとしても、有事割当軍タイプの場合には、その有事に備えての軍隊が独自に国防用に用いられたりすること（併用）はないのだろうか。更に、国防軍と超国家軍が対立する危険性はないのだろうか。この点について、シェーナイヒは何も述べていないが、少なくともヴェーベルクの場合、国家の軍隊は、国際連盟の有事分担にのみ投入されること（もしくは、過渡期においては国際連盟の委任を受けた投入）を想定していることがわかる。[32]

いずれにせよ、この問題が多くは個々の国家の軍事的防衛権の放棄と結合されていることを忘れてはならない。

⑤原則的肯定にたった上での問題点

ところで、軍事的強制措置を原則的に肯定する人々も、それを何ら解決すべき問題点を含まないものと考えていたわけではなかった。そのいくつかを列挙するならば、１．自動的に軍事的な措置がとられる危険性がないかどうか、２．このような行動に参加するのは加盟国の義務なのか否か、３．認定の非政治性や中立性は守られるのかどうか、また、強制執行を個々の国家が独自判断で行ってよいのかどうかなどの問題が残っているからである。彼らがこれらの問題に対してどのように考えていたかを見てみよう。

第一の点については、国際連盟でも見解の対立があり、第二回総会では、戦争を回避するという観点から、経済的措置が失敗した時に軍事的措置を、という段階的方法が主流であったが、特にジュネーヴ議定書がクローズアップされた第五回総会をピークに、自動的軍事的措置を支持する声が高まり、その後、その考え方が再び弱まっていく。この回帰の契機となったのは、一九二五年のギリシア・ブルガリア紛争とその非軍事的解決、そして、一九二六年の連盟理事会での同紛争に関するブルケール演説で、この後、一六条＝制裁重視から、一一条＝武力衝突の防止重視へと大勢は推移し、一九二八年の安全保障委員会の協議の準備会議では自動的発動の考え方が放棄されるに至っている。しかし、この時点でもまだ完全な一致は得られておらず、セシルが制裁行使を三段階（経済的圧力、戦時に認められている経済的措置、最終的手段としての軍事的措置）で行うことを主張しているのに対して、ポーランドのソーカル（Sokal）らは、両手段の同時的行使を考えていたという。[33]

また、ドイツの平和主義者の中でも、例えばシュトレーベル（Ströbel 社会民主党左派の国会議員であり、前述のＡＤグループの指導者の一人）などは、経済的手段は資源の乏しい小国には有効だが、それが豊富な国家や国家同盟に対しては不十分であると述べているが、[34]一方、ヴェーベルクは、セシルと同じように自動的な軍事的措置には反対している。なぜなら、自動的な軍事的措置は、侵略側を判定するなどの手続きを妨げ、また、罪の無い多くの一般市民を殺傷することが予想されるからであり、国家の侵略と連盟の軍事的措置の間に道徳的・経済的手段で解決を図り、また、停戦勧告を行わなければならないと彼は考えるからである。そして、彼は、軍事制裁を非軍事的措置が失敗した時の極めて例外的な緊急措置であり、将来には不必要になる過渡期の方法として位置付けていた。[35] このような、軍事的措置を条件付きでのみ認める傾向は、当該問題に関してFWが内外の識者に送ったアンケートでも主流であり、回答者二六人中一九人がそうした立場をとっている。[36]

第二の、加盟国の義務の問題についてはどうか。連盟規約の当該部分については既に引用したが、その解釈は必ずしも統一されていなかった。参加を義務と考えるフランス・ベルギー・ギリシア等に対し、英国やスカンディナヴィア諸国はそれを否定していたし、第二回総会では、これを義務と考えるか否かは各国の判断にまかせるという専門家の所見が出されている。[37]

ヴェーベルクは「国際連盟と一方的自発的軍縮」（一九三一年）で、一方的軍縮は連盟規約及び国際法から生じる諸々の義務と一致するか否か、換言すれば、非武装国家は国際平和に貢献しているか否かを論じた。彼は、個々の国家は侵略に対して軍事的防衛を行う義務はないし、防衛戦争を放棄する権利をもっているという従来の主張を繰り返した後で、当該問題についての検討を行う。

彼はいう。八条一項は全加盟国の完全軍縮を禁じているのではない。つまり、場合によって軍事制裁に参加することを顧慮して、全加盟国が軍隊を保持するというようなことは余計なことである。「この規定は平和の問題との関連で最小限の義務を規定しているのであり、平和のための更なる歩みを禁止しているのではない。［中略］確かに、徹底的な軍縮が達成されない限り八条一項は妥当する。［中略］例えば仏・伊両国がまだ軍隊を保持しているとすれば、同時に全ての他の国が完全軍縮をすべきだというわけではないが、乏しい軍事力を行使している国々の多くが完全に軍縮をしてはならない、ということは決していってはいない。というのは、国際連盟は一六条による義務を、十分な軍隊をもっている国によって貫徹する可能性をもっているからである」し、「今日の連盟の中心は規約の一六条ではなく一一条であり、この目的にとって国家の軍縮が非常に役に立つということは否定できない」からである。これと同様の見解はベルギー代表のロラン（Rolin）、ボンクール、セシルらにも共有されていたという。

ところで、ヴェーベルクは、既にシュッキングとの共著『国際連盟規約』（一九二一年）の中でも同様の考え方を表明していると、この「国際連盟と一方的自発的軍縮」の中で述べているが[38]、一九二四、二五年には、国際連盟本部のあるスイスは別として、その他の国に不参加特権を与えるのは不公平であるという見解を示している[39]。少なくとも二四、二五年の時点から、上述論文のように考え方を変えたことの背景としては、ここでも、国際連盟自体が、一六条（制裁重視）から一一条（武力衝突の防止重視）へと変わっていったという事情をあげることができるだろう[40]。セシル提案やジュネーヴ議定書はそもそも軍縮の推進を根本的目的としていたのだが、ここにおいて大元に回帰したかのように見える。いずれにせよ、ヴェーベルクが国際平和に対して非武装国家のもつ意味を高く評価していたということはいえよう。

さて、第三の問題に関しては、シュッキングらは連盟規約一六条一項とは異なり、経済的制裁措置に関しても、その決定権は連盟理事会がもつべきであるとし、更に、その決定は、常設国際司法裁判所の鑑定に基づいて多数決でなされるべきであるとして、客観性の維持を求めている。また、軍事的措置については、理事会が侵略の認定と制裁の実行を行うべきであり、その決定は、全会一致でなく、加重された多数決でよいと主張している[41]。この点に関して、第五回総会で、国際連盟理事会の決議以前には、個々の国家及び国家同盟は侵略戦争が行われていると判断しても軍事的な制裁を行ってはならないということが決議されており[42]、ドイツの平和主義者はその解釈を更に発展させていたといえよう。

⑥満州事変と国際警察軍

ところで、FWで見る限り、一九三二年になって、国際連盟の強制措置軍事力を、常備軍とするか有事割当軍にするかという問題が再び盛んに論じられるようになったように思われる。その背景の一つは、ジュネーヴ軍縮会議でのフランス提案であり、今一つは満州事変の勃発である。この章の最後に、それらを取り上げることにしよう。

前者は一九三二年二月五日の軍縮委員会総会で報告されたもので、そこでは、航空機やその他の特定の兵器の国際連盟による管理が打ち出される一方で、国際的軍事力は、常備軍であり、紛争の勃発が予想される地域を占領し、予防的措置をとることを任務とする国際警察軍と、通常の強制執行軍事力と同様の働きをする部隊に分けることが提案されていた(43)。

後者に触発されたものとしては、シュヴァルツ（Schwarz）の論文(44)がある。彼は、ドイツのとるべき道として、1．国内秩序維持に必要な程度にまで軍事力を縮小して、軍縮の先駆者となるべきこと　2．攻撃兵器の超国家的管理による安全の確保と超国家的軍隊の創設の主張の先駆者たるべきこと　3．これによって、形式的な権利の平等と実際的な安全保障上の平等を達成すること、を説いたあとで、超国家的軍隊の設置の必要性を次のように説明している。すなわち……

有事割当軍では、各国の自発的意志にその実行がかかってくるし、満州事変では、各国の経済的措置は日・中両国に対する貿易売上から想像できる。また、一六条はドイツの侵略に対する防衛戦争を想定して作られたので、紛争を阻止するという点では不十分である。それに対して、超国家的常備防衛軍は、できる限り軍事力を行使しないが、それが存在することが紛争を事前に阻止し、武力行使を不必要とする。更に、指揮権をもった国際連盟は権威が高まることが予想される、と。そして、彼はドイツにおいて、統一への進展とともに、軍事力も統一されていったように、世界も同様のプロセスを辿るべきことを主張したのである。

この両者では、それまで以上に、超国家的軍事力を事後的な目的のみでなく、戦争防止手段として用いることに力点が置かれているように見える。

これらのプラン、特にフランス提案に対しては、様々な平和主義者（かつては軍事的措置に否定的だったカトリックの平和主義者のシュトラートマン（Stratmann）らも含まれるのだが）から、賛成の声が寄せられた[45]。これに対しヴェーベルクは、「常備強制措置軍と平和主義の問題」及び、既に度々引用している「国際警察軍の設置をめぐる論争」の二つの論文の中で、国際警察軍に対する肯定的傾向を批判している[46]。その内容はさほど目新しいものではない。それゆえ、後者において文末にまとめられている要約を引用するにとどめよう。

1. 国際連盟に必要なのは常設の国際警察軍ではなく、──個々の点においてはなお修正されなければならないが──現在の規約の条項が実際に用いられることによる連盟の政治的・道徳的な強化である。
2. 安全保障の平等の原則をあらかじめ認めなければ、国際警察軍は単に個々の列強の軍事的な優位を固定化し、国際連盟を弱体化させる。
3. 強力な国際連盟警察は国際連盟ミリタリズムの危険性を必然的に伴っている。
4. 国際警察軍の設置は国際連盟を制裁戦争という方法に永続的に固定化するだろう。国際連盟が将来に至るまでその意志の貫徹のために軍事的手段を用いなければならないということを想像するならば、実際に人類の将来は疑わしい。

3．強制措置戦争に対する原則的反対論

大きく分けてこの議論には、全く逆の方向からの反対論があり得る。その一つは、1．近代国民国家の主権を無制限に認め、国家による軍事的防衛権は不可侵の権利であるとする立場からの批判であり、今一つは、国家の軍事的防衛権を否定するだけではなく、国際連盟という超国家的組織の軍事力行使権をも否定するものである。これまで、長々と肯定的な議論を取り上げてきたが、世界平和会議での議論を見てもわかるように、必ずしも否定的議論が劣勢だったというわけではないのである。(47)

さて、後者の否定論は、2．あらゆる武力行使を否定する絶対平和主義の立場と、3．一定の、すなわち内戦における革命的武力行使を肯定する相対主義者の立場に分けることができることも付け加えておこう。(48)

制裁に対する肯定的な傾向のピークが一九二四、二五年頃であったということは度々指摘した。しかし、一方で、この時期にかかる傾向に対する批判も行われている。二四年一二月号のＦＷにはヴェーベルクの論文「国際連盟の強制措置とフランスの安全保障」に続いてヒラーの「軍事力による安全保障？」とシュテッカーの「国際連盟の強制措置、フランス、安全保障」が掲載されている。

ヒラーは、国際連盟は強制力をもたなければならないという点ではヴェーベルクと一致していることを認めつつ、次のように彼の考え方を批判している。すなわち、ヴェーベルクは強制を軍事的強制と考えているが、それは政治家だけを標的にしたものではなく、戦争にほかならない。ところで戦争とは何か。それは「罪のない人間に、殺人を強い、そして殺されることを強いることである」また、これからの戦争は未来戦争（Zukunftskrieg）のために過去より

悲惨な大量殺戮戦になることが予想される。そうした戦争にイデオロギー的基盤を与え、別な名称を付けるのは平和主義者とはいえない、と。そして、ヒラーは、各国の完全な武装解除こそ必要であり、非軍事的方法でうまくいかず崩壊してしまうような国際連盟ならば、存在する価値がないとまでいいきっている。この主張は、彼が最高の権利と位置付けている、生きようと望む人が生きることのできる権利（生存権 Recht auf Leben）に基づいており、近代戦争を所有をめぐる戦争であると考える彼にとって、占領の回復など、人間の生に比べると羽のように軽いわけである。(49)

また、彼は一九二九年の論文で、国際連盟が、局地的戦争の解決に一定の役割を果たすことを認めつつも、例えば、日・英対米・中というような世界大戦に関しては無力であろうと、国際連盟に対する楽観論を批判している。(50)シュテッカーの論旨も、ヒラーと大きな違いはない。彼女は、強制措置戦争、すなわち組織的殺人による安全の保持は不可能であること、この背景にある正しい戦争という考え方など成り立たないことを指摘するとともに、国際連盟が中世の教皇のような存在たるべきことを主張している。(51)

同様の主張は、ＦＷでは、シュタイニツ（Steinitz）、ヴォーカー（Woker）らによって主張されている。(52)それらの主張はさして目新しいものではないかもしれないが、未来戦争というファクターの影響を強く受けていること、また、彼ら全てが必ずしも宗教者ではなかったということを指摘しておこう。

この章の最後に、シュタイニツが、先述の国際連盟の制裁に関するアンケートに対して加えた文章を引用しよう。それは、彼らが問題にしていたのが、国家や公正といった概念ではなく、生身の人間であったことを表わしている。

「回答を寄せてくださった人々に対する尊敬の念にもかかわらず、これらの回答の殆ど全てが、現実世界の出来事（Weltgeschehen）についてではなく、何か文法規則の討論のアンケートに対するものであるかのように、理論化され生活から離れた場からなされたような印象を我々はもたざるを得ません(53)」

当事者意識の欠けた議論に対する反感。この問題に批判的な平和主義者の議論の最も顕著な特色はあるいはそのあたりにあったのかもしれない。

おわりに

結論としては、とりたてて新しいものはないが、次の二点にだけ触れておこう。

第一に、この時代の平和主義者の多くは、超国家的軍事力を肯定するにせよ、それを完全軍縮の前提として、また、国家の軍事的防衛権の放棄と不可分のものとして考えていたということである。そして、そうした考え方が突飛なものでなかったことは、そもそも、国際連盟思想の旗頭の一人ウィルソンも、個々の国家が保持してよい軍事力を、治安維持に必要な程度にまで削減することを考えていたことや、本稿で紹介した国際連盟での議論からも明らかであろう。[54] それらは、固有の国内政治的あるいは国際関係上の文脈の中からの発言であり、その結果だけを、すなわち、発言内容だけを取り出してきて、平和主義者の見解との類似を指摘するのは、あるいは不適切であるかもしれないが。

第二に、第一の点を踏まえるならば、仮に、軍事的防衛権を放棄し、戦力の不保持を唱える国家があったとすれば、その国家はそれだけで十分に国際平和のために役立っているということも可能であるということである。なぜならこの問題において根本的なことは、近代以降肥大し続けてきた国家主権をいかにするか、ということだからである。[55] そして、非武装国家はいわばその先駆として、脱近代的存在としてあるからである。

以上の点において、ドイツの平和主義者の議論は、時代を越えて、わずかではあっても、耳を傾けるに値するものであるように思われる。

（本稿は一九九一年一〇月一六日に脱稿した。）

第2部
国際連盟成立期の国際組織構想

第3章　国際連盟成立期の国際組織構想

はじめに

第一次世界大戦の講和交渉では、一九一九年六月二八日のヴェルサイユ条約署名までの過程で戦争責任や賠償をめぐってドイツにとっては極めて厳しいやり取りが行われたことはいうまでもない。他方、一九二〇年一月に成立した国際連盟規約もこの条約の一部を構成しており、ドイツ政府代表団はこの講和交渉の中で自国の国際連盟加盟を訴える一方、独自の国際連盟綱領で連合国側に対峙した。本稿とそれに続く諸論考の最後の部分で、いくつかの点でより理想主義的なこのドイツ政府案の具体的組織構造や理念などを国際連盟規約と折々比較しつつ扱うが、まずは講和交渉に至るまでの時期の様々な国際組織構想を取り上げることから始めたい。

ドイツの構想に関しては、平和主義・平和運動全般の歴史の中で第一次大戦から国際連盟成立期の提言に言及されることはあるが、その取り上げられ方は必ずしも十分ではない。一方、フォルトゥナ（Fortuna）はこの時期のドイツの多様な国際組織構想を検討し、国際連盟規約とドイツ政府案についても精緻に比較している。また、アッカー（Acker）の著作は国際法学者シュッキング（Schücking）の思想と行動を丹念に追う中で、彼の国際機構プランの特色を描出している。これに対して、ドーティ（Doty）は一九一五年四月のハーグ会議の成果であるミニマムプログラム［ＨＭＰと略］と「永続的平和のための中央組織（Central Organization for a Durable Peace［ＣＯＤＰと略］）」の論客たち、特にランゲ（Lange）やローダー（Loder）の見解を分析しつつ、同時期の連合国側の諸提案や現実の国際連盟規約との比較を行い、フォルトゥナよりも広い視点から考究を試みている。ただし、問題設定が違うので当然だがドイツの諸提案については必ずしも十分に取り上げられていない。一方、国際組織構想の長期的歴史研究では、この時期の個々の提案に関しては必ずしも詳細な検討がなされていない。その中にあっては、第一次大戦期に若き国際法学者であったヴェーベルク（Wehberg）が、加盟国をヨーロッパに限定したプランを主対象にしつつも、世界規模の国際機構（普遍的国際機構）の構想も手際よくまとめている。(1)

これらの研究に筆者が加えられることは僅かだが、以下では長期的な国際組織構想史の文脈を踏まえつつ、ドイツのプランを中心に、しかしそれ以外を含めて多様な構想の水脈を把捉することを目指す。それは「かくなった」現実の国際連盟とは異なる、「かくなるかもしれなかった」国際機構の可能性を汲み上げる試みでもある。確かにドイツ政府案の理想主義的性格に国際世論を意識した政治的意図を指摘することや、平和主義者の提言に現実の国際関係から遊離した傾向を見出すことは容易である。しかしそれゆえにこそ、それら埋もれていった諸提案が国際連盟や国際連合をも越えて、二一世紀の国際社会と国家主権の関係の問題、戦争と平和の問題にも何らかの示唆を与えてくれるのではないかという淡い期待を筆者は抱いている。

本稿とそれに続く諸論考は、以下の構成をとるであろう。すなわち、Ⅰで第一次大戦期を中心にしつつ長いタイムスパンで諸々の国際機構案を概観する。この部分は当該テーマに関する筆者の諸論考のまとめと修正・補足になるであろう。Ⅱ以降では、まずドイツ政府案の基礎の一つになったドイツ国際法協会の提案をやや詳しく扱い、続いて国際連盟規約に直接的な影響を与えたとされる米国のスマッツ（Smuts）案やフィリモア（Phillimore）委員会等の案、更に仏・伊政府案を紹介し、最後にドイツ政府案を取り上げる。

なお、この時期には国際機構の目標として諸国民の福祉の増進を掲げている案も少なくない。経済・社会分野の国際協力の推進が戦争‐平和の問題に大きな影響を与えることはいうまでもないし、当該活動に国際機構をいかに関与させるかという点はその論者が国家主権をどのように捉えているかを表してもいる。とはいえ、筆者にはかかる内容の全てを検討する能力はないので、本稿では平和維持に直接的な関係をもつ、紛争の平和的解決、強制措置、軍縮に比重を置きつつ、筆者が以前の小考で提示した国際機構構想を比較するための項目（比較軸）を修正したもの、すなわち①機構全体の目的と組織形態、②加盟国の範囲と加盟条件、③紛争の平和的解決、④強制措置、⑤軍縮、⑥加盟国の同権性、⑦ハーグ平和会議との関係、⑧その他（加盟国のその他の義務等）に基づいて諸構想を比較し、経済・社会分野の国際機構の機能については、⑧の項目の中で国家主権と国際機構の権限の関係を中心にごく簡単に扱いたい。また、国際機構と国家の自衛の関係については、それぞれの構想において当該問題が言及されている項目との関連で取り上げることにする。(2)

Ⅰ　国際機構構想史の概観——第一次大戦期を中心に——

1．サン‐ピエール、ブルンチュリ、ロリマー

一九一八年の半ばから一九一九年の半ばにかけては、現実の国際連盟の樹立をにらみながら様々な国際機構案が提起されているが、普遍的国際機構案か否か、一般的国際機構案か否かは別として、国際組織構想自体は二〇世紀に

なって突然提案され始めたわけではない。ここでは国際機構構想の代表的論者である一八世紀前半のサン‐ピエール（Saint-Pierre）、一九世紀後半の国際法学者ブルンチュリ（Bluntschli）とロリマー（Lorimer）の計画を紹介し、一般的国際機構案を考える際の論点を提示することから始める。次に、先述の『論集』所収の論文等を取り上げ、Ⅱ以降で国際連盟形成期の構想を検討する際の参考に供したい。

フランスのサン‐ピエールの構想は、まずはヨーロッパ諸国間の恒久平和の確立を目指しているが、非キリスト教国の加盟を排除していないので、普遍的国際機構の樹立を目指した提案と見ることができる。設立されるべき常設の国際議会ではヨーロッパ公法が整備され、議会内の調停委員会や、場合によっては国際議会全体で紛争の平和的解決にあたる。また、加盟国が同数の兵員を派遣する国際軍による制裁で違約国に対処する一方、ネイティヴの兵員を六〇〇〇名に縮減することで個々の加盟国の徹底した軍縮を推進することが提言されている。他方、貨幣・度量衡の統一も主張され、経済的な統合の方向性も見て取ることができる。(3) このプランは一四世紀のデュボア（Dubois）以来の先行する構想の諸要素を包含するとともに、一八世紀以降の諸提言の原型となったということができよう。

ブルンチュリの国家連盟案（一八七八年）は、国際法の充実、平和維持、国際司法だけでなく、広範囲の国際行政的問題への対応という包括的な目的を設定しているが、加盟国の範囲はヨーロッパに限定している。内部機関としては、常設の連盟官房（事務局）（Ständige Bundeskanzlei）に加えて、立法機関として、訓令に従う政府代表から構成される連盟参議院（Bundesrat）と、加盟国の議会によって選ばれ国民の代表として個人の判断で投票が行われる連盟議会（Senat または Repräsentantenhaus）の併置が提案されている。なお、両院とも通常の問題に関する決議は単純多数決で行われる。

連盟参議院では六大国（独・伊・仏・墺・英・露）は二票ずつ、残りの一二カ国（スペイン、デンマーク、ポルトガル、スウェーデン-ノルウェー、ベルギー、スイス、オランダ、トルコ、ルーマニア、ギリシァ、セルビア-モンテネグロ、ブルガリア）は一票ずつを行使する。連盟参議院は国際行政連合を管轄下におくだけでなく、判決の独立性を保障しつつ国際裁判所も監督下におく。また、連盟参議院には、大国の主導の下で、平和維持とヨーロッパ全体に関わる重要な政治的案件（独立や安全保障、重要な利害に関する問題等）の討議と決定も委ねられる。この決定には圧倒的多数の賛成（四分の三〜三分の二の多数が示唆されている）を要し、また、新たな秩序が継続的に形成されるような事態については連盟議会の承認が必要とされる。なお、連盟参議院は政治的問題の解決のためには必要に応じて開催されるが、継続的な活動が必要な行政事項に関しては年に一〜三回通常会議が開かれる。一方、六大国には各八〜一〇名、その他の国には四〜五名の議席が割り当てられる連盟議会は、総員九六〜一二〇名から構成され、通常は二〜三年に一回会議が開催される。

なお、例外的なケースで加盟国に対して強制力を行使する必要が生じた場合、連盟参議院と連盟官房には強制措置を行う機関や財政的裏付けがないため、六大国の軍事力によって連盟参議院の決定が執行されるが、かかる決定には連盟議会の多数の承認と、連盟参議院及び六大国の両方の三分の二の賛成が必要という条件を付け、大国優位が個々の加盟国に対する抑圧を生まないように保障している。また、ブルンチュリは国家の非武装化と国際軍の設置には反対するが、ヨーロッパ国家連盟が軍縮をもたらすことは否定していない(4)。

同じく一八七〇年代に提案されたロリマーの機構案は国際的政府（Regierung 統治）の樹立を目指しているが、この機構が世界全体に拡大することは否定しないにせよ、第一の加盟対象はヨーロッパ諸国であった。内部機関としては、単なる大使会議ではない国際立法府、一五名中六名が大国から選ばれるという大国優位の裁判官構成をもつ国際裁判所、それに事務局が提案されている。事務局には内閣（Ministerium）という名称も与えられ、後述するようにその機能は単に事務的なものにとどまらなかった。国際立法府は二院制の構成をとり、上院（Senat）のメンバーは国王または中央政府によって任命され、下院（Internationale Deputiertenkammer）のメンバーは基本的には加盟国の下院によって任命される。大国は上院に五名、下院に一五名を派遣するが、その他の国は人口・国土・歳入等に応じて派遣する。両院の多数決決定は事務局長（首相）が認可するとすぐに国際法としての効力をもつ。内閣は上院から選ばれた五名と下院から選ばれた一〇名から構成され、上院議長を兼ねるその長は内閣のメンバーの互選による。

ロリマーは国際紛争を法律的問題と政治的問題に分け、原則として前者は司法機関に、後者は政治的機関に付託するものとした。また、国内問題や植民地、ヨーロッパ外の問題は下院（Internationale Versammlung）の管轄外だが、問題が国内問題か否かの判断は当該機関が行う。国境の変更も立法府で処理されるか国際裁判所に付託されて司法的決定がなされる。一方、国際法上の問題は国際裁判所に付託されるが、当該機関は国際私法分野の問題に一定の管轄権を有し、また、国際刑事裁判所と国際民事裁判所や国際弁護士制度も想定されていたという。

軍縮については、軍備制限条約の締結が国際政府の安定性にとって重要であることが強調され、個々の国家の軍隊を他国とのバランスをとりつつ警察目的にまで縮減することが目指された。また、国境の変更等の国家の要求が先述のような平和的方法で処理されれば、軍備制限は非常にうまく進むとロリマーは考えていた。他方で加盟国の割り当て軍からなる国際軍が設けられ、国際立法府の命令の実行や国際裁判所の判決の執行のために内閣がそれを使用することができるだけでなく、国際政府の同意なく敵対行為が行われた場合や規定以上に徴兵が行われた場合には反乱と見なされ、当該国家の代表は立法府の協議から締め出される。このようにロリマーの案は、機関の名称・機能両方において国家の対外的主権をより制限した計画といえよう(5)。

三案は国際議会の設置、紛争の平和的解決、違約国への強制措置、軍縮など国際組織が担う課題では共通しているが、加盟国の範囲（普遍的国際機構の可能性をもったサン‐ピエール案と地域的国際機構の傾向の濃いブルンチュリとロリマー）、加盟国間の同権性（平等の傾向の強いサン‐ピエールと大国中心のブルンチュリ、ロリマー。ただし後者は大国に比重を置いているがそもそも国家の対外的主権を制限する傾向がより強い）、強制措置の担い手や軍縮に対する姿勢（国際軍に依拠した強制措置と個々の加盟国の軍縮の徹底を主張するサン‐ピエールとロリマーに対し、大国の軍による強制措置を主張し軍縮を国際機構形成の結果と捉えるブルンチュリ）等々における相違が認められる。一方、加盟国の政府または議会の代表から構成され、政治的に判断することが予想される機関が、国際紛争、特に国家の重要な利害に関わる紛争の平和的解決に対応するという点で三案は共通しているが、かかる問題に対応する常設機関を別に設置する発想も可能であろう。また、ブルンチュリとロリマーが、政府代表と議会代表の二院制の国際議会を提案していること、しかし個々の院の権限について異なる提案をしていることは、議会主義の発展期という時代状況とともに、それぞれ学究生活を送った独・英の政治状況を反映しているように見える。

このような国際機構の諸機能に関する共通点と相違点はその後の諸提案においても続くことになるが、一九世紀末以降は、一八九九年のハーグ平和会議と国際紛争平和処理条約による常設仲裁裁判所（Permanent Court of Arbitration［PCAと略］）の設置、仲裁・仲介・国際審査等の紛争処理制度の整備の進行、更に一九一三年のブライアン条約など、現実の成果を踏まえた提案が行われることになる。そこで次に、第一次大戦期の諸構想について先述の比較軸に沿って扱っていくことにしたい。

２．第一次大戦期の諸構想

①機構全体の目的と組織形態

大戦前からハーグ平和会議を母胎とした国際組織の形成を主張していたシュッキングは『論集』所収の「ハーグ会議の充実」［ＡＨと略］で、加盟国間の可能な限りの平和維持、国際法の法典化と発展、国際法上の問題に関する個人の法的保護、国際行政の組織化を国際機構の目的として設定し、更に、機構規約的な要素のより濃い著作である『国際的法的保障』では、「海洋の自由」、「個別同盟の禁止と秘密外交の禁止」、「門戸開放」「少数民族の権利保護」「報道におけるショーヴィニズムへの対策」等の項目を加えており、戦前からの自身の主張にＨＭＰやその他の大戦期に出された諸提言を取り入れた非常に包括的な課題を国際機構に委ねるプランを提起している。一方、ウィリアムズ（Williams）らの国際連盟提案や米国の平和強制連盟（League to Enforce Peace［ＬＥＰと略］）の綱領は、紛争の平和的解決、違約国への強制措置、国際法の発展という、戦争－平和に直接関係する問題に目標を限定しているが、この限定についてアンウィン（Unwin）やブライス（Bryce）、は戦争終結時の実現可能性への配慮を理由にあげている。他方、ドイツの平和主義者フリート（Fried）は、国際社会における非政治的な分野の連携強化は政治的効果をも生み、それによって平和維持が進められるという見通しから、きわめて限定的な機能の国際機構の樹立を大戦前から主張し続けていた。(6)

包括的な機能をもつシュッキングの機構案では内部機関も多岐にわたり、立法機関として、加盟国全てが参加するハーグ平和会議とその常設準備委員会、紛争の平和的解決機関として、既存のＰＣＡ、新設されるべき常設裁判所（Court of Arbitral Justice［ＣＡＪと略］）、同じく新設の国際和解－仲介局（Einigungs-Vermittlungsamt）、そして機構全体の事務機関としてＰＣＡの常設評議会と国際事務局を提起している。また、上述の機構の目的からは諸々の国際行政連合を国際機構に結合することが予想でき、大戦前の構想で言及されていた世界議会（Weltparlament）の設置をこれに加えると、文字通りフルスケールの一般的国際機構を目指していたことがわかる。ただし一方で、立法機関に紛争処理などの政治的機能が与えられず開催も間遠であること、また常設準備委員会の機能が事務に限定されていることから、彼の案は国際司法機関中心のプランであったといえよう(7)。

一方、機構の目的がより狭いアンウィンやウィリアムズの案でも、内部機関は立法機関――すなわち前者では常設国際理事会（Permanent International representative Council）または国際会議（Conference）、後者では連盟独自の国際会議とハーグ平和会議の併置――、国際高等裁判所（International High Court）、審査・調停評議会（Council of Inquiry and Conciliation）という構成になっている。他方、英国のフェビアン協会（Fabian Society［ＦＳと略］）案では、内部機関としては、国際高等裁判所、それに常設の審議・立法機関として国際理事会（International Council）が置かれるが、後者には裁判不可能な紛争を解決する役割が与えられ、理事会は全体の理事会（八大国＝墺・英・仏・独・伊・日・露・米は各五名、その他の国は各二名の代表を派遣）として開催される場合もあるが、八大国理事会、ヨーロッパ理事会、アメリカ理事会、八大国以外の理事会、という具合に個別の理事会として開会することもできることになっている。全体理事会は総会に近い性格の機関と考えられるが、各国の票数は条約で規定され、規約案第七条の条文からは非同権的な票数配分が推測できる。ただし、国際理事会の権威は国際高等裁判所のそれを越えることはない。なお、国際事務局（International Secretariat）には主に国際理事会の事務が委ねられる(8)。

②加盟国の範囲と加盟条件

この時期にも欧州限定の地域的国際機構案と世界規模の普遍的国際機構案が併存しており、ドイツの例でいえば、フリート案は欧州内国際機構案であり、一九一四年一一月に結成された平和主義組織の新祖国同盟（Bund Neues Vaterland）も基本的に欧州における統合を唱道したが、シュッキングは世界規模での国際関係の緊密化を踏まえて、普遍的国際機構の樹立を大戦前・大戦期を通して強く主張していた。他方、全ての文明国の加盟を認めつつ、ウィリアムズのようにまずは大国によってスタートするという構想もあった。(9) また、必ずしも大国や欧州に限定しないが、段階的に加盟国を増やしていくことが連盟を機能させることに益するというブライスのような考え方もあった。(10) ただし、ウィリアムズもブライスも、連盟が単なる同盟と見なされるような排他的なものであってはならないと明言していることに注意すべきである。(11) 現実の国際連盟は独・墺勢力を排除した連合国側の国際機構として出発するわけだが、連盟成立前夜の時期に書かれたエルツベルガー（Erzberger）案でも一方の軍事ブロックによる国際連盟の樹立を度々牽制している。(12) そもそも大戦期に出された平和アピールの殆どで「政治的個別同盟の禁止」が主張されていたことを考えると、(13) 大戦期の軍事同盟を引き継いだ国際機構は理念上問題外であったといえよう。(14)

なお、地理的限定や大戦期の対立関係によってではなく、政治体制やその他の条件によって加盟を制限する考え方もあった。例えば、シュッキングは人口一〇万人以下の主権国家を加盟対象から除いている。ＦＳ案は、第一次大戦の交戦国、アメリカ合衆国、それにハーグ平和会議に参加した独立主権国家、及び、ＦＳ案の規約の日付から六カ月以内に加盟を申請した独立主権国家を対象とし、一九一七年の時点では四五カ国を想定している。(15)

③紛争の平和的解決

ＰＣＡには紛争当事国が選定すべき裁判官リストが存在するだけだったので、一九〇七年の第二回ハーグ平和会議では、ＰＣＡの立場を変更することなく、自由で簡便に利用でき、世界の様々な司法制度を代表する裁判官から構成され、仲裁判決における継続性を確保することができる常設裁判所を設立することが常設裁判所草案第一条で目指された。しかし、大国を常任として中小国をローテーションとする非同権的な裁判官構成案に対する反発でこの計画は頓挫した。一方、ブライアン条約を踏まえて国際審査委員会の役割に対する期待も高まった。こうした状況の中で勃発した第一次世界大戦は、紛争の平和的解決制度を整備することの必要性を国際法学者や平和主義者たちに更に痛感させた[16]。

本節では、紛争の平和的解決制度に関して、⑴想定されている機関と管轄する紛争の種類、付託義務及び決定受け入れ義務の問題、⑵機関間の相互関係、⑶機関の裁判官や調停官の任命と法廷の構成に対する紛争当事国の影響の程度と平等性を論点として取り上げる。これらは、国際機構と国家主権の関係を表わしていると考えられるからである。

⑴　この時期には、法や衡平の原則に従って決定することができる紛争は、判決が拘束的である機関（ＰＣＡやＣＡＪ）に付託し、それ以外の紛争は審査や仲介という非拘束的な報告や所見を出す機関に付託する、という区分が一般化しつつあり、その上で全ての紛争の平和的解決を試みる義務が提案されていた。そして、平和的解決が試みられる前や試みられている間の武力行使の禁止等、一定の条件下で軍事行動を禁止する、いわゆる戦争モラトリアムが提案されていた[17]。

一方、強制措置の対象を扱う④の⑴でも触れるが、全ての紛争を平和的に解決する義務を実質的に負わせている案も少なくない。ウィリアムズは、司法的な法廷に付託し決定が下された場合だけでなく、審査・調停評議会に付託され裁定が下された場合も、更なる交渉と合意によって修正されない限りは紛争当事国を拘束するという提案を行っている。また、ＦＳ案の九条でも種々の条件付きではあるが当事国に拘束を課している。「加盟国間の紛争を解決する決定を具体化した国際理事会の決議は、以下の場合には紛争当事国を含む全ての加盟国にとって義務的であり拘束的である。すなわち、その決議が参加し投票した理事会の全メンバーの全員一致で賛成された場合（あるいは、当事国のうちの一国をのぞいて参加し投票した全ての理事会メンバーによって賛成された場合）。または、提案された法が独立的主権や領域的統一性に影響せず、加盟国の国内法の修正を必要とせず、かかる法が参加し投票した代表の四分の三によって同意された場合」[18]。なお、この国際理事会は先述のように非同権的な構成と表決原則に基づく総会的機関である。

他方、一九一五年のＬＥＰのプログラムでは裁判可能な紛争の判決についても受け入れ義務を想定しておらず、反対に大戦末期に発表されたエルツベルガーのプランでは、紛争を裁判可能なものと裁判に適さないものに区分すること自体を否定し、加盟国が全ての紛争を仲裁裁判に付託しその裁定に服する義務を負うことを主張している[19]。

(2)　紛争当事国が判決に拘束されることを嫌って、裁判可能な法が存在しても国益上重要な意味をもつ紛争を決定に拘束されない審査‐仲介機関に付託しようとする場合や、紛争の種類について当事国間で解釈が異なる場合では、紛争の管轄機関をいかに決定するのか、あるいは、管轄変更をどのように行うかが重要になる。この場合、(a)当事国に判断や行動の自由をより保障する立場と、(b)第三者機関に決定権を広く認める仕組みをつくる考え方があり得る。

スウェーデンのパルムスティエルナ（Palmstierna）は、(a)の立場に立つ現実的提案を示しつつ、設置されるべき［国際］最高裁判所（Supreme Court）と審査‐調停委員会（Commission of Inquiry and Conciliation）から委員を派遣する特別委員会を作って紛争をどちらに付託すべきかを決定するという考え方も紹介している。シュッキングも基本的には(a)の立場に立ちながら、国際和解‐仲介局に付託された紛争が一方の当事国または当該機関によって裁判可能と見なされた場合に対する規範の制定を提言し、(b)の方向性も志向している。ちなみに、彼は当事国自身が裁判所の構成を決められるという利点があるＰＣＡをＣＡＪと併置し、裁判付託義務のないケースでＰＣＡを仲介機関の代わりに利用させ、当事国が所見ではなく判決を求められるようにすることも提案しているが、これも(a)と(b)の両者を繋ぎ合わせようとする発想といえよう。ただしローダーは同じ目的のために二つの機関をつくることになるとしてこの発想を斥けている。[20]

これらに対して国際機構により大きな権限を与える構想もある。ＦＳ案は設立されるべき国際高等裁判所に非常に大きな権限を与えており、規約案一四条ではこの裁判所が扱う権限をもつ裁判可能な紛争を詳細に例示する一方で、当該紛争が裁判可能な種類かどうかの決定は国際高等裁判所だけが決定でき、かかる判断に対する紛争当事国の正式な異議申し立てを受理するか否かの判断や、申し立てられた異議の判断自体も当該裁判所が行うと規定している。一方、ハル（Hull）は国際大陪審（International Grand Jury）と呼ぶべき機関を設置し、審査だけでなく国際裁判所への起訴・召還機能を果たすべきことを主張しているが、常設の国際審査委員会（Permanent Commission of Inquiry）が設立されればそれがこの役割を担うだろうと考えている。[21]

以上からは、この問題に関して、紛争当事国の主権を制限し、裁判機関や仲介機関などの第三者機関の権限を強化していこうとする共通の方向性を見て取ることができよう。ただしその場合、その第三者機関がどのような構成をとるのかが問題になる。

(3)　樹立されるべき国際司法機関であるＣＡＪについては、ＦＳ案では五年（または七年）任期の一五名の裁判官から構成し（一一条）、大国を常任としその他を選挙で選ぶ裁判所が提案されている（一二条）。すなわち、加盟国は各々一名の候補者を指名することを正式に求められるが、その際、候補がその国家の市民または居住民である必要はなく、また、八大国によって指名された八名の候補は国際理事会の全体会でただちに任命され、残りの七名の裁判官は八大国以外の加盟国によって指名された候補の中から無記名投票による選挙の後で任命される、というもので、確かに同じ一二条で国際高等裁判所の裁判官を国家や政府の影響を受けない存在と位置付けてはいるが、大国優位の特色が顕著である。なお、国際理事会（先述のように国際紛争解決機能も果たす機関だが）の構成や表決原則と合わせて考えれば、ＦＳ案は全体としても主権の平等の理念に立脚していないことが読み取れる。一方、ＬＥＰの提案する裁判所も非同権的な構造であることが綱領から読み取れる。(22)

これに対して、同権の原則に基づいて国際裁判所を構成する考え方もあった。例えばホワイト（White）はハーグ平和会議自体やそれに由来する委員会に裁判官任命権を委ねることで、国籍ではなく能力によって選ばれた法曹家による裁判所を作ることができるとしつつ、現状では各国が裁判官選定権を放棄するのは疑わしいと述べ、以下の提案を行う。すなわち、各国は一名の裁判官と代理裁判官を候補者指名し、ハーグ会議は三分の二以上の賛成で正式に承認する。承認された候補は一二年任期の裁判官となる。承認された裁判官の数が一七名を越えた場合には、その中から三分の二以上の賛成を必要とする互選でハーグに本部を置く九〜一七名からなる上訴部を選ぶ。上訴部裁判官以外は世界の諸地域に設置される五名以上からなる法廷の裁判官となる。上訴部は条約で付託されることになっている国家間の紛争の原裁判権と各地の法廷から上訴された紛争の上訴裁判権をもつ。各地の法廷は他の国家に対する私人の訴訟の裁判権と、条約で付託が認められている国家間の紛争の裁判権をもつ。このような裁判官の任命方法と構成によって、全ての国家が裁判所において代表されるので国家の司法的平等が確保され、他方、各国が高名な国際法学者をノミネートし上訴部裁判官が互選で選ばれることで能力面でも利点が生じると主張する。(23)

審査‐仲介については、(a)専門の機関ではなく総会や一般的な理事会にその権限を与える方法と、(b)常設あるいはad hocな専門機関を設置する方法が考えられる。そしてこれを当事国の影響の程度によって更に分類することもできよう。(a)の場合は一般論としては当事国の影響が小さいと見て良い。ただし、大国が総会や理事会において優先的地位を占めるとすれば制度的に不平等であるだけでなく、大国の政治的利害が決定に反映することが予想され、大国が紛争当事国の場合はその危険性が極大化する。他方、(b)ではどの程度大国や当事国が影響を与えられる組織構造なのかがポイントになろう。

ＦＳ案ではこの(a)と(b)の両様の対応を想定し、規約九条で国際理事会が遅滞なく以下のいずれかの行動をとることを規定している。すなわち、(i)当該紛争を常設調停委員会（Permanent Board of Conciliators 加盟国の候補者指名に基づいて、または、理事会が決める方法・条件・任期に基づいて構成することができる委員会）に付託するか、(ii)紛争を審査し報告を行うために特別専門委員会を任命するか、(iii)紛争を審査し報告を行う審査委員会を任命するか、(iv)理事会自身が紛争を検討する。ここでは紛争を理事会に付託するように当事国を促すことができることも含めて、理事会が能動的に紛争に介入することが想定されていた。(24) 前節の国際高等裁判所の機能と併せて考えると、ＦＳが大国優位の国際機構を目指し、なおかつその国際機構に大きな権限を与える案を提起していたことが読み取れよう。

ただし、『論集』などを見る限りでは、多くは(b)のタイプを提案している。一般論としては、多くの提案において、常設的で国際的構成をもち、政治的雰囲気の影響から独立した、中立的で専門的な判断を行える仲介機関が求められているが、具体的には、紛争当事国内の考え方を知り、それを仲介の場に伝え妥協点を探るため、また当該機関に対する当事国の信頼性を高めるためにも当事国の委員を加える案が一般的であり、当事国の代表を加えながら中立性・公正性をいかに確保するかが模索された。シュッキングは紛争に関与していない国ができる限り大きな影響力が行使できるようにすることが重要であるとし、それまで国際政治上の対立の外にいた国から仲介官を選任することを提言し、中立国の働きを重視している。具体的な仲介の担い手としては、第一にそれまでの活動によって世論に声望がある政治家をあげ、そこに司法的要素が加わるのが有用であると指摘している。ヴィクセル（Wicksell）は一般的な国際的な評議会を設立しつつ二国間の紛争のために特別に選ばれた小委員会を設置して実際の紛争の仲介に対応する方法（ＰＣＡの裁判官リスト制度を参考にする）を提起している。[25]

大国中心の案としては、八大国（独、米、墺、英、伊、日、露、仏）と、小国の中から目的に応じて自由に互選された四カ国の合わせて一二国から構成される機関で対応するというローレンス（Lawrence）案やブライスの調停評議会（Council of Conciliation 大国は各三名、その他は一名ずつで構成）案がある。両者とも仲介官の選任や決定において非当事者的性格が強いが、大国中心の現実政治の影響を受けやすい組織といえよう。ただし、前者はこの機関の機能や国際機構全体の構造が明確ではないので、これを(b)の仲介専門機関と見るべきか、(a)の一般的な理事会と見なすべきか確定できない。一方、ブライスの評議会には執行権は与えられていないが、評議会はそれ自身のイニシアティヴで紛争を検討し、調停の意図をもって提案するために紛争当事国を招請し（一〇条）、紛争が発生する前に提案をする権利さえもっている（一二条）[26]。

他方、ローダーは調停評議会（Council of Conciliation）の構成について以下のような提案を行っている。すなわち、評議会の仲介官は各国によってＰＣＡ同様の方法で任命され、紛争は評議会とＰＣＡのメンバーリストから選ばれた評議会の委員会に付託される。そして、当事国によって選ばれたリストに基づき指名候補の中で最も年長であるＰＣＡの二名の裁判官と評議会の二名の仲介官によって各当事国は代表され（計八名）、議長である九番目のメンバーは両当事国の合意で選ばれる。これによってこの委員会は自動的に設置されることになる。ＰＣＡや当該委員会が紛争解決に失敗した場合には、その案件は調停評議会の総会か、妥協を強いる最終権力をもつ評議会の常任［行政］委員会（一七名のメンバーから構成されておりハーグに常駐する）にもたらされる、というものである。[27] この案は当事国が機関の構成に影響を与えやすい枠組みでまず解決を図り、しかし最終的には仲介案の受け入れを義務化している上位機関による対応でカバーする興味深い提言といえよう。

一般論としては、審査‐仲介の場合でも中立的で国際的な仲介官が数的優位を占める機関が判断を下すことがより公正であることが予想できる。ただし、それを支える国際機構自体が脆弱であれば、国家、特に大国を背景としない決定がどれほど現実的な影響をもつのかという実際上の懸念がもたれる。また、既存の法に依拠しない審査‐仲介の場合は、その決定自体が先例となる可能性がゼロではなく、いわばその擬似立法的行為には各国代表から構成される国際立法府的機関が当たるべきであるという指摘も存在していた[28]。

④強制措置

ここでは⑴対象となるケース、⑵決定主体（第三者的機関か否か、政治的影響を受けやすい機関か否かなど）、⑶軍事的強制措置の担い手と参加の義務を取り上げる。

⑴　強制措置の対象となるケースについて、『論集』の出発点であるＨＭＰが明示しているのは紛争を平和的手続きに付託せずに軍事的手段に訴えた場合だが、多くの論者が戦争モラトリアム違反全般に対しても強制措置を想定していると推測できる[29]。他方、対象をより拡げている提案も少なくない。ＦＳ、アンウィン、マカイ（Makai）は国際裁判所の決定に従わない場合も対象としており、ハルは更に紛争を仲裁裁判に付託しない場合も加え、ウィリアムズは審査・仲介評議会の決定を遵守させるための強制措置を提起している。他方、シュッキングは、戦争法の国際規範を破った国、国際和解‐仲介局の所見の公表後決められた期間を守らずに宣戦した国、更には軍縮協定違反も対象とすることに言及しており、強制措置の対象をかなり広範囲に設定することを展望している[30]。

⑵　では強制措置が必要な事態の認定と強制措置の内容等の決定機関はどこなのか。決定機関が明示されず「加盟

国は軍事的あるいは他の行動において共同する」という表現で終わっているものもあるが、[31]「紛争を付託せずに軍事行動を起こした国」という対象は果たして自明であろうか。これに関連してリスト（Liszt）が「誰が戦争を始めたかを認定することは非常に大きな困難をもたらす可能性がある。誰が先に戦闘行為を行ったか（部分的または完全な動員が考えられるのだが）という問いに対する答えはもっと難しい。つまり重要なのは連盟指導部が認定を行う手続きを正確に定めることである」と述べているように、[32]第三者的な認定機関と執行機関が明確でない提案は必ずしも十分なものとはいえない。

ブライスもその提案の一九条において、付託義務違反や戦争モラトリアム違反をした国について、最も効果的で適切である協調的措置を行う義務をどの締約国も負うと規定し、手段・担い手等を決定する手続きの必要性を指摘しているが、具体案は提起せず国際機構成立後の議論にそれを委ねている。なお、彼は別な箇所で連盟の調停評議会は審査と調停をするだけで執行権をもたないし政府を拘束しないと述べ、「連盟の軍事力を行動に移させ、その名において作戦の指揮をする国際的執行権力（International Executive Authority）の設置が望ましい」と述べている。[33]

しかし、そのブライスも評議会の報告や仲裁法廷の裁定に含まれている勧告を受け入れなかった場合や実行しなかった場合については、かかる不履行によって引き起こされた状況を検討し、勧告を実施するために、どのような集団行動が実際的であるのかを協調して検討することを目的として、直ちに締約国は総会（Conference）に招集される義務を負う（二〇条）と決定機関を提案している。[34]同様にアンウィンも国際裁判所や調停機関の決定が受け入れられない、または尊重されない場合には、国際立法・審議機関に報告を行い、決定を実行するためにとられうる共同行動をそこで検討することを想定している。[35]なお、先述のローレンスのWorld Concert案は、いわゆる一般的な理事会を強制措置の決定機関と考えているようにも見えるが、一般的国際機構全体の見取り図が描かれていないので結論を下すことはできない[36]。

これに対してパルムスティエルナは「政治権力の動員の発議は個々の国家から独立した機関によって執られなければならないし、あらかじめ組織化され、すぐに活動が始められる国際的な権力に与えられなければならない」として、強制措置の可能性のある対象を起訴する中立的な「法の番人であり公共の検察官」である機関を想定した上で、決定自体は国際理事会（International Council 総会的機関と考えられる）に委ねている。ただし、理事会での決定に必然的に利害関係が入り込むので、表決方法、具体的には評議会における各国の票数の配分が重要であることだけでなくそれに伴う困難も併せて指摘している[37]。

以上は、加盟国全体または一部加盟国の代表が決定を行う総会や理事会、すなわち政治的判断が影響を及ぼす機関が手続きを行う案と見なすことができる。

一方、国際仲介機関が決定を行うシュッキングの提案と、国際高等裁判所の決定に従わない場合に国際高等裁判所に強制措置の決定を委ねているＦＳ案（一七条）では、決定において政治的な利害関係の影響が比較的小さいと考えられるが、ＦＳ案の国際高等裁判所は中立的であるべき裁判官から構成されるとはいえ大国中心主義的組織であり、シュッキングの国際仲介機関には当事国が含まれている。なお、オランダ反戦評議会（Nederlandsche Anti-Oorlog Raat［ＮＡＯＲと略］）も国際仲介委員会を決定機関とし、四分の三の多数決議を必要とするという高い条件を設定しているが、機関の構成については明示されていない。純粋に国際的な警察軍による強制措置を提起するハルも、軍事力は個々の国家の統制下ではなく国際裁判所の統制下になければならず、必要な場合に裁判所の決定を強制するためだけに用いられなければならないと述べているが、国際裁判所の構成については確認できない[38]。

以上から、一部の「自明」と見なされがちなケースを除いて、強制措置の決定と実施を個々の加盟国が行うのではなく、国際機構に行わせようとする傾向を読み取ることが可能であろう。ただし、その決定機関については、③の最後に述べた中立性・公正性と現実的実効性の間のジレンマが存在している。この点は次稿以下でも注視すべき事柄であろう。

(3)　強制措置については、殆どの構想で国際機構の全加盟国によって担われることが想定されているが[39]、軍事的強制措置に関しては、ブルンチュリのように大国の軍事力のみで対応するという発想もあり得る。また、軍縮を徹底した国家が軍事的強制措置にどのように関与するのかという問題も存在する。そこで、この問題は次に節を変えて軍縮の問題と絡めて扱いたい。

⑤軍縮

諸々の軍縮案の具体的内容に関しては機会を改めて扱うこととし、ここでは上述のような軍事的強制措置や紛争の平和的解決との関連で取り上げる。先に述べたように裁判所や調停機関の決定を遵守させるための軍事的強制措置をも肯定するウィリアムズは、戦争モラトリアムだけでは戦争の可能性は小さくなっても攻撃されない保障が完全には与えられないので軍縮を正当化できない、と紛争の平和的解決義務が軍縮にとって必要条件であると論じている。とはいえ、短期間で全ての加盟国が同時・全面的軍縮を行うのは現実には難しいので、移行期には既存の軍事大国と軍事小国の差が続くであろうし、あるいは、先行軍縮を徹底して行う非武装国家が現れるかもしれない。これに関して、一般的国際機構というものは共通の軍事警察に個々の加盟国が貢献することを想定しているという理由で加盟国の非武装化を否定するパルムスティエルナと、小国は軍事行動への参加を免除され、もっぱら経済的な強制措置によって義務を果たす可能性があると指摘するＮＡＯＲは対照的な立場に立っている[40]。

ところで、国家の武装・非武装の問題が、国防だけでなく、軍事的強制措置への参加という新たな地平に立ったとはいえ、加盟国の個々の軍事力が、紛争解決のために、または自衛を偽装して濫用される可能性は否定できない。更に、個々の国家の軍事力は強制措置の実行にとって妨げになる可能性もあるだろう。「純粋な」国際警察軍を提案するハルはこの最後の観点から端的に述べている。少し長くなるが引用したい。

「国際的な諸目的のための国家の軍備を完全に無効にしなければ、国際警察軍の設立と効果は明らかに不可能である。もちろん小規模の、非常に小規模の国民軍は国内法の最終的な強制力として用いるために存続してもよい。［中略］しかし、国際的な諸目的のために維持・増強された国民軍が存在すれば、先例のないようなそして多様性をもった国際警察軍の増強が必要となるだけでなく、それは国際裁判所の決定をその統制下にある国際警察軍の手段によって強制することに対して克服できない阻害物となる。ニューヨークやペンシルヴァニアやヴァージニアによって維持された巨大な増強された軍備に直面すれば、合衆国の警察力では連邦最高裁判所の決定を強制することが不可能であるのと同様に、英国やドイツや米国の巨大で増強する軍備に直面すれば、適切な国際警察軍を用意し、国際裁判所の決定の強制のためにその活動の成功を保障するのは不可能であろう。我々の国際警察軍が巨大なものであるべきでなく、あるいは、全く役に立たないものであってはならないとすれば、我々の時代の巨大な国家の軍備を国内法の強制のために必要な非常に小さな次元にまで縮減することが国際警察軍の設置に先行しなければならない」「紛争に判決を下し裁定を受け入れさせることにおいて、成功の必要条件は、軍備の大きさと目的を純粋に国内目的に限定するか、あるいは、純粋な国際警察軍に転換することである。[41]」

一九〇八年の世界平和会議ですでに包括的国際組織の樹立と警察活動に必要なまでの国民軍の削減が主張され[42]、先述のようにサン‐ピエールも徹底的軍縮を提案しているが、ハルの見解はそれに近い。ここにおいて軍事的強制措置、軍縮、加盟国の自衛権の制限の問題が連関してくることを我々は見るのである。

⑥加盟国の同権性

ドーティが指摘し、(43)また既に本稿でも折々示したように、ＣＯＤＰの論者の中でも加盟国の同権性に関しては非常に多様性が見られ、ここでは次稿以下で留意すべき点をあげるにとどめる。すなわち、同権性について考える際には、機構全体としての平等性と個々の機関における平等性を分けて考える必要があり、その機関がどのような機能を実質的に果たすのかを見なければ、形式的な同権性か否かの判断は難しい。また、平等でないとすればその基準は恣意的であってはならず合理的かどうかも検討する必要があろう。また、機構全体の同権性は、最高意思決定機関である総会での票数配分・表決原則とそれらの基準から確認することができよう。ただし、総会の機能が限定的であれば総会において平等が確保されていても実質的に平等な機構とはいえないだろう。(44)

⑦ハーグ平和会議との関係

ハーグ平和会議を基礎にした一般的国際機構を目指すシュッキングのような提案と、全く新たな組織を志向するＬＥＰなどの提案の中間に、仲裁等に関するハーグの機構と成果を評価し尊重しつつも、ハーグ平和会議参加国と設立されるべき国際機構の想定加盟国のズレを理由に、ハーグ平和会議と異なる連盟独自の立法機関を設置することを提唱するアンウィンやウィリアムズのような提案が存在している。(45)このように『論集』の中で「ハーグ平和会議の発展」の章に収められている論文の中でさえ、「ハーグ離れ」が少しずつ進んでいたことを読み取ることができる。

⑧その他

個々の提案における比重の違いはあるが、当時の国際機構提案が課題としているものを列挙すると、経済活動に関わる自由と同権（交通の自由、海洋の自由、門戸開放・機会均等）、植民地制度、少数民族の保護、領土の併合や割譲、労働者保護、民族的煽動の防止、個別的政治同盟の禁止、外交の民主的コントロール、軍需産業や武器輸出の管理、加盟国の政府代表から構成される国際会議以外の審議機関の設置があげられる。

以上のような第一次大戦期の多様な構想をベースに、連合国、協商国の双方で連盟規約案が提起される。次の章ではドイツ国際法協会の国際連盟規約案を取り上げたい。

（本稿は二〇〇八年一一月二〇日に脱稿した。）

第４章　国際連盟成立期の国際組織構想（２）――ドイツ国際法協会案

Ⅱ[1]　ドイツ国際法協会案

前提的説明

大戦の末期から国際連盟成立期にかけてのドイツの代表的な包括的国際組織構想としては、一九一八年秋にまとめられた外務省法務局長クリーゲ（Kriege）の案、一九一八年一〇月に発表されたエルツベルガー（Erzberger）案、一九一九年一月に完成したドイツ国際法協会（Deutsche Gesellschaft für Völkerrecht［ＤＧｆＶと略］）案をあげることができる。後二者はドイツ政府案のベースになったといわれているが、筆者は既にエルツベルガー案を扱ったので、ここではクリーゲ案と比較しながらＤＧｆＶ案を検討する。[2] ＤＧｆＶは米国大統領ウィルソンらによる国際政治の新たな動きに刺激を受け、国際法の学問的な再興と発展を目指して結成された。一九一七年三月二四日に帝国議会議事堂で外務省等の省庁の代表も参加して設立会議を開き、一〇月五~七日にはハイデルベルクで第一回年次総会を開催した。会長と副会長には国際法学者のニーマイアー（Niemeyer）とモイラー（Meurer）が就任し、会員には国際協調協会（Verband für internationale Verständigung）に属していた人物が多く見られるという。[3]

ニーマイアーは、ＤＧｆＶの国際連盟案作成計画の第一歩は一九一八年二月に始まったと述べているが、憲法学者ヴォルツェンドルフ（Wolzendorf）は、これをドイツの知識人や国際法学者が以前から平和主義者だったかのように装うための歴史の改変だと批判している。[4] それはさておき、官僚、国際法学者、外交官、政治家、実業家など広範な人々が参加した規約案作りは、研究委員会を設置しその成果を翌年九月の総会に提出する、という第二回総会における決定（一九一八年九月一九日）と、同二一日の研究委員会設置で動き出した。しかし、政治状況の急展開によって、一〇月二七日には、義務仲裁裁判制度のためだけでなく包括的な機能をもつ国際機構の樹立を目指すこと、また特に、軍備制限、民族自決や少数民族問題、国際的な労働者の保護、民族的憎悪の防止、植民地制度、国際的な交通の自由などが緊急の課題であることが確認され、一一の小委員会が組織され草案作成作業が始まった。

各小委員会の課題は、第一　組織と枠組み、第二　裁判と仲介、第三　軍備制限、第四　交通の自由（Verkehrsfreiheit）と経済問題、第五　植民地制度、第六　安全保障と連盟強制措置、第七　国家の相互関係と議会によるコントロール、第八　諸国民の自決権と少数民族の保護（Schutz）、第九　社会政策、第一〇　報道、第一一　国際行政連合で、第八、一〇、一一小委員会には各一名だけが配置され、小委員会に属さない研究委員会委員も一七名いた。フォルトゥナは、ニーマイアー（第四小委員会）、モイラー（第二小委員会）、シュッキング（Schücking）（第一・第七小委員会）、ヴェーベルク（Wehberg）（第三・第四小委員会）、クヴィッデ（Quidde）（第三小委員会）ら国際法学者や平和主義者以外に、独立社会民主党を除く全政党の議員が参加している点を指摘し、特に社会民主党のジューデクム（Südekum）（第六小委員会）、ダーフィト（David）（小委員会に属さず）、中央党のエルツベルガー（第三小委員会）、民主党のゴータイン（Gothein）（第三小委員会）など、一九一七年の七月危機以来議会内で影響を強めていた院内連絡委員会の活動的メンバーの存在に注目している。[5]

一八年の一一月半ばから一二月半ばに提出された各小委員会案［A案と略］は、研究委員会の全員に提示され、意見交換を経て一連の編集会議でまとめられた。そして、これが再度全員に示されて、一九年一月八日に研究委員会の最終会議で精査の上承認された。この最終案は国際連盟に関する交渉の基礎にすべく一月一一日に帝国政府に送られたが、政府にもこれを講和交渉で用いる意図があったという。A案と最終案の間には二種類の案があり、研究委員会全体で検討するためにA案をもとに作られた第一案［B案と略］が一九一九年一月二日に、第二案［C案と略］が同六日に完成した。(6) 最終案は、一～四条 基本原則、五～七条 組織形態、八～二一条 安全保障 紛争手続きと強制措置手続き、二二条 軍備制限、二三～三一条 交通の自由、三二条 植民地制度、三三条 少数民族の保護、三四条 労働者保護、三五条 民族的煽動の防止、三六条 国際行政連合という構成だが、本稿でも、前章で用いた①機構全体の目的と組織形態、②加盟国の範囲と加盟条件、③紛争の平和的解決、④強制措置、⑤軍縮、⑥加盟国の同権性、⑦ハーグ平和会議との関係、⑧その他、という比較軸に沿って議論を進める。

今までの研究ではドイツ政府案との関係でＤＧｆＶ案に言及されることはあっても、具体像が示されることは稀だった。例えば、最近のヴィンツァーの研究も、戦争法ではなく平和の法のみを扱っている点、全ての国家の権利・義務の平等から出発している点をＤＧｆＶ案の発想の決定的な面として述べるにとどまっている。その中にあってフォルトゥナは、ＤＧｆＶ最終案の概要を紹介しつつ、ドイツ政府案と比較を行う中で、同案は現状の国家主権のあり方から大きく踏み出していないと指摘する。すなわち、彼女は、後述する国際連盟常設委員会（Ständiger Ausschuss des Völkerbundes）の中に「新しい超国家的主権の方向性」を見て取りはするが、ＤＧｆＶ最終案が将来においても国際関係は主権国家という既存の基盤の上に建てられるべきであるという立場をとっており、同案が提案する国際連盟によって強制力をもつ［国際］機構（Zwangsverband）が成立するわけでもなく、戦争に対する国家の主権的権利も原則として廃棄されることはないと指摘している。これに対して前号論文同様に「かくなるかもしれなかった」国際機構の可能性の歴史を汲み上げる試みである拙稿では、最終案だけではなく三種類の先行案も対象に加え、国際組織の権限と国家主権の関係を中心に検討し、ＤＧｆＶの中の「あるべき国際機構像」の多様性とそのラディカルな側面を照射することを試みたい。[7]

ＤＧｆＶ案の内容

①機構全体の目的と組織形態

国際連盟の目的は「法（Recht 正義）の倫理的な力と全ての国家の独立・不可侵に基づいて永続的な平和を保障し、協力を通して諸国民の福祉を促進すること」（一条）とされ、連盟が果たすべき課題の包括性は上述の規約案の章構成から明らかである。ちなみに、クリーゲ案は、「永続的な平和と独立及び諸国民の自由な発展を保障する」ことを国際連盟の目的とし（第一章二条一項）、同章三条で具体的課題として⑴国際法の包括的な発展、⑵国際紛争の平和的処理、⑶軍備の制限、⑷海洋の自由の確保、⑸国際的な経済交流の自由の保障、⑹労働者の福利のための国際的な社会事業、⑺国際連盟によって保障された諸権利の保護、をあげているが、これと比べてもＤＧｆＶ案が更に多岐にわたる国際問題に対処することを想定していることがわかる。この広範な課題に対応すべく、七条には国際連盟会議（Völkerbundkongress）、国際連盟常設委員会（Ständiger Ausschuss des Völkerbundes）、常設国際裁判所（Ständiger internationale Gerichtshof）、常設仲裁裁判所（Ständiger Schiedshof）、国際連盟執行委員会（Vollzugsausschuss des Völkerbundes）、国際連盟調停局（Einigungsamt des Völkerbundes）、国際行政局（Internationale Verwaltungsämter）という内部機関が列挙されている。なお、先行案にあった事務局が最終案では消えている。

加盟国代表の総会である国際連盟会議は「国際連盟の最高意思機関」と位置付けられ、少なくとも三年に一回ハーグで開催される。各加盟国は三名の代表を派遣するが、投票権は統一的な一票のみで主権の平等の原則に立つ。また議決は全会一致ではなく三分の二の多数決でなされる（七条）。総会の役割として最終案が明記するのは、退会は総会の認可によってのみ可能とする規定（六条。Ｂ案Ⅰ章の三条、Ｃ案三条）と後述する常設委員会への指示（七条）、それに軍備制限の原則の実行の決定と監督（二二条。Ｃ案七条）だけである。

これに対して、先行案の第一小委員会案（Ａ案）は九〜一〇条で全加盟国の代表が出席する連盟会議を立法機関に分類し、その課題の第一に「現行国際法と連盟規約の立法上の発展」をあげ、続いて国際行政組織の設立、総会及び委員会の議事規則の公布、国際連盟の財政についての規定化、連盟のその他全ての案件についての決定を規定している。ただし、Ｂ・Ｃ案では最終案同様、総会を立法機関とする位置付けは見られない。一方、Ｂ案Ⅰ章五条には連盟規約の改廃は総会の全会一致を要するとあり、Ⅱ章三条で常設国際裁判所の構成を総会の選挙で行う可能性に言及する。また、Ｂ・Ｃ案は最終案同様の退会規定を置きつつ、更に「国際連盟からの除名は執行委員会の提案に基づき総会で三分の二の賛成で宣告される」（Ｂ案Ⅵ章一二条、Ｃ案二三条）と除名手続きを規定する。最終案にはこれらがなく、先行案が総会の機能をより具体的に示していることがわかる。他方、クリーゲ案は総会に関して「国際公法・国際私法の可能な限り包括的な発展を五〜一〇年に一度ハーグで開催される締約国の会議において達成する」（第二章 国際法の発展の一条）としており、総会を立法機関（国際法会議）と捉える第一小委員会案に近い発想が見られる。ちなみに、エルツベルガー案では「あらゆる共同行動のために加盟国を代表する」「平和と和解の担い手」という、平和維持に関する一般的で若干曖昧な位置付けが総会に与えられている。(8)

一方、常設委員会はこの委員会のために任命され連盟本部が置かれるハーグに常駐する各加盟国の代表から構成され、「国際連盟規約において常設委員会に指定された課題に基づき、総会議長を通して総会の指示を受け」て活動し、表決は多数決で行われる（七条）。「指定された課題」は、あらゆる国家間協定の通知を受けそれを官報で公示すること（三条）と、加盟国から要請があった場合（一二条）、自衛措置が常設委員会に申し立てられた場合（二〇条）、加盟国間の武力行使が国際連盟に干渉の理由を与える場合（二一条）に、強制措置に関して広範な機能をもつ執行委員会の設置を促すことである。常設委員会は執行委員会の決定に影響を及ぼさないが[9]、二一条のケースでは執行委員会が決定を下すまで効力をもつ暫定的な命令を出し、緊急時に対応できる唯一の常設機関としての役割を果たす。なお、フォルトゥナがこの機関に「超国家的主権」の萌芽を見ていることには既に触れた。

常設委員会について、A案の第一小委員会（委員長シュッキング）案は立法目的の機関に分類した上で「永続的な使節会議」（一九条）と表現し、総会で審議すべき提案の事前審査（一四条）、総会の準備や条約等の収集・公開、財政的機能等の事務的役割を担わせている（二〇条）。一方、第六小委員会（委員長フライシュマン（Fleischmann））案は、その一〇条、一一条に最終案の二〇、二一条と類似した規定をおき、第一小委員会案には登場しない執行委員会を提案している。これを両委員会間の国際機構像の相違と見るか、組織全体を検討する前者と安全保障を扱う後者の違いと見るかは別として、その後の案は後者の見解を引き継いだ（B案Ⅵ章一〇条、一一条、C案二一条、二二条）。一方、クリーゲ案は、常設委員会に近い機関として常設行政理事会（Ständiger Verwaltungsrat）、つまり常設仲裁裁判所の常設評議会（Internationaler Verwaltungsrat）とほぼ同じ名称で構成は全く同じ機関を提起している（第一章「国際連盟の目的と組織」の四条）。同条には国際事務局（Internationales Büro 常設仲裁裁判所の事務局と同一名称）も登場し、第二章（国際法の発展）二条では総会の準備のための常設国際委員会（Ständige internationale Kommission）の設置を規定している。

国際行政局については様々な国際行政連合のセンターの役割を果たし（三六条）、その権限、組織、手続きは個々の連合の条約で規定され（七条）、非政治的な国際協力を推進する役割を担う、と位置付けられている。一方、クリーゲ案は労働者保護関連を除いて国際行政連合との関係を扱っていない[10]。この他の内部機関は各々関連する節で取り上げるが、以上からは、ＤＧｆＶが当時の様々な国際組織プランが想定していた内部機関のうち世界議会を除くほぼ全ての機関を備えた一般的国際機構の樹立を目指していたことが明らかである。

②加盟国の範囲と加盟条件

立憲体制をとる国家という加盟条件はあるが、ＤＧｆＶ案は仮想敵をもたず全ての国家に開かれた国際機構を目指すことを明確に打ち出している（五条）。二条では秘密条約と政治的な個別同盟の禁止を謳い、普遍的国際機構を内部から掘り崩す要素を排除している。クリーゲ案も「締約国は国際連盟の目的に反するどんな個別同盟も結ばない義務を負い何らかの秘密の合意を行わない義務を負う」（第一章二条二項）と規定してはいるが、こうした条件付きの禁止は抜け道を用意することになりやすいだろう。

一方、先述のように退会は総会の認可で可能だが、最終案には除名規定がなく、「国際連盟は解散することができない。この規約に規定されている法律効果が関係する規約違反が存在しない限り加盟国の退会の自由は認められない」とするＡ案（第一小委員会案四条）、除名規定を明示するＢ・Ｃ案よりも曖昧である。他方、クリーゲ案は、その第一章一条三項で「国際連盟の樹立の際に加盟しなかったどんな独立国でも加盟できる」とし、加盟条件が非常に緩やかな組織を目指す姿勢を明らかにしている。また、加盟後一二年は退会できないこと、それ以降は六年ごとに退会が可能であることを第九章五条で示し、除名に関しては、第八章（国際連盟によって保障された諸権利の保護）の五条に「[国際連盟が保障した権利の侵害に]責任ありとされた締約国が後述する判決委員会（Spruchsausschuss）の判決に従うことを拒否した場合には、当該国家はこの委員会の更なる判決によって国際連盟から除名される」と規定する。

③紛争の平和的解決

この節では、想定されている機関と管轄する紛争の種類、付託義務及び決定受け入れ義務の問題、機関の相互関係を⑴で扱い、機関の裁判官や調停官の任命と法廷の構成に対する紛争当事国の影響の程度と平等性の問題を⑵で検討したい。

⑴　紛争の平和的解決のための機関としては、既存の常設仲裁裁判所に加えて、常設国際裁判所と国際連盟調停局が新設され、加盟国は外交的な方法で処理できない国際紛争を、裁判または仲裁裁判によって解決するか、あるいは調停局に付託する義務を負う（八条）。

では、各機関が管轄する紛争の種類はいかなるものであり、そもそも紛争の種類の判断がいかに行われ、それに伴う管轄の変更はどのように行われるのか。その際、受け入れ義務を伴わない決定を下す調停局が管轄する紛争の範囲を広くとる制度は、当事国に行動の自由を広く保障することになる。反対にそれが狭い（裁判所が管轄する紛争の範囲が広い）か、あるいは、管轄機関の決定自体を第三者機関に広く委ねる仕組みであれば、当事国の自由はより縛られる。したがって、この問題は樹立されるべき国際機構に国家主権を強く制限する権限を与えるか否かの指標になる。

ＤＧｆＶ案では、常設国際裁判所は「国際的な法律的紛争の裁判的な決定のための通常の機関」とされ、加盟国は応訴強制を伴う訴権をもち、裁判所の決定は「国際連盟の名において」行われる。他方、当該裁判所は条件付きで国家間紛争以外の国際私法の分野においても管轄権をもつ。一方、既存の常設仲裁裁判所は仲裁協定（付託合意）に基づいて管轄権を行使するが、それ以外に、常設国際裁判所の管轄変更の決定に基づいて管轄権をもつ。ただし、仲裁協定が仲裁裁判所の管轄権を規定していることを根拠に管轄変更を国際裁判所に申請することができ、また、係争中の法律的紛争が国家の重要な利益や独立や名誉に関係があるという理由や、当該紛争は法律的紛争ではなく政治的な紛争や単なる利益紛争であるという理由でも常設仲裁裁判所への管轄の変更が可能である（一〇条）。他方、合意と妥協（Verständigung und Ausgleich）の成立を目指し、専門家所見を提案する機関である国際調停局は、国際裁判所の管轄変更の決定と当事国同士が合意した中立で管轄権をもつ（一一条）。このように、最終案は戦争という手段での紛争解決を最終的には認めつつ、国際組織が能動的に動く管轄変更の道筋を示し、また、重要な紛争を仲裁裁判所の管轄対象にすることで、加盟国の国家主権をある程度制限し、戦争の可能性をできる限り小さくしようとしているように見える。

一方、ニーマイアーはこの規約案の注釈において、詳細な手続きの整備は国際連盟での議論に委ねるとしつつ、条文以上に能動的で中心的な役割を常設国際裁判所に担わせることを主張している。一部内容が重複するが引用する。「常設国際裁判所は一方の当事国の申立に基づき、あるいは、裁判所自身のイニシアティヴによっても、仲裁裁判所または調停局に管轄変更を命ずることができる。［中略］ここから明らかなのは、結果的に常設国際裁判所は純粋に法律的な紛争だけを決定すべきで、紛争の性質の妥当性については常設国際裁判所が主権的に決定し、そして（名誉条項の理論とは全く反対に）仲裁裁判所は明示的にまさに名誉‐独立‐重要な利益問題の仲裁のために付託されるべきである、ということである。［中略］どのような場合に国際裁判所が案件を調停局に管轄変更するかは、国際裁判所の自由な裁量の内にある。この方法で行われた調停の試みが失敗した場合には、当該案件は再び提訴によって常設国際裁判所に付託することができる(11)」。

他方、先行案は最終案以上に戦争を防止するための強い歯止めを提起していた。すなわち、最終案では国際調停局に管轄権が生じるためには、管轄変更による以外では両当事国の付託合意が必要で、また、その提案受け入れに関して「紛争当事国は調停局が決めた期限内に提案を受け入れるか拒否するか文書による声明を調停局に送付しなければならない」（一一条）とあるだけなのに対して、A案第二小委員会案の九条（機関の名称は国際仲介理事会（Internationaler Vermittelungsrat）だが）、B案IIの八条、C案一二条には「付託合意」の文言はなく、反対に最終案にはない「［前略］専門家所見が出されるまでは宣戦布告や、戦闘開始や、動員が行われたりしてはならない。専門家所見が出される前に、または、裁判ないしは仲裁決定の前、または、決定にもかかわらず宣戦布告が行われた場合には、国際連盟の干渉が行われうる」「一方の当事国が［調停局の提案を］拒否した結果戦争に至った場合、国際連盟は拒否した国家に対して適切と思われる諸措置をとることを留保する」という文言を加えて国際連盟と加盟国の権利・義務を明示している。そして更に、「一九〇七年一〇月一八日の第一ハーグ協定の仲介に関する規程（二条〜八条）は、仲介の受諾と同時に動員やその他の戦争準備措置が停止されなければならないという条件で有効であり続ける」（C案は一二条ではなく九条二項）という規定も加えている。

クリーゲ案でもその第三章（国際紛争の平和的処理）の一条で「外交的手段で解決できない締約国間の全ての紛争は平和的処理に付される。これは国際的仲裁裁判又は法的裁判（二条〜五条）または仲裁的仲介（六条〜八条）の方法で行われる」と具体的手続きと対応機関を規定し、調停が成立しなかった場合に出される所見については「所見は紛争の平和的処理のための提案を含む。確定している国境の変更やその他の国家の重要利害に関わる問題ではない限りはこの提案に応じなければならない」（七条）とし、八条にはDGfV案のA〜C案と同様に「紛争当事国である締約国は仲介手続きが行われている間は動員又はその他の戦争の準備を行ったり、戦闘を始めたりしてはならない。

第三国もまたかかる種類の行動によって紛争当事国を脅かしてはならない」という文言がある。

以上からは、ＤＧｆＶ最終案がクリーゲ案と比べても紛争当事国の行動の自由を縛る点で緩やかであることが見て取れる。ただし、最終案四条（Ａ案第七小委員会案三条、Ｂ案Ⅶの三条、Ｃ案六条）の「宣戦布告は議会の同意によってのみ行われる。対応する憲法規程をもっていない加盟国は遅滞なく当該規程を作る義務を負う」の規定は、ニーマイアーのいうように宣戦の国際法的是認ではなく「平時における政治の民主的コントロールの国際的な保障」[12]とはいえ、結果的には戦争に対する一定の歯止めの役割を果たすであろう。

(2)　裁判官・調停官の任命や構成が非同権的（大国中心）か否か、当事国が影響を与えやすい機関か第三者機関的性格が強いかは、システムの理念を示す重要な指標である。それでは、既存の常設仲裁裁判所はさておき、ＤＧｆＶは新設の二機関についていかに考えていたのか。

常設国際裁判所について最終案七条とＣ案八条は「仲裁裁判所の設立に関するハーグ協定案（一九〇七年）に準拠して形成される」とし、具体的な構成には触れていない。そもそもこの協定案が成立しなかった原因が、大国を常任としその他の国々をローテーションとする非同権的な裁判官の構成に対する中小国の反発であることを考えれば、この条文では問題の解決にならないことはいうまでもない。それではＡ、Ｂ案ではどうか？　Ａ案の第二小委員会案のⅠの三条には、最終案七条と同じ文言に続けて「構成は国家の同権の原則に基づく。その裁判官を任命した国家、またはその裁判官が属する国家が一方の当事国である場合には裁判官は職務を行えない。不公正の懸念を理由に裁判官を忌避することができる」とあり、その注釈においても、大国が常に席を占めることを要求したことを組織樹立の阻害要因としてあげている[13]。一方、Ｂ案Ⅱの三条には同様の文言に加えて「構成は選挙で、可能であれば総会での選挙で決められる」という規定が見られ、Ｂ案の総会の表決権は同権の原則に立っている。確かにＡ、Ｂ両案でも裁判官の数や法廷の構成等について具体性に欠けてはいるが、両先行案には最終案とC案よりも主権の平等の原則が明確に示されている。

次に国際調停局について見てみよう。審査‐仲介を総会や一般的な理事会に担わせるプランもあり、この場合は第三者的対応が行われるが権限や構成の点で大国中心になる可能性があった。一方、専門機関で対応する場合でも、例えば前章で取り上げたローレンス（Lawrence）やブライス（Bryce）案のように大国中心の調停官構成になる可能性はある。[14] これに対して、DGfVは専門機関による対応を提案し、最終案とC案の七条では「国際調停局は常設仲裁裁判所と同じ方法（一九〇七年一〇月一八日の第一ハーグ協定四三条以降）で特別なリストに基づいて形成される。そこからは常設仲裁裁判所のメンバーは排除される」と規定し、リストの中から各当事国が二名を選任し（うち一名のみは自国民でも可能）、それに上級調停官を加えた五名で機関が構成されることになる。A案（第二小委員会案）のⅠの五条、B案のⅡの五条もほぼ同内容であり、DGfVは一貫して、紛争当事国が構成に影響を与えることができるが、大国中心でないという意味で平等な制度を提案していた。

なお、第二小委員会委員長のモイラーは、当該機関は政治的紛争や利害紛争の純粋な仲介が課題なので、合意形成理事会（Verständingungsrat）、調停理事会（Einigungsrat）などの新たな名称は避け、固定された部局ではなくad hocに組織される委員会とし、常設仲裁裁判所をモデルにした、当事国が構成に影響を与えられる組織にすべきだと主張する。担い手については「仲介理事会の活動にとってはおそらく政治家に優先権が与えられるだろう」としつつ、こうした政治家は仲裁裁判所のリストで優位に置かれているので、仲介の理事会のための独自のリストを準備することはないと指摘している。[15] 名称とリストの問題はさておき、基本的に彼の見解に沿った線でその後の議論が進んだ。

クリーゲ案では仲介委員会（Vermittelungsausschuss）の構成を次のように規定している。すなわち、各々の当事国が一名の代表を任命し、各々友好国にもう一名の任命を依頼する。一方、議長はスイス連邦大統領が指名するか、またはスイスが紛争に関与している場合にはオランダ国王が上級仲介官を指名し、こうして形成された委員会がハーグ等の地で会同し調停を試みる（第三章七条）。これは基本的にＤＧｆＶ案と同構造の組織と見て良い。

④強制措置

強制措置の手段自体は、(a)賠償命令、(b)外交関係の断絶、(c)経済的強制措置（輸入・輸出禁止、不平等関税措置、連盟義務を違反した国家の国民に対する残りの加盟国における経済活動や法的保護の制限、人・もの・情報の交流の中止）、(d)船舶の抑留（以上一四条）と、例外的な場合の(e)軍事的な強制措置（一五条）であり、先行する三案は更に除名を強制措置に含めているが、いずれにせよＤＧｆＶの独自性は見当たらない。そこでここでは、(1)強制措置の対象案件と強制措置の決定主体の問題、(2)軍事的強制措置の担い手と参加の義務について検討したい。

(1)　強制措置はどのような場合に発動され、どのような機関が対応するのか。前章で扱ったように、戦争モラトリアム違反の場合、違反の有無を決定する機関が明示されておらず、加盟国の強制措置参加義務等だけが規定されているプランも少なくなかった。そこには、紛争の平和的解決を試みなかった国がどこなのかは誰から見ても自明なので、当該判断は個々の国家が下してもよいと見なす発想、更にいえば、戦争モラトリアム違反などの違法な侵害に対する反撃、すなわち自衛権の行使を、国家が判断し実行する当然の権利として疑わない意識が反映しているのではないかと筆者は考える。しかし、違約国と自衛を行っている国の別は本当に明らかであり、また、国際連盟の集団的安全保障体制の中でも自明であり続けるのだろうか？　この点を含めてＤＧｆＶは強制措置をどう捉えていたのか。

ＤＧｆＶ案が強制措置に対応する機関と位置付けているのは執行委員会である。一二条には「執行委員会は国際連盟規約を侵害から守るための機関であり、また、決定を執行するための機関である。執行委員会は、一般的に規定されたケース（二〇条、二一条）の場合に、または、加盟国がその他の加盟国に対して提起した訴えに基づいて常設委員会に申し立てた場合に、常設委員会の決定に基づいて活動を行う」とあり、一三条は「執行委員会は国際連盟の義務が侵害されているかどうか、そして、どのような強制措置が用いられるべきかを判決によって決定する」とし、一八条は「執行委員会は強制措置の実施を監督する。執行委員会は、コストの問題を含む、措置の実行のための追加的な決定のために招集されうる」と規定する。ニーマイアーは、執行委員会はその名称以上に広範な機能をもつと評し、「警察的、裁判的、執行的活動がその中に一つになっている。［中略］執行委員会には国際連盟の名前で違法行為を予防し、制圧し、懲罰を行う義務がある。その活動の前提、形式、範囲は大まかに規定されているだけである。それらは非常に自由な裁量と無制限の手段選択という原則のもとにある。執行委員会は完全な独立性をもつべきである」と述べている[16]。

それでは、加盟国のどのような行動が強制措置の対象になるのか。①でも簡単に扱ったが、執行委員会に関連する一般的な規定である二〇、二一条に再度触れる事から始めよう。

二〇条は「ある国家が他の国家によって攻撃される場合や、軍事力による攻撃で直接威嚇される場合には、当該国家は国際連盟の名において自衛する権利を有する。しかし、当該国家は意図した防衛措置をただちに国際連盟の常設委員会に報告しなければならない。常設委員会は執行委員会の即時の設置を指示する。執行委員会はまずこのケースが正当な自衛かどうかの決定を行う。執行委員会が自衛の正当性を否定する場合には、執行委員会は自衛を即刻禁止し、禁止された行動によって被害を受けた国に対して損害賠償を認め、また、判決が出されるまでの期間、必要な措置を執らなければならない」と執行委員会の機能が自衛との関係で扱われており、強制措置と自衛を相互連関させる発想が認められる。

続く二一条は「国際連盟加盟国間の武力行使[17]が干渉の理由を与える場合には、国際連盟の常設委員会は執行委員会の決定がなされるまで効力を持つ暫定的な命令を遅滞なく出さなければならない。執行委員会はすぐに形成されなければならない」と規定する。

とはいえ、二〇、二一条はともに「紛争の平和的解決を試みる義務」（八条）違反に触れていない。確かに、先に引用した一三条という八条違反をも包摂する一般的規定で執行委員会の広範な権限が明示されているので、当事国が互いに武力行使の正当性を主張しあう状況に第三者機関（後述のように執行委員会が第三者機関なのかという問題はあるが）が掣肘を加える点で実際上の問題は生じないかもしれない。しかし、先行するA案第二小委員会案九条、B案Ⅱの八条、C案一二条（前節参照）が、強制措置の対象として殆どの段階の戦争モラトリアム違反と専門家所見を受け入れないケースの対応に触れ、更に、A案第六委員会案一条、B案のⅥの一条、C案一三条で「国際連盟にはあらゆる違反や威嚇からその規約を守る義務がある。国際連盟はあらゆる加盟国に対してこうした保護を保障する。このことは、特にある国家が紛争の仲裁的処理を拒否したり、逡巡したり、仲裁判決に従わなかった場合に、または、ある国家が別の加盟国に法に反した軍事的措置を執った場合にあてはまる」の文言を加えて「紛争を国際調停局に付託せずに戦争を始める」ケース以外を全て網羅した上で[18]、最終案同様の一般的規定（C案では一四条、二一条、二二条）を設けることによって、抜け道を可能な限り遮断して国家の戦争の自由を厳しく制限しようとしているのに比して、最終案のシンプルさは際立っている。

いずれにせよ四案の共通点は、(a)加盟国は「国際連盟の名において」自衛する権利をもつ、(b)加盟国は自衛措置を遅滞なく国際機構に報告する義務を負う、(c)自衛権行使か否かの認定は国際機構の機関（当事国も含む執行委員会）

が行う、(d)自衛であることが否定された場合の当該行動の禁止と損害賠償、(e)執行委員会設置までの常設委員会の能動的介入と暫定命令、そしてこれらに一貫する、(f)執行委員会とその背後にある国際連盟の大きな権限だが、ここでは、特に国家の恣意的な自衛権行使を縛る明確な意図に注目すべきであろう。(19) すなわち、紛争の平和的解決の枠組みをいくら精緻にしても自衛を口実に軍事行動が行われれば意味がないが、DGfV案は、強制措置と自衛措置の認定、そして紛争の平和的解決を相互連関させることで、仲裁や調停に付託する前の軍事行動という、特に自衛権行使に偽装されやすい行動を含めてこの問題に対処しようとしていたといえよう。先回りしていえば、そこには国連憲章五一条――この条項自体問題はあるが――に似た発想を見ることができまいか。

それはさておき、我々は、DGfVのかかる姿勢、更に強制措置の決定・実行を国際連盟が統御する規定（一三条）に、戦争‐平和に関する個々の加盟国の国家主権を制限する強い意志を見るべきであろう。フォルトゥナがDGfV案のラディカルな側面を過小評価した主たる原因は、先行案に比べると穏健かつ曖昧な内容をもつ最終案のみを取り上げた点と、いくつかの点でラディカルな側面をもつドイツ政府案との比較という観点に立つ点にあろう。しかし、それに加えて、集団的安全保障体制の中での国家の自衛権と強制措置の関係をいかに捉えるかという、憲法第九条をもつ我々ならば容易にもちうる視点が彼女には希薄な点にも原因を求めることができるのではないかと筆者は考える。

では広範な権限と機能をもつ執行委員会の構成はいかなるものか？　フライシュマンは、執行委員会の任務には司法的要素と政治的要素が混在しており、純粋に裁判所的な構成の機関は不適切で、当事国にもしかるべき票の重みを与えつつ、非当事国に票の優位を与えるべきだとして九名の委員からなる組織を想定し、(20) 最終案七条では以下のような規定となっている。すなわち、各々の当事国が二名の委員を任命し、また各々一名の委員を任命すべく各々二国の中立国を選定する。委員長はスイスが決定する。任命や選定が遅滞した時は逡巡する国家の代わりにスイスが中立国に委員の任命を依頼する。スイスが紛争当事国であるか中立国として指名された場合には、四中立国によって選定された第五の中立国がスイスの代わりをする。なお、執行委員会の手続きは常設仲裁裁判所の仲裁手続きのための諸規程が基準となるが（最終案一七条）、国際紛争平和処理条約の七八条には「一切の決定は裁判官の多数決による」とあり、多数決で表決が行われると見て良い。また「執行委員会の委員は国際法の諸原則と人類の諸法律に従い、自由な司法的裁量に従って決定を行う」（同一六条）と判断の公正性を求めているが、当事国が一定の影響を与えうる組織形態といえよう。かかるタイプの組織が戦争‐平和に関わる重要な決定を行う以外に、総会や理事会が担い手になる、あるいは当事国を含まない機関が対応する方法も考えられる。当事者が影響を与えやすい機関か、政治的影響を受けやすい機関か、同権的構成をもつ機関かという問題は、国際機構と加盟国の権限に関わる重要な論点であり、前号で扱ったプランや今後扱う構想を含めてこの一連の論文の最後で検討することにしたい。

なお、クリーゲ案にも一名ずつの当事国代表を含み九名から成る判決委員会があるが（第八章一条、四条）、加盟国が保障された権利を侵害され、仲裁裁判や法的裁判で処理できない場合に付託可能な機関であり、執行委員会と構成上は類似しているが機能は異なっている。

(2)　強制措置への参加は全加盟国の義務なのかという問題については当時様々な議論があったが[21]、この点でも最終案は若干曖昧である。例えば非軍事的強制措置の内容を規定した最終案一三条に対応するＣ案一四条の二項「加盟国は決定された諸措置を実行する義務を負う」（Ａ・Ｂ案も同様の文言）が最終案では削除されている。また、同じくＣ案一六条では「例外的な場合には軍事的な強制措置、特に封鎖が決議されうる。かかる措置は、侵害を受けた国に個々に単独であるいは他の国家と共に委任されうる」という、最終案の一五条にほぼ対応する第一項に続いて「残りの国家はかかる措置を好意的態度で支援しなければならない。すなわち、連盟規約を侵害していない国のために、自国領域での徴募、武器・弾薬・装備の供与、原料・食料品の供給、船舶の取得・建造・艤装、国債の購入、メディアの発言を認め、もう一方の国に有利になることは禁止される」（Ａ案第六小委員会案四条、Ｂ案Ⅵの四条も同様）と軍事的強制措置に参加しない加盟国の義務が規定されているが、最終案にはそれもない。最終案で強制措置を委任された国に関する文言は「自国の本質的な重要な利益を脅かされずに委任された強制措置（一五条）を実行できないと第三国が考える場合には、その国は執行委員会に異議を申し立てる権利をもつ」（一九条）という参加拒否を申し立てる権利についてだけであり、しかも、同様の文言をもつＣ案ではこれに続いて「執行委員会はあらゆる状況を自由に考慮してそのことについての決定を行う」（二〇条）と、異議申し立て後の対応も規定しているが、最終案ではこの部分も削除されている。もちろん、異議申し立て権の存在が、委任された軍事的強制措置が通常は義務であることの証拠といえるが、先行案に比べて国際機構の権限を明示することへの躊躇が最終案には見られる。なお、クリーゲ案では非軍事的強制措置は加盟国の義務とされているが、軍事的措置に関しては、加盟国に実施が留保される、という文言にとどまっている。

⑤軍縮

クリーゲ案では、国土の安全保障のために必要な戦力の保持にまで相互に協調して陸海空の軍備を制限すること、軍備制限の基準に関する交渉の開始（四章　軍備制限の一条）、現有戦力ならびに陸海軍予算を毎年行政理事会に報告する義務と、行政理事会が国際事務局を通して当該資料の公開を行うこと（二条）が規定されているが、ＤＧｆＶ最終案は「陸海軍の支出は一九〇九年の陸海軍予算の二五パーセントの同額を越えてはならない」（二二条）とし、具体的数字を示しつつもクリーゲ案以上にシンプルである。Ｃ案七条もほぼ同じ内容だが、Ａ案の第三小委員会案はこれらよりはるかに詳細である。すなわち、まず第一条に最終案同様の規定をおき（A案では基準年――独仏の大軍拡がまだ始まっていない年――を一九一〇年に設定）、二項で、海軍に関しては特にUボートが安価なため予算の制限だけでは不十分とし、大型戦艦とUボートの数を国際海洋警察への提供割り当て数と同じにするという制限を採用している（一条二項）。また同二条では、戦略的な鉄道の建設を含めた軍事関連の最新動向についての折々の情報交換、陸海軍の予算、部隊、軍艦、軍事手段の実現在高の毎年の報告と公表が提案されている。この報告・公表には国際裁判所事務局が関与し、三条では軍備制限の解釈に関する対立についても国際裁判所が管轄することを規定する。すなわち、五分の三が中小国の元軍人、五分の二が国際法学者によって構成される第一審（五名の裁判官）・第二審（一五名の裁判官）からなる特別部が国際裁判所に設置され、外交的手段が尽くされた後では国際裁判所は一方だけからの提訴に基づいて管轄権を有し、更に国際裁判所は証人や専門家の尋問と全加盟国における現地査察の権利をもつことが規定されている。

前号論文で扱ったハル（Hull）のように、軍事的強制措置と加盟国の軍縮の徹底を連関させることで、実質上、自衛権を制限するという発想、つまり軍縮の徹底で自衛権の行使を口実にした武力行使の余地を奪うという姿勢はＤＧｆＶ案には認められない[22]。むしろＤＧｆＶ案には、前節（④強制措置）でも述べたように、軍縮によってではなく、制度上の制限を加えることで国家の自衛権を縛るという特色があることを指摘しておきたい。

⑥加盟国の同権性

常設国際裁判所についてはは先行案にあった同権志向が最終案では消え明確さを欠いているが、最高意思機関である総会における加盟国の表決上の平等が明記され（七条）、執行委員会も当事者的性格が強い組織ではあるが大国に特別な権限を与えない平等な機関であり、国際調停局の構成も当事者的機関の性格は濃いが大国は特別扱いされない。このように機構全体としての加盟国の同権性は明らかである。クリーゲ案も第一章一条一項で「加盟国の同権」（と二項で「内政不干渉」）を明記している。ただし、クリーゲ案では五条三項で国際事務局の経費負担を人口比で段階的に割り当てることで小国の負担を軽減している。

⑦ハーグ平和会議との関係

クリーゲ案では事務機関が国際紛争平和処理条約四九条の名称・構成・機能とほぼ重なり、常設仲裁裁判所の常設評議会と国際事務局に連盟事務を委ねることを想定しているのではないかと推測したくなるような、ハーグ平和会議との重合関係があるが、ＤＧｆＶ案にはそれは見られない。とはいえ、ハーグ平和会議で成立あるいは議論した法・制度が活用されている点、総会のハーグ開催と常設委員会委員のハーグ常駐が規定されていること、しかし何よりも、同権性の強い国際機構を目指している点や、国際政治の力関係が影響しやすい総会や一般的な理事会にではなく、司法機関や、当事国の影響が強いとはいえ専門機関に平和維持機能を委ねる点にハーグの発想の継承を見て取ることができると筆者は考える。

⑧その他

①～⑦以外の項目としては、交通の自由、植民地制度、少数民族の保護、労働者保護、民族的煽動の防止がある。それらも含めて当時の他のプランと比較すると、軍需産業や武器輸出の管理、世界議会の設置、住民の利害や意志に反した領土の割譲や併合の禁止以外の殆ど全ての課題をＤＧｆＶ案が網羅していることがわかる。ニーマイアーはこ

のうち民族自決問題は、講和条約締結の枠組みの中で決定すべき政治的先決問題であり、国際連盟設立の前提なので規約の内容には含まれないと述べている[23]。また、植民地に対する姿勢は「『文明国』間の普遍的国際機構」というこの時期の構想に共通の発想上の限界を示している。なお、DGfV案が「交通の自由」としてまとめているテーマに、クリーゲ案は二章をあて（第五章　海洋の自由、第六章　国際的な経済交流の自由）、全ての章の中で「海洋の自由」に最もスペースを割いているが、これはドイツの現実政治的要求を端的に表したものといえよう。

さて、第一次大戦期の構想でしばしば提起された「民族的煽動の防止」を、最終案は三五条で「加盟国は立法と行政によって言葉、文書、画像による民族的煽動と戦う義務を有する」と規定するだけだが、先行案はより詳細な規定をおいている（C案四二条、A案第一〇小委員会案、B案のX）。この問題は言論の自由と微妙な関係にあるが、国際社会はこの難題にどう取り組むかという当時の認識を知る意味で、また、先行案が当該問題でも国家主権への働きかけにおいて積極的だったことを示す意味で、以下にC案四二条を引用する。

「国際連盟加盟国は以下の義務を負う。1．明らかに、真実ではない、または、歪められた情報――その情報は、実行者が知っているように、外国に対する自国の政治的関係に深刻な危機をもたらすに足るものだが――を公然とまたは印刷物によって広めた者が、累加的または選択的に重い自由刑または罰金刑で罰せられるような規程を刑法に導入する。――訴追は国際連盟の常設国際裁判所の提案で始まるが、当該裁判所が正当だと認めた場合には、被害を受けた国家の申請で訴追を行わなければならない。2．平和を脅かすような情報を中止させるための外国の国家による民事訴訟の訴えが、その情報の非真実性の司法的確認の申立を伴う形で、法的に導入される。3．訂正義務（ドイツ出版法一一条の先例に倣って）を国際的に整備する。訂正は、誤ったまたは歪められた情報が掲載された同じ新聞・雑誌で、同じ場所に、同じ様式で遅滞なく掲載されなければならない。4．かかる諸規定の適用に関する紛争には国際連盟の常設国際裁判所の決定が求められる」。

ＤＧｆＶ案の小まとめ

ＤＧｆＶの提案する国際連盟が、一般的・普遍的国際機構の性格を有し、加盟国の同権の原則に立っていることは本論中でしばしば指摘した。一方、国家主権の制限に対する姿勢については、ドイツ政府案や連合国側の諸案等と共に、この一連の論文の最後で再度論じるが、フォルトゥナの指摘とは異なり、ＤＧｆＶにも国際機構の権限を広く認め加盟国の主権を強く制限する傾向があり、それは最終案よりも先行案に顕著である点を今一度強調して、本稿を終えたい。

(1)　ＤＧｆＶ案は紛争解決手段としての戦争を最終的には認めつつも、多段階的手続きを置き平和的解決の可能性を高め、加盟国の「戦争の自由」を制限している。しかも、先行案では、最終案以上に様々な歯止めを置いている。

(2)　ＤＧｆＶ案では軍事的強制措置の対象と方法を国際機構の機関である執行委員会（確かに当事国が影響を与えられる組織構成だが）が決定し、加盟国が独自の判断で対象と方法を決定する事態を回避している。また、先行案は強制措置の対象や国際機構と加盟国の権利・義務を最終案よりも詳細に規定し、当該活動が恣意的に行われることを制限している。

(3)　ＤＧｆＶは自衛権の行使を個々の国家が判断すべき自明の措置と見なさず、「国際連盟の名において」行う行動と位置付け、加盟国は自衛措置を国際連盟の常設委員会に報告し執行委員会が自衛か否かの認定を行うという対応を想定し、また、紛争の平和的解決・強制措置・自衛権の行使を相互連関させることで、国家の恣意的な軍事力行使を抑制している。

(4)　ＤＧｆＶ案では表決原則が全会一致ではなく、総会は三分の二多数決、常設委員会の暫定命令と執行委員会の決定は多数決である。すなわち、加盟国全てが拒否権をもつという、個々の国家がオールマイティの存在になる危険性を回避している。

かかる特色は次章で連合国側の国際連盟案を取り上げることで更に際立つであろう。

（本稿は二〇〇九年一一月二四日に脱稿した。）

第5章　国際連盟成立期の国際組織構想（3）——連合国側の諸提案

Ⅲ[1]　大戦末期から一九一九年一月までの連合国側の国際組織構想

前提的説明

本稿では、英国のフィリモア（Phillimore）委員会案とセシル（Cecil）案、南アフリカのスマッツ（Smuts）案、米国のハウス（House）案、フランス及びイタリア政府案を、講和会議に関与したデヴィッド・H・ミラー（D. H. Miller W・ウィルソン米国大統領の法律顧問として直接規約作りに参画した）とフローレンス・ウィルソン（F. Wilson）の著作に収められた史料等を用いて、①機構全体の目的と組織形態、②加盟国の範囲と加盟条件、③紛争の平和的解決、④強制措置、⑤軍縮、⑥加盟国の同権性、⑦ハーグ平和会議との関係、⑧その他、に分けて整理する。

連合国側の諸提案については邦語でも優れた研究がある。既に一九七〇年代に、進藤栄一氏はその浩瀚な著作の中で、国際連盟規約が形成されるまでの国際組織の強制力に関する諸提案を考察している。また、最近相次いで刊行された国際連盟の形成と展開に関わる研究の中でも上記諸構想が分析され、例えば、篠原初枝氏は国際連盟期全体を俯瞰する著作の中で連合国側以外の構想も含めて手際よくまとめ、柴田祐輔氏は強い現代的問題意識をもって国際連盟の制裁や戦争予防の問題を扱う中で、スマッツ案、ハウス案等を分析しており、また、スマッツについては五十嵐元道氏の優れた考究がある。[2]

当該時期の様々な国際機構案を扱う論考の一パーツに過ぎない本稿が先行研究に加えるものは僅かであるが、本稿を含む筆者の一連の論文にユニークな点があるとすれば、国際連盟規約への影響や当時の現実政治との関連の分析、あるいは、今日の国際的な平和活動の淵源の探究という観点に立つのではなく、国際機構プランの多様な水脈を――特に国家の「戦争の自由」の問題を巡って国家と国際機構の権限関係がどのように認識されていたかという問題を中心に――汲み上げ、それを長期的な国際組織構想史の文脈の中で位置付ける視角をとる点にあり、このことは連盟規約に直接的影響を与えた諸構想を扱う本稿でも変わらない。

規約案の比較

①機構全体の目的と組織形態

一九一八年三月二〇日に英国政府に提出されたフィリモア委員会案は、戦争回避の国際的枠組み作りについての意見交換のベースにするために作られた。同委員会が提案する同盟（Alliance）の目標は同盟国間の平和維持と紛争解決手段を規定することにあり、経済・社会分野の協力だけでなく、第一次大戦初期以来殆どの国際機構案が扱ってきた軍縮や外交の民主的統制についても論じていない。内部機関も総会（Conference）、仲裁法廷（一、三、四条）、それに紛争の審査・報告のために総会が任命する委員会だけで（七条）、常設的な国際司法裁判所にも触れていない。なお、総会は同盟本部所在国の大統領が主催し（その代理人が議長となる）、本部所在地駐在の外交代表が総会の代表者となる（五条[3]）。

フィリモア案の影響を受けたといわれるハウスの「国際連盟規約のための示唆」は、一九一八年七月一六日にウィルソン米国大統領に提出された。「全世界的な平和の維持、安全保障、進歩、秩序だった統治」（前文）を目的とするこの機構は、総会（Delegates 本部所在国の外相とその駐在大使・公使から構成され、調査・報告のための委員会を任命できる）、事務局、国際裁判所（International Court）、仲裁法廷を内部機関にもつ(4)。

セシル案は第一案が一九一八年一二月一七日に戦時内閣に回覧され、一月一四日付けの修正案には「国際連盟草案梗概（Draft Sketch of a League of Nations）」の表題が付けられている。同案は、総会、常設事務局、仲裁裁判所、既存の国際行政連合、新設の専門的国際機構、国際調査委員会（International commissions of enquiry）等をもつ一般的国際機構を提案しているが、司法的機関については既存のハーグ組織の改革に言及するだけで（Ⅰ章 組織の3 国際諸機関の(a)）、国際司法裁判所には触れていない。総会は、四年ごとに開催される全加盟国代表による会議と、英・米・仏・伊・日とこれらが大国と認めた国の首相と外相（修正案では代表）から構成される年次会議からなるが、後者が理事会的機能を果たすと見られる。総会は連盟内の諸機関の報告を受けて議論を行う一方、国際関係一般、特に平和維持に特別な注意を払い、表決原則は全会一致。国際調査委員会は紛争の審査機関ではなく、労働法やアフリカ問題、軍備問題等の個別的課題の調査・検討組織である。事務局長は大国が任命するが、可能であれば大国以外から選ばれる。同案は列国議員連盟から発展した組織として加盟国の議会代表からなる定期的会議（Congress）設置にも言及しているが、国家の枠組みを超える可能性をもつこの機関については、第一案の「おそらく加わるだろう」が修正案では「加わるかもしれない」に後退している。なお、一九世紀後半にブルンチュリとロリマーも政府代表と議会代表の二院制の国際議会を提案しているが、このことは既に前々章で指摘した(5)。

一九一八年一二月一六日付けのスマッツの「実際的提案（A Practical Suggestion）」の国際機構は、総会（General

Conference）、理事会（Council）、仲裁と調停の諸裁判所（Courts of arbitration and conciliation）を内部機関にもつ（一〇条）。全加盟国が平等の投票権をもつ総会は、国際法の一般的な立法措置、軍備制限や世界平和の保障のための協定等、理事会が提案した事項の討議のために定期的に開催される。その決議は勧告にとどまるが（一一条）、国際連盟の主要な後ろ盾たる国際世論に大きな影響を与えるとスマッツは指摘する。また、彼は政府と議会の双方が総会に代表を派遣する可能性や、比例代表的原理で議会の代表が選ばれることで、諸政党の代表が総会に参加する可能性にも言及する。一方、連盟の執行委員会として広範な機能を果たす理事会は、大国（英・仏・伊・米・日。独も安定した民主的政府をもち次第加わる）の首相または外相または他の権威ある代表に加えて、ローテーションで選ばれる中位国グループ・小国グループ各二国ずつの代表の、合わせて九～一〇カ国から構成され、三票以上の不同意で理事会の行動や決議は斥けられる。理事会は定期会合以外に一般的な意見交換等のために首相または外相による会議を開く。また自らが扱う国際問題や国際紛争になりかねない問題の研究と調整のために諸共同委員会を任命し、常設事務局とその職員も任命する。更に、各国の外務省や後述の委任統治領の官庁との連携のために必要な措置を執る（一三条）[6]。なお、同案は機構の目的において顕著な特色を持つ。一つは、連盟は単に戦争の危機等の緊急時に対応するのではなく恒常的役割を担うべきであり、その結果として安全保障機能も果たすような組織たるべきだと主張する点、換言すれば、発生した紛争の解決のための組織の樹立では不十分で、紛争原因に対応する統治手段の創出の必要性を指摘する点である。第二は、帝国の崩壊などに伴う領域問題の対処の重視である。理事会の機能（一四条）の(a)連盟の管理下の地域や委任統治領域等に関連する事項と国際協定下にある事項に関する執行活動や管理、(b)国際的河川・海峡・鉄道・空港等の運営・管理は、これらの特色に対応している[7]。

一九一七年七月二二日に設置されたフランス政府委員会の一九一八年六月八日付の案は、単なる休戦ではなく真の平和を保障する正義の支配（力ではなく正義による平和維持）のための永続的組織の樹立を目指しているが、その組織は「国際的政治的国家というべきもの（an international political state）」ではないと明言する（Ⅰ章 諸原則の２）。内部機関は国際理事会（International Council［理事会と略］）、国際法廷（International Tribunal）、常設参謀部（Permanent Staff）、常設代表部（Permanent Delegation）である。広範な権限をもつ理事会は各加盟国政府の代表から構成されており（Ⅴ章 国際理事会と常設代表部の構成の１、３）、総会的組織と見るべきであろう。通常会議は年に一回。一方、一五名からなる常設代表部は、通常会議の間に理事会のためのあらゆるコミュニケーション活動を担い、理事会の報告等の準備や記録の管理を行い、緊急時には理事会のメンバーに特別会議の招集を提案する（Ⅴ章の４、５）。その権限は理事会が規定する（Ⅴ章の６）が、規約上は主に事務的役割が想定されている。同案の最大の特色は詳細な制裁規定、とりわけ常設参謀部の存在に見られるように軍事的強制力を強調する点にあろう。(8)

イタリア案は、安定した平和と国際協力の維持、正義と衡平（justice and equity）の遵守、共通の利益の促進を国際連盟（Society of Nations）の目標とし、連盟は各国の独立と自律的発展を保障する国際法的な基礎を築き、加盟国は国力に比例して文明の福祉と進歩に貢献すべきだとする。そして、具体的条文の前に加盟国が守るべき八項目の基本原則を提示する。⑴全ての国家の法の前の平等。文明化の途上にある国に対する連盟の監督下での文明国の支援義務。⑵国家の政治的独立や領域的一体性の尊重。⑶国際的な商業や交通の自由と平等。⑷商船の航行の自由。⑸健全な生活と産業に必要な食料や原料の国際的な分配の確保。⑹労働者の権利を守る法を国籍と関わりなく適用すること。⑺連盟の義務に反する条約の無効。⑻秘密条約の禁止、がそれである。内部機関は、総会（Conference 国際法の諸原則の法典化・発展や国際的な共通利益事項の精査と議論を目的として定期開催され、各国代表からなり、表決は三分の二の多数決）（三、四条）、理事会（Council 五大国の各一名の代表と総会ごとに指名されたその他の締約国の四名の代表からなり、共通の利益に関する事項や即時の行動を要する事項を扱う）（五条）に加え、経済委員会・労働委員会・軍事委員会（七条）と常設事務局（総会の準備と調整、全ての決定の記録、記録文書の管理）（六条）であり、更に既存の国際機構を包摂し（八条）、新設される国際機構を組み込む（九条）。他方、常設仲裁裁判所と国際司法裁判所（Court of International Justice）についても一八条以下で詳細に規定する。このように、同案は大戦初期以来の諸国際組織構想が対象とした課題のうち、少数民族の保護、民族的煽動の防止、軍需産業や武器輸出の管理を除くほぼ全てを網羅している。[9]

最後に国際行政連合等との関係に関していえば、フィリモア案、ハウス案、フランス案には関連条項がなく、スマッツ案は国際的資産の運営・管理関連の規定をもつが、それに関わる既存の国際機構には言及していない。一方、セシル案は「Ｉ章　組織」の中で総会が国際行政機関（や審査機関）の報告を受け、必要な場合には議論を行うと規定し、同じく「Ｉ章の３　国際諸機関」の中で連盟事務局を総会と諸国際機関の連携の中心に位置付けている。

②加盟国の範囲と加盟条件

フィリモア案は目的と同様に加盟国も限定的で、連合国と中立国、またはまずは連合国だけでスタートする可能性も想定し、[10]「同盟（Alliance）」という機構名称が実体を表している。セシルは加盟国を講和会議で決めることを提案し、明らかに信用できず敵対的な国家を排除する以外は加盟資格を厳密にしないのが望ましいとするが、「小国はいずれにせよ相当の影響力を行使できない」ことが理由であり、同案の大国中心的性格がここにも現れている。なお、修正案では小国軽視の文言とボルシェヴィキ‐ロシアという排除対象例を削除している。[11] フランス案は連盟の普遍性を謳いつつ、政府の行動に責任を負う代議制的な制度をもつ国家のみに加盟を認めている（Ｉ章の３）。フィリモア委員会のバルフォア宛報告書（一九一八年八月九日）によると、これは現状の政体のままでは中欧諸国は加盟できないことを含意しているという。[12] 一方、スマッツ案には加盟制限規定はなく、広く中小国を含むことは先述の理事会の構成から明らかである。ハウス案には関連規定はない。[13]

③紛争の平和的解決

スマッツ案の一八条は、以下のケースで加盟国は互いに戦争に訴えない義務を共同でまたは個々に（jointly and severally）負うと規定する。すなわち、(a)紛争を仲裁または理事会の審査にあらかじめ付託しない場合、(b)裁定や理事会による報告があるまで、(c)裁定や理事会の報告においてなされる勧告を遵守する加盟国に対して、である。その上で、法律的紛争は仲裁裁判所の管轄でその拘束的な裁定または決定（award or decision）に従い（二〇条）、何らかの理由で当該紛争の仲裁付託が実際的ではないことが明らかになった場合（国家の重要な利益や名誉に関わる紛争等を想定しているが文言自体は柔軟である）は、理事会や理事会が任命する特別委員会が調停を行い事実関係の確定と勧告を出す。一方の当事国だけが中立てをした場合、理事会は他方の当事国にこの事実を告げ、聴聞のための調整を行うが（二一条）、このように、理事会の自発的な介入も想定していたことは注目に値する。なお、勧告には受け入れ義務がないため当事国は戦争に訴えることができ、また、①で言及した表決原則のために勧告を出せない可能性もある。そこで二一条は、勧告にもかかわらず当事国が戦争に訴えるおそれがある場合に理事会が勧告を公にできること、理事会が勧告を決議できなかった場合は理事会の多数派も少数派も各々勧告案を公表でき、この行為は紛争当事国から非友好的な行動と見なされない旨を定める。これは、紛争に関する情報の開示で世論が公平な判断を行えるようにして、世論の力で当事国に戦争を思い止まらせることを期待したものだった。[14]

このような戦争モラトリアム規定と国際世論によるクールダウン効果の重視はフィリモア案とセシル案にも共通しており、スマッツ自身もこれを一般的傾向と見なしている。[15] また、紛争の種類の区分と管轄機関の別については、フィリモアはこれを緩やかに捉え（四条）、結果として、理事会等への付託を容易にすることで、理事会に紛争解決の中心機能を担わせているが、セシル案には紛争の区分の文言すらない。他方、相違点を指摘すれば、先述の(c)のケースの文言はフィリモア案・セシル案では「裁定や総会の紛争当事国を除く全会一致の勧告に従う同盟国と戦争を行わない」であり、勧告が公開されるのは多数派のそれである。[16] また、①で触れたように、セシル案では全加盟国が参加する総会は四年に一回しか開催されないので、当該勧告を行うのは大国で構成される年次総会という理事会的な組織と推測でき、他方、スマッツ案の理事会は大国優位の構成だが、三分の二を超える賛成を必要とする表決原則によって、中小国代表も無視できない影響力を行使できる。

仲裁法廷の構成については、スマッツ案は以下の通りである。すなわち、仲裁官のパネルを設置し当事国はその中から仲裁官を選び、仲裁官の意見が一致しない場合に最終決定をする審判人の選任に関して仲裁官が合意に至らない場合は、理事会が審判人をパネルから選ぶか、理事会が指示した公正な権威が選任する。なお、セシル案の仲裁裁判所の構成や手続き等は、基本的には既存の常設仲裁裁判所の規定に基づき（Ⅰ章の３の(a)）、フィリモア案の仲裁法廷は当事国の合意に基づくad hocなものである（四条）。[17]

一方、紛争解決手段としての戦争を事実上禁止しているのがフランス案とハウス案である。

フランス案はそのⅣ章「国際機関の範囲と諸機能」の(i)「加盟国間の平和維持」で、理事会（既述のように各国代表が参加する総会的機関で、表決原則は特に規定されていない）のイニシアティヴを強調した紛争解決の流れを提起している。同案には紛争を付託する前の戦争を禁止する規定はないが、以下の対応から実質的に紛争解決手段としての戦争を最終的に禁止していることがわかる。すなわち、理事会は、当事国や第三国の求めに応じて、加盟国間の平和を脅かすような紛争の平和的解決を目指すが、かかる求めがない場合には、平和的解決のイニシアティヴをとる義務を有し（Ⅳ章の(i)の2)、まず周旋・審査・仲介を行うか、常設裁判所（Permanent Court）の存在を当事国に想起させる（(i)の3)。これに失敗した場合は、理事会は紛争の性質を検討し、法律的紛争の場合には国際裁判所（Court of International Jurisdiction）への付託を命じ、当事国間に仲裁契約（compromise）がない場合には、ハーグ裁判所が第一回ハーグ議定書の五三条を援用して付託合意を達成できる（(i)の4)。他方、理事会が法律的紛争ではないと判断した場合は理事会自身がこれを扱い、最終的には紛争解決条件を提示する。国際裁判所と理事会の決定に従わない国家には強制措置が行われ（(i)の5と6)、また、理事会の決定通知以降は、個々の国家間の紛争ではなく、決定の受け入れを拒否することによって連盟の原則を侵害している国と加盟国全体の間で紛争が存在していると解釈される（(i)の6)。なお、国際裁判所の構成に関する記述はない。[18]

ハウス案では法律的紛争は国際裁判所（総会が選任する一五名以下の裁判官からなり、総会の三分の二の投票で罷免可能）への付託義務があり（一〇条)、それ以外の紛争は当事国が一名ずつ選任した仲裁官と仲裁官が選ぶ第三の仲裁官から構成される ad hoc な仲裁法廷への付託義務があり、その決定は最終的には当事国を拘束する（一三条)。一方、総会の紛争解決機能の具体的規定は、加盟国と非加盟国間の紛争処理（一六～一九条）以外は、国際裁判所の管轄が適切と判断する紛争を自らの裁量で付託すること（一〇条）と、当事国の申立てに基づき仲裁法廷の決定の有効性を判断すること（決定が全員一致の場合は総会の四分の三の多数で、全員一致ではない場合は総会の三分の二の多数で、当該決定は無効になり、再度仲裁を行いその決定は拘束的である（一三条））だけだが、「戦争が噂され、あるいはそのおそれがある時にはいつでも、そして、ある国の代表が総会に平和のための会議が当を得たものだと伝えた場合にはいつでも、平和のために会議を開く」（七条）という一般的な規定によって、総会は広範な活動の自由をもちうると見ることができよう。[19]

イタリア案は、紛争解決手段としての戦争を完全には禁止していないが、筆者が第４章で扱ったドイツ国際法協会［ＤＧｆＶと略］案同様、管轄変更による多段階的な対応を規定し、しかし、戦争の可能性を小さくする点でより徹底している。対応機関は、総会、理事会（大国が過半数を占める）、それに全加盟国から任命された裁判官から構成されるハーグに新しく設立されるべき国際司法裁判所（Court of International Justice）である（一八条）。すなわち、(a)外交交渉で解決できない全ての紛争は仲裁へ。(b)当事国が仲裁官について合意できない場合は、一方の当事国の要求で紛争は理事会に付託され、理事会は当事国代表を一名ずつ加えて審査・調停委員会（Court of Enquiry and Conciliation）の立場でこれを取り扱う（第二部一〇条）。ただし、(c)一方の当事国が理事会に付託したが、他方が交渉を始めようとしないか、法的判決によって決定すべきだと主張する場合は、理事会が当該問題の性質を精査し、付託先を国際司法裁判所にするか、総会にするか、理事会自身が理非曲直に基づいて決定を行うかを判断する（一四条）。そして、(d)-1総会と理事会は、紛争当事国間に公正で安定した調整を行うため、衡平と政治的便宜に基づき決定を下す（一六条）。総会または理事会の三分の二多数によって採択された解決案は当事国を拘束する。三分の二の多数に至らない場合、多数派の意見は勧告に止まるが、理事会は総会に、または総会は次回総会に、当該紛争を付託できる。他方、少数派も自身の所見を作成し多数派の所見とともに公刊する権利をもつ（一七条）。(d)-2国際司法裁判所に付託された場合、裁判所は、裁判所長（不適格な場合には次長）、当事国が選んだ各一名の当該裁判所裁判官、当該裁判所裁判官の秘密投票に基づく互選による四または五名の裁判官からなる「下部」を、裁判官数が奇数になるように構成して裁定を下す。当事国が裁判官を指名しない場合は、裁判所は秘密投票で一名の追加裁判官を選ぶ（二一条）。

なお、国際司法裁判所は管轄変更ではなく当事国間の正式の付託合意による案件も扱う[20]。

筆者が第3章で扱ったように、紛争の平和的解決制度については、従来からいくつかの論点が存在していた。すなわち、紛争の区分と管轄機関をどうするか、非法律的紛争の管轄を常設の仲介専門機関とするか国際機構の総会や理事会に委ねるか、仲介専門機関を大国中心の組織形態にするか否か、仲裁や仲介組織に当事国の関与をどれほど認めるかなどである。連合国側の案では、多くの識者が取り組んできた紛争と管轄機関の区分が軽視され（セシル案）、あるいは柔軟に捉えられる（フィリモア案・スマッツ案）傾向がある。国際裁判に多々言及するフランス案・イタリア案においても、管轄機関の決定だけでなく紛争解決自体に総会や理事会が広く関わっており、非法律的紛争は常設的仲介専門機関が対応するという発想はなく、せいぜい理事会の中に特別委員会を設けて対応する方法が見られる程度である。ハウス案の総会の機能の評価はさておき、このように、連合国側の案では紛争の平和的解決において理事会・総会という政治的性格をもつ機関の役割が大きくなっていることがわかる。確かに大戦期の常設調停機関の提案においても大国中心の理事会的組織を推奨する案はあったが、調停では政治に配慮しつつしかし現実政治の雰囲気から一定の距離を置くべきだ、というシュッキングに見られるような姿勢を、連合国側の案に見ることはできない。他方、当事国が参加する形の仲介機関も、イタリア案の審査・調停委員会だけであり、しかも、これも理事国が中心の構成である[21]。

④強制措置

進藤氏は、強制措置について、あえて主権を侵してまで強力な強制力を国際連盟に与えるべきだとする主張と、主権を侵すことのない強制力を与えるべきだという主張の相違、つまり軍事制裁中心か非軍事的制裁かという対立軸で諸提案を分析しているが[22]、ここでは、前稿までと同様に、強制措置の対象案件・決定主体と加盟国の義務に分けて整理し、国家と国際機構の権限関係の当時の認識に、進藤氏とは別な角度から光を当てたい。

(1) 強制措置の対象になる案件と決定主体

細かな相違はあるが、フィリモア案・セシル案・スマッツ案は、基本的に付託前に戦争に訴える場合［(a)のケース］、裁判所の裁定や理事会または総会の報告が出る前に戦争に訴える場合［(b)のケース］、裁定あるいは理事会・総会の報告中の勧告（全会一致か否かの相違はあるが）に従う加盟国と戦争を行う場合［(c)のケース］に、当該国は他の全ての加盟国と当然（ipso facto　事実上）戦争に至ったものと見なされ、非軍事的措置と軍事的措置が行われると規定する（フィリモア案の一～二条と解説部分の一〇・一四項、セシル案Ⅱ章の(1)～(3)、スマッツ案一八～一九条）。しかし、違約行為の認定と強制措置の内容については、スマッツ案に軍事的措置の内容と担い手を理事会が決定する旨の文言はあるものの、フィリモア案とセシル案には、加盟国は他国とともにまたは個々に（jointly and severally）対応する、とあるに過ぎない[23]。

イタリア案は「第三部　制裁」の二七～三〇条で強制措置を規定する。すなわち、国際裁判所の決定や一七条の総会・理事会の義務的決定に期限内に従うよう促し（二七条）、期限内に履行しない場合は、理事会は、決定に従わせるための措置を決定し、全締約国に周知し、遅滞なく実行するよう要請し、締約国はこの要請を遵守する義務を負い、できる限り効果的な方法で措置の執行を確実にするよう全力を尽くす義務を負うとし、決定の履行のための強制措置を規定する（二八条）。一方、総会・理事会・裁判所の決定が下される前には戦争に訴えない、という義務を紛争当事国が守らない場合は、他の全ての締約国は自国が当該反抗的国家と戦争状態にあると見なし、攻撃された国家の防衛に適切と判断するいかなる措置でも他国とともにまたは個々に（jointly or severally）執ることができ（三一条前段）、理事会は即刻会議を開催し二八条に即して執るべき措置を決定する（三一条後段）。二九条は具体的な措置（全加盟国による反抗的国家に対する共同戦争（joint war）を含む）を列挙する。[24] イタリア案は、先述のように紛争の付託を義務化しているが（一〇・一四条）、(b)のケースについては三一条後段の理事会の事後的役割の中に、強制措置の内容だけでなく違約の事実認定も含むと読み取ることも不可能ではないが、(a)のケースへの対応の明示規定がない。[25]

フランス案では、理事会が決定主体である強制措置のケース（理事会と国際法廷の決定の執行強制　I章4-(4)、IV章(i)-5・6）と国際法廷が決定機関である制裁のケース（I章5）を規定する。そして、II章で外交的、法的、経済的制裁、III章で軍事制裁について詳細に扱い、軍事制裁については以下のように規定する。「(i)国際軍　陸上または海上における軍事制裁の執行は国際軍と呼ぶべきもの（an international force）に委ねられるか、または、委任された一国か二国以上の大国（Powers members of the League of Nations）に委ねられる。　理事会は様々な加盟国によって提供され十分な力を持つ軍事力を自由に使用する。その目的は(1)理事会の決定と国際法廷の決定を保障するため、(2)必要な場合には武力紛争の際に国際連盟に反対する一切の軍を打倒するためである」とする。しかし、ここでも(a)・(b)のケースにおける違約認定機関、条項でいえば③で扱ったIV章の(i)「加盟国間の平和維持」の2、3、4に違反した場合の規定は明示されていない。確かに、この「加盟国間の平和維持」が理事会の一連の活動として1～6で規定されていることや、軍事制裁規定における理事会のイニシアティヴを踏まえれば、(a)・(b)のケースでも理事会が違約認定を行い、その場合は上記「IIIの(i)の(2)」の一般的な規程を援用することが推測できる。しかし一方で、裁定の執行の強制の際（つまり(c)のケース）には「理事会の要請で各国は他の国と協定し、反抗的（recalcitrant）国家に対して経済力、海軍力、陸軍力を行使する」とし、また、非加盟国に対しても「何らかの方法でその意思を他の国家に強制しようとする非加盟国に対しては、各国は理事会の要請で他の国家と共同でその経済力・海軍力・陸軍力を行使する義務を同様に負う」（Ｉの４の⑸）［傍点は引用者による］とわざわざ理事会が主体であることを示していることからは、加盟国間のⓐ・ⓑケースでは理事会の要請を要せず、違反の事実認定と措置内容の決定は、国際機構ではなく個々の加盟国が行う、と解釈する余地を残すと考えざるを得ない[26]。

他方、ハウス案の一四条は、国際裁判所と仲裁への付託義務違反と国際裁判所と仲裁の決定遵守違反を総会が判断した場合、当該違約国は連盟加盟国との通商・交流の権利が奪われることを規定し、一五条は国際裁判所や仲裁に付託する前や、それら機関が自国に不都合な判決を下した紛争に関して宣戦布告を行った場合や交戦行為（hostilities）を始めた場合に、締約国は、あらゆる通商・交流の中断に加えて、違約国家が国際的な通商・交流ができなくなるように港湾の封鎖や国境の閉鎖を調整する（arrange）と規定する。つまり、単純な付託義務違反と決定遵守違反では、総会が違約国の認定に関与し、非軍事的強制措置が執られることを明示しているのに対して（一四条）、軍事行動を伴う違反で、軍事的対抗措置に発展する可能性があるケースについてはそれがないわけである（一五条[27]）。

以上を踏まえて次に強制措置に関する連合国側の案に共通する傾向について考察したい。

いずれの提案も、付託前や、判決・勧告が出される前に武力行使が行われる場合、すなわちⓐとⓑのケースについては、違法行為の存在を認定する機関を条文上明示していない。そのため、「どの国が違法な軍事行動を始めたかは第三者である国際機構の判断を待つまでもなく自明なので、全ての加盟国は同一の対応を行う義務を負う」とも、「当該ケースは個々の国家が判断すべき緊急事態であり、連盟加盟国は違約国と自らが戦争状態にあると見なし、共同でまたは個々に、攻撃された国家の防衛に適切な対応をとりうる」とも、あるいは全く反対に、連盟が何らかの機関によって判断することを想定している、とも解釈できる曖昧さが生じている。しかし、ⓐとⓑのケースの違約国は個々の加盟国がそれぞれ判断して同じ結論に達するほど自明ではないだろうし、もし個々の国が個別に判断するならば、互いに自国や利害関係国の武力行使を自衛行動として正当化するのが現実であろう。

ミラーもスマッツ案には規約違反（この場合は③の冒頭で触れた同案一八条の違反のケースについて述べているのだが）に関して加盟国間で判断が分かれた際に決定する方法の規定がないと指摘している。ただし彼は、論理的には違約国の認定方法は精密であるべきだが、国際政治の文書の中ではそれは必ずしも望ましくないとも述べており、また、何よりも彼の関心は違約認定手続き自体よりは、合衆国憲法との関係で、あくまでも軍事的な貢献が国家の判断と関わりなく自動的に義務化されるかどうかにあったことも確かである。[28]

ここで筆者の基本的視角を一時棚上げにして一九二〇年代の議論に言及すれば、スマッツ案等の条項を踏まえた国際連盟規約一六条（「一項　第一二条、一三条、一五条の約束を無視して戦争に訴えた連盟国は当然他の全ての連盟国に対し戦争行為を行ったものとみなす（deemed to）。他の全ての連盟国はこれに対して直ちに［非軍事的強制措置を］行うことを約束する。二項　連盟理事会は前項の場合において連盟の約束擁護のために使用すべき兵力に対する連盟各国の陸海空軍の分担程度を関係各国政府に提案する義務を負う」）についてもこの点は問題になった。例えばシュッキング‐ヴェーベルクの連盟規約の注釈では「加盟国が一二、一三、一五条に反して戦争に訴えたことを、連盟がその機関によって認定するのか、個々の加盟国が認定するのかという点について一六条は明示的な条項を含んでいない」と不備を指摘している。[29]この問題はようやく一九二一年の解釈決議で、非軍事的制裁については規約違反の認定は個々の加盟国に委ねられ、軍事制裁の発議は理事会が行うが、実施自体は実際上加盟国に委ねられることが確認されるに至った。[30]

ところで、違約行為の事実認定と強制行動の内容の決定を第三者機関ではなく、個々の国家が単独でまたは他の加盟国とともに行うとすれば、それは、事実上、個別的安全保障の原理に立っているといえよう。確かにハウス案の一五条の場合は事実認定が行われる可能性もあるが、文言上その主体は総会という機関ではなく締約国で、行われるのは措置の「調整」であり、更に、同案は軍事的強制措置を想定していないと見なされているので[31]、軍事的対抗措置は個々の国家に判断と実行が委ねられると見るべきであろう。また、イタリア案三一条の後段も、条文を文字通り読めば、理事会が行うのは違反の事実認定ではなく強制措置の内容の決定であり、理事会の事後的な役割を拡大解釈しても、緊急性のある違法な侵害に対して個別同盟が臨時的に対応する現在の集団的自衛権の行使に近いものが想定されていたと見ることができ、しかも、それは自衛を口実にした軍事行動が最も行われやすい(a)のケースではなく、(b)のケースに関する対応である。一方、国際機構のイニシアティヴを強調するフランス案も規程の文言上の曖昧さを残すことは既に指摘した。

つまり、(a)、(b)のケースの違約の事実認定の主体が明示されない連合国側の案では、集団的安全保障における国際機構の権限と国家主権の関係を考える際の重要な要素となる――と少なくとも筆者は考える――自衛権の問題、あるいは、強制措置と自衛の関係の問題にまで議論が至らないのである。この点は、当該問題を捉える射程を既に有していたＤＧｆＶ案との大きな相違である。

前章で指摘したように[32]、ＤＧｆＶ案は強制措置に関する連盟の決定・執行権を明示し（同最終案一三、一八条）、その上で更に連盟による自衛の認定と必要措置の決定（同二〇条）、及び加盟国間の武力行動に対する連盟の暫定命令（同二一条）によって、自衛を口実にした個々の国家の恣意的な判断による軍事行動を厳しく制限しており、集団的安全保障の本質である「安全保障における恣意性の排除」の点で連合国側の諸案より数段徹底している。ただし、「国家の恣意的措置を制限するために、最終案よりも詳細で具体的例示を含むその先行案（Ｃ案一三条）でさえ、「国際連盟にはあらゆる違反や威嚇からその規約を守る義務がある。国際連盟はあらゆる加盟国に対してこうした保護を保障する」として「仲裁的処理を拒否・逡巡したり、仲裁判決に従わない場合」をあげながら、肝心の政治的紛争を処理すべき「調停による処理を試みることを拒否した場合」を例示していない。このケースの違約国の認定は、同条の最後の部分の「ある国家が別の加盟国に法に反した軍事的措置を執った場合」という文言や、上述の連盟による自衛の認定という対応でカバーしうるとはいえ、強制措置や自衛に関して国際機構の権限を広く認めるＤＧｆＶの先行案にさえ存在するこの「逡巡」と、上述の連合国側の案や第一次大戦期の諸構想に見られる傾向の中に、特に「紛争の付託前の武力行使」という、違約国の認定が困難で、しかし、最も緊急の対応が必要なケースを国際機構が統御することに対する、今日まで続く強い懸念と違和感を見出すことができよう。

⑵軍事的強制措置の担い手と参加の義務

セシル案は軍事的強制措置参加を加盟国の義務としているが（Ⅱ章の⑶）、他の提案はそこまで徹底していない。イタリア案では理事会は違約国を従わせるための措置の実行を締約国に要請し、締約国はこの要請を遵守する義務を負うが、続けて「締約国はできる限り最も効果的な方法でその執行を確実にするため全力を尽くす義務を負う」（二八条）という文言を置き、抜け道を用意しているように見える。フィリモア案は、陸軍力や海軍力の効果的な貢献を行えない同盟国はこの条項に示されているその他の手段をとる、と規定する（二条）。一方、スマッツ案は一九条で小国の軍事的貢献の免除の可能性に言及するが、加盟国が貢献する効果的な海軍・陸軍の決定と並んで、免除の決定は理事会に委ねられる。フランス案も「Ⅲ章 軍事制裁」の(ii)で、理事会が国際軍の戦力を決定し派遣軍を確定する一方、各加盟国がもつのは「最良であると考えるような、派遣軍が徴集される条件を決める自由」である。フランス案は「国際連盟を超国家やまたは連邦にする事さえ問題にならない」としつつも、軍事制裁に相対的に比重を置く点だけでなく、それに対する理事会の統制の点でも他の連合国案よりも集権的な一般的国際機構の形成を目指していたといえよう。なお、ハウス案には軍事的強制措置の規定がないが、軍事的措置に発展する可能性がある封鎖については、その「調整」を加盟国の義務とするだけである（一五条）[33]。

⑤軍縮

フィリモア案とセシル案には軍縮関連規定はない。ハウス案は、恒久平和のために国民軍を安全と一致する最低限度に縮減する必要があるという原則を締約国が認め、総会が軍縮計画を直ちに作成すること、軍縮計画は締約国政府の全会一致の承認で初めて拘束的になることを規定するが（二一条）、「安全と一致する最低限度」の曖昧さは、ウィルソンの一四箇条の四条「国内の安全と一致する最低限度」と比べると歴然としている[34]。

スマッツ案の軍縮規定は以下の通りである。一四条(c)は「理事会は、諸政府の承認を得るために、［中略］軍備の制限や世界平和の促進のための協定を成文化する」とし、一一条には「加盟国政府による承認のために送付される前に、総会による討議が理事会によって望まれる」とある。一五条は加盟国が義務兵役制度の廃止と民兵制や志願兵制への移行に同意することと、兵員数と訓練については専門的な調査に基づき理事会が確定することを規定し、続く一六条では、当該軍事制度下での直接的な軍用装備や兵器の公正で適正な規模を理事会が確定し、確定した諸制限は理事会の許可なく超えてはならないとする。また、特に大戦初期の諸宣言の多くが主張していた「軍需産業や武器輸出の管理」を規定するのが一七条（「戦争のための直接的な武器生産のための全ての工場は国営化され、その生産は理事会の将校の査察に服する。理事会は加盟国間の軍需品の輸出入品の報告書を、可能であればその非加盟国とのそれを、定期的に供給される」）である。一方、帝国の崩壊に伴う領域問題関連規程の中にも、委任統治国は国際警察活動の目的のために連盟が決めた基準を超える軍事力を保有せず（七条）、旧帝国から成立した国家は、軍事力が規定された基準と一致しなければ連盟に加盟できない、とする条項がある（八条）。他方、戦争モラトリアム違反を犯した国には罰則として永続的な軍縮が課せられる（一九条）。このようにスマッツ案は軍縮に関する課題をほぼ網羅するが[35]、紛争の平和的解決や制裁と軍縮を有機的に繋げる発想は見られない。

一方、フランス案は「各々の加盟国の軍備制限の問題は他で扱う」と規定するだけだが、これは④で取り上げた派遣軍（Ⅲ章の(ii)）の第三項に置かれ、制裁との連関性を窺わせる。イタリア案は一般的規定の第一条で「締約国は以下のことを行う。(a)締約国間の全ての紛争をこの協定が規定する方法と一致する形で解決する、(b)［略］、(c)当該協定の第四部［非締約国との間の紛争に関する条項］に規定されているものを除き、他の締約国に対して一切の強制的行動を行わない」に、「それゆえ、締約国は後に特別の議定書で確定された規定に従って必要とされた制限内にあらゆる種類の軍備を削減する」という文言を続け、紛争の平和的解決と軍縮を結び付けている[36]。ただし、これらの案を提言した両国の政府委員会に、例えばハル（Hull）のように[37]、紛争の平和的解決、軍事的強制措置、加盟国の徹底的軍縮を三位一体的に捉える明確な意識があったかどうかは、案自体からは読み取れない。

⑥加盟国の同権性

フィリモア案はその解説部分の一四項で、英米の論者の殆どは重要な国の票の優位を主張し、また、実際に一八七八年の万国郵便連合条約や一八九七年の電信協約等の先例もあるが、一九〇七年のハーグ平和会議ではかかる不平等に批判が出されたので、こうした規定を躊躇したと述べている。なお、④の(2)で触れたように同案は軍事的制裁への参加を免れる加盟国が出てくる可能性も想定しているが、この点と権利の平等の関係については言及していない。ちなみに、同項では総会の表決を全会一致とすべきか否かについても触れている。すなわち、先例からも、また、国益に反する勧告が意に反して多数決で決議されれば、英国だけでなく将来加盟するかもしれない敵国も勧告に縛られるのを嫌うことが予測できるので、英国の多くの論者とは異なり、圧倒的多数であっても特定の勧告を出す権利を認めるべきではないとして、全会一致を支持する。ただし、同案は紛争当事国を投票から除外すべきだとも述べている。セシル案は①で述べたように大国中心の組織構造をとっている。[38]

一方、スマッツ案は①で触れたように、総会の投票権は平等だが、権限の大きい理事会は、大国（五～六カ国）は常任、中小国（四カ国）はローテーションという構成を想定している。イタリア案は「国力に比例する形で、各国が文明の福祉と進歩に貢献する手段を決める」（前文）とする。そして、総会では表決上の同権が保証され（四条）、紛争の平和的解決で一定の役割を果たす国際司法裁判所の裁判官の任命権も主権の平等の原則に立つが（一八条）、様々な権限を有する理事会は五大国の代表とその他の締約国からの四名の代表から構成される（五条）。両案が同権的組織を提案していたと見ることはできないが、中小国も一定の影響力を行使できる機構を目指していたと捉えることができる。[39]

他方、フランス案ではⅠ章の２で「国際連盟は大国も小国も全ての国家に同じように主権の行使を保障する」と宣言し、更に、具体的組織規定の「Ⅴ章　国際理事会と常設代表部の構成」でも、主権の平等に反する規定はもられていない。ハウス案も総会の議席数や表決原則（通常のケースや特別なケースともに）、それに国際裁判所及び仲裁裁判所の裁判官の選任方法において非同権的な文言は見られない。[40]

⑦ハーグ平和会議との関係

どの案もハーグ平和会議で設置されたあるいは設置が試みられた司法機関を除くと、ハーグ平和会議との継承性・

関連性は想定していない。例えば、加盟国の議会代表からなる定期的会議を「定期的なハーグ会議によって現在占められているような土台をカバーするだろう」と位置付けるセシル案でも、「ジュネーヴが最適の場所として提案される」とハーグ以外の本部を提起しているのである（Ⅰ章の４[41]）。

⑧その他（加盟国のその他の義務等）

以上の案では、イタリア案が最も包括的であり、フィリモア案が最も限定的な目的を設定している。一方、既に折々述べたように、スマッツ案には委任統治や軍縮に関連して独自な提案が含まれている。なお、第一次大戦勃発以来の諸構想が扱った項目の中では、民族的煽動に対する対応が連合国側の案では触れられていない。

次章ではドイツ政府案等を分析し、第７章で、今まで扱ってきた諸構想の比較を別な角度から試みたい。

（本稿は二〇一〇年一一月二四日に脱稿した。）

第6章　国際連盟成立期の国際組織構想（4）――ドイツ政府案を中心に

Ⅳ[1]　ドイツ政府案を中心に

前提的説明

国際連盟案が提案されたのは連合国においてだけではなかった。ドイツでも、国際連盟案が国際法学者シュッキング（Schücking）を中心として、外務省法務局長ジーモンス（Simons）、公使館参事官のガウス（Gaus）らによって作成された。同案は、中央党のエルツベルガー（Erzberger）、民主党のゴータイン（Gothein）、外交官のベルンシュトルフ伯（Bernstorff）の協力の下で修正され、一九一九年四月二三日、内閣によってドイツ政府国際連盟綱領として承認され、五月九日にドイツ講和使節団によって連合国側に手渡された。[2]

フォルトゥナは、世界議会の設置などの同案が提起する国際連盟の組織構造や紛争解決手段としての戦争の禁止などの機能が、同案の主たる源泉であるドイツ国際法協会（Deutsche Gesellschaft für Völkerrecht［ＤＧｆＶと略］）案のそれや、現実に成立した国際連盟と比べてラディカルであり、国民国家の枠組みを越える性格をもっていたことを強調しており、この評価はシュッキングの思想と行動を精緻に辿ったアッカーも共有している。邦語でも牧野雅彦氏が、講和交渉を多面的かつ立体的に描ききった『ヴェルサイユ条約』において、シュッキングの講演を扱う形で、国家主権の大幅な制限に踏み込んだドイツ案の特色を指摘している。一方、アッカーやグルップらが既に指摘しているように、このドイツ案が急遽作成され、そのラディカルな性格も政治的な意図から生み出された面があったことは否定できない。しかし、本稿を含む一連の論文の目的は、国家と国際機構の関係がどのように認識されていたかを、長期的な国際組織構想史の文脈の中で考察すること――個々の構想間の直接的影響関係の分析すら主目的とはしていない――にあるので、提案の政治的意図については論じない。[3]

Ⅰ～Ⅲの論文同様に、本稿でも、①機構全体の目的と組織形態、②加盟国の範囲と加盟条件、③紛争の平和的解決、④強制措置、⑤軍縮、⑥加盟国の同権性、⑦ハーグ平和会議との関係、⑧その他、の比較軸に沿ってドイツ案の全体像を紹介する。また、ドイツ案と近い時期に提言されたスイス案やオランダ案、ＤＧｆＶ案や連合国側の案とも折々比較し、紛争の平和的解決制度についてはオーストリア案にも触れる。その際、特に、上記③、④、⑤に比重を置き、ドイツ案が「紛争解決手段としての戦争の禁止」のレベルを越えて、一般的国際機構に加盟する個々の国家の「戦争の自由」を、どのように、そして、どれほど制限しようとしていたのか、という問題に切り込み、フォルトゥナらとは異なる側面から、そのラディカルな性格の意味と限界を照射することを試みる。[4]

規約案の比較

①機構全体の目的と組織形態

ドイツ案は、「Ⅰ　基本原則」の一条で、加盟国間の国際紛争の平和的解決を義務化することによって永続的平和を構築することと、国際協力、加盟国間の領土の保障、内政不干渉と連盟外部への共同防衛を謳う。そして、二条の個別目的では、(a)国際紛争の予防、(b)軍縮、(c)交通の自由と一般的な経済的平等の保障、(d)少数民族の保護、(e)国際的な労働者の権利の達成、(f)植民地制度の管理、(g)既存の、及び将来設置されるべき国際組織の統合、(h)世界議会の設立を列挙している。連盟は、内部機関として、総会（Staatenkongress）、世界議会（Weltparlament）、常設国際裁判所（Ständiger internationale Gerichtshof）、国際仲介局（Internationales Vermittlungsamt）、諸国際行政機関（Internationale Verwaltungsämter）、事務局（Büro ではなく Kanzlei（官房）の名称が付けられている）を有し、包括的な機能をもつ国際機構が構想されている。なお、既存の常設仲裁裁判所は、規約上、国際連盟の内部機関としては想定されていない。

加盟国の政府代表の会議である総会には各国一～三名が参加可能だが、行使できる票は一票のみ（六条）。総会は少なくとも三年に一回開催され（七条）、他の機関に委任されない限りは国際連盟の諸事業を執行し、会期外の期間に事務を処理する常設委員会を第一回総会で選任する（八条）。通常、議決は三分の二の多数決で行われる（九条）。

一方、これと併置される世界議会は総会と同時に開催され（一三条）、第一回の議会は加盟国の個々の下院の代表から構成されるが、「各国の個々の議会は国民一〇〇万人当たり一名の代表を選ぶが、どの議会も一〇名を超えて派遣してはならない」（一〇条）とする。ただし、「第二回以降の世界議会の構成は総会の同意の下で世界議会が決定する」（一一条）。

一二条では、世界議会の同意が必要な事項として、連盟規約の改正、一般的に有効な国際的な法規範の定立、新しい連盟機関の設置、連盟予算の確定をあげ、「これらの案件では世界議会が総会とともに発議権をもつ」と規定する。このように、総会と世界議会は国際的な審議機関の機能を果たすが、両院の決定が一致しない場合の詳細な規定はない。

こうした二院制の国際審議機関の設置提案は既に一九世紀から存在している。ブルンチュリ(Bluntschli)やロリマー(Lorimer）は、大国（それは必ずしも人口の多い国とは限らない）優位の議席配分の世界議会を提案し（ロリマーは、大国以外の議席配分には人口比等の基準を提案している)、シュッキング自身も一九一二年の著作で世界議会の設置を提言している。また、本稿が対象とする一九一八〜一九年の時期でも、連合国側のセシル案には同様の機関があり、スマッツも政府と議会が総会に代表を派遣する可能性に言及している。したがって、ドイツ案の新しさは世界議会提案それ自体にあるわけではなく、フォルトゥナのいうように、政府代表による総会が国際連盟の最高意志機関として明示されていない点と、上記一〇条のような選出方法、特に、議員数が国家に平等に割り当てられるのではなく、人口比に基づくという連邦国家的方法を採っている点にあり、その組織構造に国民国家の原則を超える性質を見るフォルトゥナの解釈はドイツ案の本質をついている。(5)

その他の機関の役割や加盟国との関係はどうか。常設委員会は国際連盟の諸機関の共通の事務局である連盟官房の職員を任命し、その監督下に置き、運営規則を定める(二三、二四条)。連盟官房は連盟の諸機関の決議や宣言を機関誌で公表する(二五条)。一方、加盟国は、締結した全ての国際条約を公にするために官房に提出する義務(二六条)と、総会及び国際仲介局の決定や宣言を自国の官報に原文と母語で公表し、立法機関に提出する義務を負う(二五条)。軍縮関連では、予算・決算後の軍備目的の全年経費、あらゆる種類の部隊、武器・兵器等、特に軍艦の実現在高が毎年官房に報告され、国際連盟の機関誌で公表される(四一条)。また、労働者の権利の監督と拡充のための世界労働局も官房に設置される(五六条)。

他の国際機構との関係については、一九〜二二条に、既存の国際的諸機関の発展や新たな国際的機関の設立を働きかけるとともに、既存の国際行政連合をできる限り国際連盟に組み込み、その事務局を国際連盟の監督下に置くことなどが規定されている。

スイス連邦内閣も一九一八年九月に一八名からなる委員会を立ち上げ、一九年一月に国際連盟条約及び同規約からなる国際連盟草案をまとめた。前者は、公正な政治的・社会的秩序や社会政策が国際社会の平和維持に重要であることと、民主化の必要性を強調しているが、その付加文書である連盟規約は、平和維持に直接関係する分野に比重を置いている。

スイス案の連盟は、総会（Staatenkongress）と官房（Kanzlei）以外に、紛争解決機関として、執行部（Geschäftsleitung）・常任代表部（Ständige Delegation）・調停委員会（Vergleichkomission）の三部からなる仲介理事会（Vermittlungsrat）と、国際裁判所、紛争法廷（Konfliktshof）を有する。総会への提案権は加盟国だけでなく国際裁判所や仲介理事会とその各部も有し、総会閉会中には加盟国は仲介理事会に文書で総会への提案を通知する（五九条）。総会はドイツ案同様に国際審議機関として位置付けられているが、興味深いのは、四種類の表決原則を採用し、ケースによっては、賛成する国の数だけではなく、その人口数が過半数や三分の二、四分の三に達することを条件とする、「二重の多数」という表決原則を採用している点である。ただし、それらは単純な大国優位の形は取っていない（六〇条）。

一九一九年一月二〇日付けのオランダ専門委員会案は、直接戦争－平和に関わる原則をコンパクトに一四条にまとめている。内部機関は、上記二案と同様に国際審議機関の機能を果たす総会（Bundeskonferenz）（五、九、一〇条）、常設仲裁裁判所と国際裁判所（Internationaler Gerichtshof; Bundesgericht）（一九〇七年の捕獲審検所に倣って構成される）（二、六条）、国際審査－仲介委員会（Internationale Untersuchungs-und Vermittlungskommission）である。

②加盟国の範囲と加盟条件

ドイツ案の加盟対象は、(a)戦時中に新たに成立した国を含む全交戦国、(b)ハーグ世界仲裁機構に加盟している全中立国、(c)既に加盟している国の三分の二が認めた国で、ローマ教皇位にも加盟が留保される（三条）。四条では秘密条約の禁止・破棄・無効と並び、「連盟の目的に反する個別条約を締結しない［傍点は筆者による］」義務が規定されている。

加盟を立憲国家に限定し、個別同盟を無条件で禁止するＤＧｆＶ案に比べて、ドイツ政府案の緩やかさは、第４章で扱ったドイツ外務省のクリーゲ（Kriege）案に近い。(6) また連合国側のいくつかの案は特定の国の排除を意図していたが、ドイツ案は第一次大戦の対立関係を越えた組織であることを規約上明示している。これは敗戦国というドイツの立場からは当然のことだが、シュッキングが既に第一次大戦以前から普遍的国際機構の設立論者だったことを考えれば、単に現実政治的な理由だけによると見なすことはできない。(7)

スイス案、オランダ案にも加盟制限はない。また、前者は連盟条約五条で、加盟国の権利と連盟に矛盾する条約を結ばないことと、条約の公開を義務付け、第二項で秘密条約を禁止し、後者は三条で個別の攻守同盟を禁止している。

③紛争の平和的解決

ドイツ案が紛争の平和的解決のための機関として想定しているのは、常設国際裁判所と、国際仲介局であり、外交的方法で処理できず、個別の仲裁裁判による解決という方法に合意できなかった全ての国際紛争は、常設国際裁判所か国際仲介局で解決しなければならない（二九条）。常設国際裁判所は法律的紛争の決定のための通常の機関であり、加盟国は応訴強制を伴う訴権をもち、裁判所の決定は国際連盟の名において行われる。同様のことは国際仲介局の手続きにも当てはまる（三〇条）。

この国際裁判所と国際仲介局の管轄関係等は三三条で規定されている。すなわち、国際裁判所に提訴された国際紛争で、訴えられた側がこの紛争を純粋な利益紛争か、あるいは、非常に重要な政治的意味をもつ法律的紛争だという異議を申し立て、国際裁判所がこの異議が正当だと判断した場合、国際裁判所はこの紛争を仲介局に管轄変更する。一方、仲介局に付託された紛争に対して、純粋な法律的紛争だという異議が申し立てられた場合は、仲介局はこの紛争をまず国際裁判所に委ね、紛争を仲介局に差し戻すか国際裁判所で扱い続けるかを国際裁判所が決定する。アッカーはこの規程をシュッキングの提案と見なした上で、法律的紛争か利益紛争かということの決定、つまり、裁判所に付託するのか仲介局に付託するのかという決定は、もはや国家自身に委ねられず、シュッキングはそれを将来の国際法に関する中央権力の柱石と見なしていた国際裁判所に帰した、と評する。(8)

三四条三項では、手続きの間、訴訟関係を暫定的命令によって規制する権利を国際裁判所と仲介局に与えている。そして三六条で「裁判所または仲介局の決定はその内容を信義に従って実行することを関係国に義務付けている」と謳い、紛争の平和的解決の義務化を打ち出す。フォルトゥナが指摘するように、ドイツ案は、最終的には戦争という手段での紛争の解決を認めるＤＧｆＶ案を凌駕し、連合国側の多くの案や国際連盟規約よりもラディカルな内容となっている。(9)

しかし、筆者がより注目するのは「Ⅳ　国際紛争の予防」の三七条である。「個々の加盟国の関係において緊張関係が生じていることを仲介局が確認した場合は、仲介局は関係国に仲介を提起できる。この場合、関係国は当該案件を仲介局で審議する義務を負い、問題解決のための提案に必要な資料を提供する義務を負う」という規程によって、同案は、仲介局が能動的に介入する権利と関係国がそれに応じる義務を定め、国際機構による紛争の未然防止を明示しているからである。この点は次節で強制措置と関連させて再度論じる。

以上からは、国際紛争の処理において、国家主権の制限と国際機構のイニシアティヴを目指すドイツ案の意図を読み取ることができるが、この点は、国際裁判所や仲介局のメンバーの選任と構成において、どのような形で表現されているのだろうか。

常設国際裁判所については、各加盟国が一～四名の裁判官候補リスト（少なくとも一名は提案国以外の国民を含む）を提出し、各国は総会において提案された全名簿の中から一五名に投票し、上位一五名が裁判官に選ばれる（一四条）。一方、国際仲介機関に関しては、各国が四名の選挙人を任命し、会同した選挙人が一五名の仲介機関のメンバーと一〇名の交代要員を選ぶ（一六条）。ただし、国際裁判所の実際の法廷は各当事国が一名ずつ選んだ裁判官と裁判長の三名から構成され、当事国が裁判長について一致できない場合は、国際裁判所の裁判官が全員で裁判長を決定する（一五条）。同様に、仲介機関は決定を五名の仲介官で行うが、当事国はそのうち二名ずつを選び、議長について合意できない場合は、仲介機関全体で議長を決定する（一七条）。

このように両機関とも組織全体の構成では第三者機関的性格が重視され、一方、個々の法廷に関しては当事国に配慮する構成をとり、「国家主権の制限」と「紛争の解決のための実際的有用性」のバランスをとることが目指されている。なお、仲介機関のメンバーは、出身国の現役の勤務に就くことや、同時に国際連盟の他の機関の任に就くことが禁止され（一八条）、可能な限り公正性を維持することも図られている。

次にスイス案だが、同案は、全ての自力救済（Selbsthilfe）を否定し（連盟規約三条）、直接交渉による場合を除き、全ての紛争を連盟規約に従って処理する義務を加盟国に課している（連盟条約二条）。対応機関としては仲介理事会、国際裁判所、紛争法廷を想定し、調停と審査、法的手段、仲介に手続きを分けた上で、多段階的な対応によって「紛争を解決する手段としての戦争」を禁止している。

まず、各機関の構成について説明したい。

仲介理事会は各加盟国一名の全権代表から構成されるが（五条）、仲介手続きの実行には訓令を要しない（六条）。

①で述べたように、同理事会は執行部・常任代表部・調停委員会を有するが、執行部は三名以上から構成され、連盟条約六条に規定されている中立国の代表の中から仲介理事会で選ばれる（八条）。常任代表部は、この執行部と「国際裁判所の決定、調停委員会の提案、仲介理事会の最終決定を、可能なあらゆる手段で保障する旨の宣言を行い、その宣言が同様の宣言を行った国々によって認められた国の代表」で構成される（九条）。執行部の議長は常任代表部の中から仲介理事会で選ばれ、仲介理事会の全体会議と常任代表部をも宰領する（八条）。調停委員会は、調停手続きが開始される場合に、当事国が仲介理事会の中から選ぶ二名ずつの委員（そのうち少なくとも一名は、当事国の国民や、当事国に勤務・居住する人間や、当事国が仲介理事会に派遣した人間であってはならない）と、当事国が一致して仲介理事会から選ぶ第五の委員で構成される（一〇条）。

国際裁判所は、加盟国の提出したリストに基づいて総会で選任される九年任期の一五名の裁判官から構成されるが、審理自体は当事国が裁判官忌避権を行使した結果選ばれた五名の裁判官が行う（一五条）。

紛争法廷は、各当事国が仲介理事会と国際裁判所から各一名ずつ選んだメンバー、国際裁判所裁判官の互選による二名、仲介理事会の常任代表部の互選による一名から構成され、裁判長は国際裁判所が選任したメンバーの中から選ばれる（一七条）。

次に、紛争手続きの流れは以下の通りである。

まず、紛争が直接交渉で解決できない場合、加盟国は調停手続き（Vergleichsverfahren）の開始を仲介理事会に依頼する義務を負い、調停手続きは基本的に法的手続きに先行する（二八条）。一方で、仲介理事会の執行部は能動的に和解手続き（Ausgleichsverfahren）を提案する権利をもち、一当事国がそれを受け入れれば、当事国が和解手続きを求めた場合と同様に手続きが行われる（二九条）。両当事国とも提案を受け入れない場合、常任代表部が仲介手続き開始すべきか否かについて、執行部が決定を下す（二九条後段）。また、調停手続きを求められた国は応訴義務を負うが、応訴を拒んだ場合でも仲介理事会は調停手続きを行うことができる。もし調停手続きが行われない場合は、原告側の国家は法的手続きに入ることができる（三〇条）。実際に調停を行う調停委員会は、衡平で合目的的な紛争処理のための提案を行い、提案は執行部を通して当事国と仲介理事会に通知され、当事国はこの提案を受け入れるか、法的手段に訴えるかを二カ月以内に表明する義務を負う（三三条）。提案が受け入れられた場合は、法的判決同様の執行力をもつ（三四条）。

次に、調停が失敗した場合。調停の試みが失敗してから八週間以内に仲裁契約（国際紛争平和処理条約五二条）が成立しない場合は、原告側の当事国は国際裁判所に付託できるが（三七条）、被告側の当事国から、当該紛争は法律的判断になじまないという異議が申し立てられた場合には国際裁判所が（三九条一項）、当該紛争は独立や重要な利害に関わる紛争なので仲介による処理を求めるという申し立てがなされた場合には紛争法廷が、それぞれ紛争の管轄機関について決定する[10]。なお、ここでは、スイス案もドイツ案と同様に、個々の国家ではなく国際機関が紛争の管轄機関を決定することを提案している点を指摘しておきたい。

法的手段が執られる場合、当事国の同意した裁判の最終決定や国際裁判所の全ての判決は等しく執行力があり、国際連盟によって保障され（四三条）、国家は可能な限り迅速に判決を実行しなければならない（四八条）。

一方、法的手段の管轄権が否定された場合や、上述の二九条の後段のように、仲介理事会の執行部による和解手続きの提案が両当事国によって受け入れられず、なおかつ仲介理事会の執行部が仲介を必要と見なす場合には、仲介手続きが導入される（四九条）。仲介手続き自体を行うのは常任代表部だが、手続きの開始までは、仲介を軌道に乗せるために執行部があらゆる予防措置（Vorsorgliche Massnahme）のイニシアティヴをとり、特に敵対行為へと繋がるようなあらゆる措置を禁止できる（五〇条）。常任代表部は原則的に法を尊重しつつ、衡平と国際社会の良好な関係維持のための合目的性に基づき仲介決定を行い（五一条）、基本的に決定は執行力をもつ（五二条）。なお、常任代表部に参加している国が紛争当事国の場合でも常任代表部からは排除されず、反対に、当事国が常任代表部に加わっていない場合には、その国は全権代表を常任代表部に任命できる（九条三項）。このように、スイス案も議論への当事国の関与を認めている。

オランダ案では、加盟国は、法律的紛争は常設仲裁裁判所か、一九〇七年の捕獲審検所に倣って構成される国際裁判所に付託し、その他の紛争は各加盟国一名のメンバーからなる国際審査‐仲介委員会に付託する義務を負うが（二条、六条）、五条で宣戦の権利が否定されており、後者の決定も拘束力をもつと推定できる。

以上の三案とＤＧｆＶ案には、法的手段になじまないような紛争の処理を調停の専門機関が行い、その機関は、可能な限り中立的で第三者機関的性格を保ちつつ、当事国が何らかの形で関与できるような構造をもつという共通点がある。ただし、大国が特権的な地位を占めることはない。例えば、スイス案の常任代表部も大国中心は明示されていない（九条）。

他方、連合国側の国際連盟案では、かかる対応を総会や理事会等の一般的機能の内部機関に委ねており、セシル案やスマッツ案ではそれは大国中心の構成である。国際連盟規約ではこの機能が総会と理事会の両方に委ねられているが、現実には大国中心の理事会がほぼこれを担った。

戦勝国による国際政治の支配という現実的側面の影響を除けば、この相違は、紛争の平和的解決に関して、フォルトゥナやアッカーがいうところの「非政治的機関」、「紛争処理の非政治化」が可能な機関と、紛争当事国の抵抗を克服して決定を執行できる強力な機関のいずれを適切と考えるかの違いだといえよう。(11)

これに対して、オーストリアの国際法学者ラマシュ（Lammasch）は、「オーストリア講和使節団の一九一九年六月二三日の国際連盟に関する覚え書き」で、以下のような紛争解決システムを提案して、この対立の架橋を試みている。すなわち、法律的紛争は常設司法裁判所（連盟総会で選ばれた一五名の裁判官と八名の予備裁判官から構成される）に付託され、重要な利害に関係する紛争は仲裁裁判所に付託されるが、国際法に基づいて処理できない紛争は仲介局に付託され、その控訴機関として執行委員会が設置される。

仲介局は連盟加盟国が選んだ一九名のメンバーから構成されるが（各国は二名以上のメンバーはもてない）、決定自体は各当事国が仲介局のメンバーを七名ずつ忌避することで構成される五名のメンバーからなる委員会で行われる。一方、第二審である執行委員会は一一名から構成され、各当事国はこの委員会に仲介局のメンバーを二名ずつ派遣できる。一方、一一名中六名のメンバーは国際連盟の理事会が任命するが、その際、紛争に直接関与している国の代表はこのメンバー派遣の権利から排除され、また、自身もメンバーに任命されることができない。議長である一一番目のメンバーは、国際裁判所の裁判官の中から、当事国が各七名ずつの裁判官を忌避することで選ばれる。

ラマシュは、このように、その構成から中立性が保障される第一審と、過半数が世界の政治権力を代表するメンバーから成る控訴審という二つの機関の設置を提案する。そして、両者の協力と配慮によって、誰もが尊重するような解決のために必要な、中立性と権威という要件を両立させ、衡平で同時に実現可能であるような解決を図ろうとした。すなわち、仲介局は、第二審のメンバーの多数（六名）にとって重要な意味をもつ政治的・実際的な可能性や条件を考慮し、第二審の多数派は、第一審である仲介局がその決定の基礎とし、仲介局と裁判所から選ばれた第二審の少数派のメンバー（五名）が重視する、「公正と衡平」に基づく議論を無視しないことを期待したのである。

なお、紛争の種類と管轄の変更に関しては、当事国が国際裁判所の裁判官に対して忌避権を行使することで構成される三名の委員からなる委員会が判断する。[12]

④強制措置

紛争の平和的解決義務を加盟国に課しているドイツ案では、合法的な武力行使は、軍事的強制措置と自衛だけということになる。

強制措置については、六二条で「加盟国が国際連盟所轄の機関の判決や決定や命令の実行を拒み、あるいは、それ以外に連盟規約の規定を侵害する場合には、仲介局がその一五名のフルメンバー構成で強制執行に関して決議を行う」と規定されている。この仲介局は、ＤＧｆＶ案のような当事国を含む ad hoc な執行委員会や、国際的な利害関係の影響を受けやすい理事会とは異なる第三者的な常設機関であり、フォルトゥナが指摘するように、既存の主権国家体制を越えようとするドイツ案のラディカルな性格を如実に表している。[13]

一方、同案は強制措置を扱う同じ「Ｘ　執行（Vollstreckung）」の章に、「各国は領土に攻撃を受けた際に、国際連盟の法的手段（Rechtsmitteln）に訴えるだけでなく、直ちに自力救済（Selbsthilfe）に訴える権利をもつ」（六四条）という規定を置く。「領土に攻撃を受けた際に」という文言が直前にあることと、ドイツ案は三六条で「紛争解決手段としての戦争」を否定していることから、この Selbsthilfe はスイス案における意味（「武力行使を含む自力によって、紛争を解決すること」）とは異なり、自衛を意味すると考えられる。

六二条の文言は、ＤＧｆＶ案一三条「執行委員会は、国際連盟の義務が侵害されているかどうか、そして、どのような強制措置が用いられるべきかを判決によって決定する」に比べると若干の曖昧さは残すが、ドイツ案でも違約行為の有無自体の認定を仲介局が行うと見ることができよう。[14]したがって、このドイツ案でも、個々の国家や、ましてや個別同盟が独自の判断で強制措置を発動する可能性は極めて小さい。

問題は、上記のドイツ案六四条と、「自衛（Selbstverteidigung）を国際連盟の名において行う行動」とした上で当該自衛行動の正当性を執行委員会が認定することを明文化するＤＧｆＶ案の二〇条の間に、自衛に関する国家主権の制限の点で大きな開きがあることである。

この一連の論文でしばしば指摘しているように、紛争を平和的処理機関に付託する前に行われることの多い、自衛を口実にした個々の国家の恣意的な軍事行動（戦争は、紛争解決の合法的手段であった時代でも、政治的正当化のために「自衛のため」と主張されがちである）を掣肘しなければ、一般的国際機構設立の最大の目的である集団的安全保障は十分に機能しない。しかし、この点では、ドイツ案はＤＧｆＶ案に遙かに及ばないのである[15]。

では、ドイツ案は、自衛を口実とした個々の国家の軍事行動を制限する方法を何ら提起していないのだろうか。既に③で述べたように、ドイツ案は「Ⅳ 国際紛争の予防」の三七条で、国家間が緊張状態にある場合に、仲介局が能動的に仲介を提起する権利と、関係国がそれに応じる義務を規定している。また、同案は仲介決定に拘束性を与えている。つまり、武力行使に至らない早い段階で、連盟が仲介提起という能動的な予防措置をとることによって、自衛を偽装した軍事行動を未然に防止する可能性があるわけである。確かに、ＤＧｆＶ案も二一条で常設委員会の暫定命令を規定しているが、それは「加盟国間の武力行使が介入の理由を与える場合」であり、ドイツ案の予防的介入のタイミングより遅い、既に武力紛争が勃発した時点である[16]。

ここからは、自衛権の濫用の危険性に対する両案の違いは、自衛権の制限を規約上明示するか、自衛権の行使を口実にした個々の国家や国家同盟の軍事行動を、連盟の能動的な仲介によって事実上制限するかの差と見ることができる。とはいえ、ＤＧｆＶ案が、仮に結果的にであったとしても提起した、「集団的安全保障体制下における加盟国の自衛行動のあり方」という課題、言い換えれば、紛争の平和的解決、強制措置、自衛の相互連関性を根本的に検討する、という重要な課題を、ドイツ案が回避しているのもまた確かである。

では、スイス案は強制措置をどう捉えているのだろうか。先に述べたように、同案は加盟国間のあらゆる自力救済行動の放棄を規定し、能動的な仲介提起の権限を仲介理事会の執行部に与えている。その上で六二条では以下のような制裁手続きを規定する。すなわち、執行義務が課せられている調停提案・判決・仲介決定の執行を加盟国が拒否する場合、または、加盟国が自力救済の行動を行ったり、仲介理事会の予防措置（五〇条）にもかかわらずかかる行動を準備したりする場合、または、他のあり方で国際連盟の規則に反する行動を行う場合は、常任代表部は、法を守り平和を維持するために適切な措置を遅滞なく検討し、仲介理事会に対して多数決で決められた決議を提起する。この決議が仲介理事会の三分の二と加盟国の人口の三分の二（二重の三分の二）によって承認される場合は、この決議は執行力をもつ。そうでない場合には、常任代表部は遅滞なく新たな決議を提出する。平和が既に破壊されている場合は、常任代表部は自ら平和の回復のために必要な措置を単純多数決で講じることができる、と。

違約行為の有無を認定する主体を規約の文言上で明示していない点では、スイス案はDGfV案よりドイツ案に近い。ただし、案に付されている解説部分（Ⅲの六）には、制裁は権限を有する側によってのみ命じられ（規約六二、六三条）、仲介理事会に可能な限り大きな自由が委ねられるという説明がある。そして、通常は、公開と予防措置という手段（規約五〇、五四条）によって、特に世論の圧力で、国家は従うだろうと予測するが、それで不十分な場合には、「仲介理事会はケースバイケースで措置のタイミングと方法を決定する」とする。いずれにせよ、加盟国が個々に制裁を発動することを認めていないことがわかる。

予防措置についていえば、③で触れたように、仲介手続きの開始までは、中立国から構成される仲介理事会執行部が仲介を軌道に乗せるためのあらゆる予防措置のイニシアティヴをとり、特に敵対行為へと繋がるようなあらゆる措置を禁止できるとする歯止めを置く。[17] ただし、同案にも自衛についての規定はなく、ドイツ案同様の限界を示している。

他方、オランダ案では第五条で宣戦の権利を否定し、それに違反したか否かは連盟裁判所が決定し（七条）、違反行為に対しては経済的・軍事的制裁が行われるとあり（八条）、非常に大雑把だが、違約行為の認定機関を明記する文言自体はDGfV案に近い。なお、第五条以外の違反行為や制裁の組織については、総会が関連する条約を検討する（一〇条、九条）と、今後の検討に委ねている。

Ⅲの論文で指摘したように、連合国側の案の多くは、国際連盟の軍事的強制措置を提案しながら、最も微妙な「連盟の機関に付託する前に武力行使を行う」ケースにおいて、その武力行使が違約行為なのか否かの認定を事実上個々の国家に委ね、個々の国家が他国とともにあるいは単独で軍事的強制措置（違約行為に対する対抗措置）を行うことを可能にしている。この場合、個々の国家やその同盟国による軍事行動が、敵国の侵略に対する自衛としてだけでなく、敵国の違法な軍事行動に対する強制措置という口実で実行され、正当化される可能性がある。[18]

一方、上述のように、ドイツ案、スイス案、オランダ案、DGfV案には、具体的方法・タイミング・強制措置決定機関に当事国が与える影響力の度合いにおける違い、そしてそれらによって生じる限界の差はあるが、国際政治の力関係から距離を置きうる連盟の内部機関のイニシアティヴによって、個々の加盟国や同盟の恣意的な軍事行動を可能な限り制限しようとする姿勢が見られる。先行研究は指摘していないが、これも主権国家のあり方を越えるラディカルな傾向と見ることができる。

なお、ドイツ案の六三条は、(a)残り全ての国家による外交関係の断絶、(b)経済関係の制限や断絶、すなわち、輸出入の禁止、不平等関税措置、人・もの・情報の交流の遮断、船舶の抑留、(c)軍事的措置を強制措置として例示する。

軍事的措置については、「被害を受けた国に単独で、または、他国とともに委任される」とあるだけで、詳細は規定されていない。一方、スイス案は、「常任代表部は決議の執行の義務を負う。九条で言及された保障措置を表明していない国は、仲介理事会がその都度決めた範囲で、または、総会の決議で決められた範囲で執行措置に関与する。それらの国に積極的な軍事的援助行動は義務付けられない。連盟条約六条に言及された国の特別な立場は留保され続ける」（六三条）とする。

⑤軍縮

ドイツ案では、加盟国の陸・空軍は国土の安全保障のために必要な戦力にまで、海軍は沿岸防衛に必要な戦力にまで制限され（四〇条）、加盟国には、軍事費と戦力の現況を連盟官房に報告する義務と国際連盟の機関誌で公表する義務がある（四一条）。また、締結されるべき軍縮関連条約は国際連盟規約の本質的な部分と位置付けられる（四二条）。規程の内容と連盟の軍縮問題への介入の程度において、ドイツ案はクリーゲ案に近く、ＤＧｆＶの最終案は凌駕するが、それに先行するＤＧｆＶ小委員会案には及ばない。また、大戦期のハル（Hull）の提案のように[19]、軍縮、自衛権の行使、軍事的強制措置を相互連関的に捉える発想も見られない。

一方、スイス案は連盟条約の前文には「軍備は国際連盟の利益と国家の内的安全と一致する最小限度に制限されなければならない」というウィルソンの一四カ条に類似した文言がある。④では、スイス案は連盟の能動的介入によって加盟国の恣意的な軍事行動を実質的に掣肘しうるものの、自衛についてはＤＧｆＶ案のような規程がないという限界がある、と筆者は指摘したが、ここからは軍縮の徹底によって事実上自衛権の行使を制限し、国家の「戦争の自由」に枠をはめる可能性が見て取れる。ただし、スイス案の連盟規約には具体的な軍縮条項がないので断定はできない。[20]他方、オランダ案は、四条で「無制限の軍備は国際連盟の諸原則と一致しない」とし、総会が軍備制限条約を定立すべきことを規定しているだけである。

⑥加盟国の同権性

ドイツ案では、政府代表から構成される総会での国家の同権性は明らかである（六条）。他方、①で述べたように、世界議会は各国が上限を一〇名としつつも人口一〇〇万人当たり一名の代表を送るシステムで、フォルトゥナはそれを連邦国家的な方法の類比と解釈する。[21]あるいは、そこに一国一票という形式的な主権の平等を脱する傾向を見ることもできるが、いずれにせよ、「加盟国の同権性」という括りにはおさまらない、伝統的な主権国家の原則を越えた特色が見られる。なお、同案の常設国際裁判所と国際仲介局は同権性を維持している。一方「コストについては、万国郵便連合の基準に依拠して国際会議が確定する基準に従って加盟国によって調達される」（六六条）とある。

スイス案二条は、連盟条約や連盟規約に特別な規程がない限りは全加盟国が権利と義務において平等であると謳い、内部機関の構成に関しても大国優位が固定的な形で規定されているものはない。一方で、総会の表決で、ケースによっては「二重の多数」という原則を採用し（六〇条のB、C）、仲介理事会の常任代表部について連盟の強制措置を担える国を条件にする（九条）など、形式的な主権の平等から離脱しようとする傾向が見られる。オランダ案は、連盟法が発効しその法的効果が継続する条件として、一定数の国の関与と並んで全ての大国の関与が必要であると規定するが（一三条）、その他には非同権的な条項はない。

⑦ハーグ平和会議との関係

スイス案はいうまでもなく、オランダ案や、ハーグ平和会議をベースにした国際機構を大戦前から提案してきたシュッキングの影響が濃いドイツ案にも、既存の常設仲裁裁判所との関わりを除けばハーグ平和会議の成果への直接的言及はなく、機構本部をハーグに置く主張もない。ただし、第４章でも述べたように、そうした表面的な事柄よりも、同権性の強い国際機構を目指している点や、国際政治の力関係が影響しやすい総会や一般的な理事会にではなく、国際司法機関や当事国がある程度の影響力を与えうる仲介専門機関に平和維持機能を委ねる点に、ハーグ平和会議の発想が継承されていると見るべきであろう。

⑧その他――加盟国のその他の義務等

ドイツ案は「交流の自由及び一般的な経済的平等の保障」、「少数民族の保護」、「労働者の権利」、「植民地制度」など、ＤＧｆＶ案が扱ったものを殆ど網羅しており、フォルトゥナはこれらの項目でもドイツ案は国民国家原則を越えていると指摘する。(22) なお、「宣戦布告の議会による同意、及びそれに対応した憲法規程を作る義務」（ＤＧｆＶ案四条）は、ドイツ案にはないが、そもそもドイツ案は紛争解決手段としての戦争を否定しているので、同列には論じられない。なお、第一次大戦開始以来の諸構想が扱ってきた項目のうち、ドイツ案、ＤＧｆＶ最終案、クリーゲ案が共通して取り上げていないのは「軍需産業や武器輸出の管理」、「住民の利害や意志に反した領土の割譲や併合の禁止」である。

また、ドイツ案（一条三項）とクリーゲ案（一条二項）にある内政不干渉もＤＧｆＶ案には明示されていない。一方、ドイツ案「Ⅳ 国際紛争の防止」の三八条「民族的煽動の防止」は「全ての加盟国は、言葉・文書・図による他国民に対する誹謗を、立法や行政によって撲滅する義務を負う。かかる義務が破られた場合には被害を受けた国は国際裁判所の決定を求めることができる」と規定し、続く三九条には「加盟国間には、ある国の新聞雑誌が他国の不利になるべく公表した事実の主張をいつでも訂正する相互的な義務がある。訂正を拒んだ場合には国際裁判所が決定を行う」とある。これは、非常に簡単な規定しかないＤＧｆＶの最終案よりはその先行案に類似している。

スイス案の連盟規約は紛争処理に比重が置かれ、連盟条約の「宣言」において、外交の民主的統制、労働者の権利の国際的な規則化による労働条件の改善、権利の平等、信仰の自由、国語の自由な使用の保障、経済的自由に言及されているだけである。

以上、ドイツ案を、スイス案、ＤＧｆＶ案などと比較しながら扱ってきた。ドイツ案は、他の案を越えるラディカルな側面をもつ一方で、集団的安全保障体制下において個々の国家の自衛権をいかに位置付けるかという点では、ＤＧｆＶ案の有する射程には及ばない、ということのみ最後にもう一度指摘しておきたい。

次章では、この一連の論文で扱った諸提案を中心に、諸々の国際組織構想を、比較軸を少し変えて検討し、全体のまとめとしたい。

（本稿は二〇一一年一〇月一八日に脱稿した。）

第7章　国際連盟成立期の国際組織構想（5）――諸構想の比較

Ⅴ　国際連盟成立期までの様々な国際組織構想の比較

前提的説明

Ⅱ～Ⅳの論文では一九一八年半ばから一九一九年前半の国際組織構想を、Ⅰではそれ以前のプランを扱った。[1] 本稿では、それらの構想を、1．多様な目的や機能を想定しているか否か、2．加盟国の普遍性（地理的・政治的加盟条件）、3．加盟国の同権性、そして、4．国家主権の制限の程度によって比較を行う。なお、研究史については、Ⅰの「はじめに」をご参照いただきたい。

1．目的や機能において包括的な国際機構（一般的国際機構）か否か

近代以前では一八世紀のサン‐ピエール（Saint-Pierre）の案が、一四世紀のフランスのデュボア（Dubois）以降の諸構想で提起された国際機構の機能のほぼ全てを網羅する、最も包括的なプランといってよい。[2] 一方、ヒンズレイ（Hinsley）は、紛争の平和的解決に限定した構想が多い点を、一九世紀半ばから第一次世界大戦までの国際組織プラ

ンの特色と捉えつつ、一八九九年と一九〇七年に開かれたハーグ平和会議以降、仲裁制度が政治的紛争の解決には不十分なことが明らかになったことによって、国家連邦構想が復活することを指摘する。(3) ただし、ハーグ平和会議以前でも、スイスのブルンチュリ（Bluntschli）や英国のロリマー（Lorimer）は、国際司法、国際立法、安全保障関連等の機能をもつ比較的包括的なプランを提起している。(4)

ハーグ平和会議以降でいえば、ドイツの国際法学者シュッキング（Schücking）が一九〇八年の『世界の組織化』で、様々な国際組織構想を長期的な歴史の中で検討した後で、一般的国際機構の大枠を提示している。更に、一九一二年の『ハーグ会議国際機構』では、ハーグ平和会議とそこで設置された常設仲裁裁判所、国際事務局、常設評議会によって世界国家連合というべき国際機構が設立されたという認識に立った上で、一九一五年に予定されていた第三回のハーグ平和会議で実現すべき短期的課題と並んで、この機構の長期的課題を提示した。すなわち、国際司法機関を中心に、国際立法機関の整備（政府代表によるハーグ平和会議に加え、各国の議会代表による世界議会の並置）と国際法の法典化、国際行政組織の包含と新設、強制措置の整備など、国際仲介組織以外の多くの機関の整備とその機能の充実がその内容である。彼は大戦勃発後も、一般的かつ普遍的な国際機構案を提言し続ける。(5)

第一次大戦中の構想では、例えば、国際行政連合の活動も視野に入れる英国のフェビアン協会（Fabian Society［FSと略］）案が比較的多くの機能をもつ国際組織を提案している。その一方で、英国のアンウィン（Unwin）やブライス（Bryce）・グループは、最終的には一般的国際機構を目指すものの、まずは安全保障に重心を置く組織を樹立することを主張していた。なお、安全保障機能中心の提案ではあるが、スウェーデンのパルムスティエルナ(Palmstierna)は「権力の分立」を国際社会においても追求し、立法機関、調停機関、裁判機関、起訴機関、国際警察力等の設置を想定している。(6) なお、これらの提言は「永続的平和のための中央組織（Central Organization for a Durable Peace［CO

ＤＰと略〕）」の編纂した四巻の論文集に収められている。ＣＯＤＰは、交戦国・中立国の国際法学者や平和主義者が一九一五年四月にハーグに会同した会議において、将来の永続的平和の準備の結節点として設立された。この会議の宣言〔ＨＭＰと略〕では、ハーグ平和会議の諸成果をベースに国際機構を樹立することが目指されている。なお、上記論文集には、一般的国際機構案だけでなく、紛争の平和的解決、軍縮、強制措置等にテーマを限定したものも含めて五九編の論文が収められているが、上記のフェビアン協会やブライスのようにＣＯＤＰの枠外の識者の論考も含んでいる[7]。

大戦期では、他に例えばＣＯＤＰと距離を置いていたスイスの国際法学者ニッポルト（Nippold）が、紛争の平和的解決、強制措置、そして軍縮を軍事的強制措置と関連させて提言し、一九一五年に設立された米国の平和強制連盟（League to enforce Peace〔ＬＥＰと略〕）は、国際立法機関や仲裁と仲介の整備、強制措置に言及するが、国際行政連合との関係や軍縮には触れていない[8]。

一九一八年の半ばから一九一九年の前半にまとめられた政府の公式案やそれに準じる案の中で最も包括的機能な内容をもつのはドイツ政府案である。ドイツ案の完成時期を考えると国際連盟規約の形成過程との比較も重要だが、少なくとも連盟規約自体と比べてもこの評価は変わらないであろう。ドイツ案は安全保障に直接関係する、紛争解決・強制措置・軍縮等を詳細に規定しているだけでなく、経済の自由、植民地問題、少数民族問題、社会政策、民族的煽動の防止、専門的国際機構との連携等を連盟の目的として設定し、更に下院代表から構成される世界議会を総会に併置することを提案している。確かに、これら全てを規約に盛り込むべきかどうかは見解が分かれよう。また、ドイツ案の包括的性格やラディカルさに政治戦略的な意図を見る解釈もある。しかし、同案が、一九一八年の後半以降に発表された、エルツベルガー（Erzberger）案、外務省のクリーゲ（Kriege）案、ドイツ国際法協会（Deutsche

Gesellshcaft fuer Voelkerrecht［ＤＧｆＶと略］）案、就中、国際法学者シュッキングを通して、諸々の国際組織構想の伝統と繋がっていることが、かかる特色を生み出した面があることをここでは指摘しておきたい。ドイツの国際法学者ヴェーベルク（Wehberg）は、一九一七年と一八年に発表された多くの構想がハーグ平和会議の成果をベースにしたものであることを一九一九年の時点で指摘しているが、ドイツ案は、発表の時期から見ても、大戦前からハーグの成果をベースにして提言されてきた諸々の国際組織構想の集大成といえよう。(9)

一方、連合国側の公式・準公式案で同様の包括性をもつのはイタリア政府案だけである。比較的包括的な内容をもつ英国のセシル（Cecil）案も、少なくとも一九一九年一月の案では、安全保障以外には労働者保護や専門的国際機構との連携等を掲げるに過ぎない。なお、一九一八年末に著された南アフリカのスマッツ（Smuts）案は、国際組織が平時に紛争の根本原因に対応することが安全保障と連関していることを認識していた。この発想には、「積極的平和」や「人間の安全保障」に繋がるものがあり、当時の多くの論者とは異なる傾向が認められる。以上の三案は比較的遅い時期にまとめられている。他方、英国のフィリモア（Phillimore）案、米国のハウス（House）案、フランス政府案は、安全保障に大きな比重をかけている。(10)

２．普遍的国際機構か否か

国際組織構想の歴史においては、加盟国を欧州諸国（またはキリスト教国）に限定するか否かという見解の相違が続いてきた。近代以前でいえば、デュボアやシュリー（Sully）は欧州限定案だったが、クリューセ（Crucé）案は普遍性を特色としている。(11)

一九世紀後半から一九一四年までの提言では、先述のブルンチュリ案やドイツのシュリーフ（Schlief）の案（一八九二年）は欧州限定構想である。欧州外の諸国も参加したハーグ平和会議の後も、少なくとも比較的包括的機能をもつ国際組織については、英国のステッド（Stead）やヴェヒター（Waechter）の案のような欧州統合構想が主流だが、シェーア（Scheer）は、そこに、米国や日本の台頭の一方で対立に明け暮れる欧州の没落に対する危機感を読み取る。[12]

ただし、ロリマー案が欧州を主対象としつつも加盟国の限定を明示していないように、普遍的国際機構の形成を長期的・最終的目標として位置付けていた論者もいた。例えば、二〇世紀初頭のロシアのノビコフ（Novikow）やオーストリアのフリート（Fried）の案は、欧州限定の国際機構を国際社会全体の組織化の一歩と考えていた。一方、シュッキングは、一九〇八年の時点で、国際関係の緊密化の中では「世界の組織化」が必要だと明確に主張しているが、この場合の「世界」は、アジアも含むハーグ平和会議参加国、すなわち、近代国際法秩序に組み込まれている「文明国」である。[13]

大戦期では、アンウィンや英国のウィリアムズ（Williams）、ＬＥＰは、まず文明国や一部の大国で国際機構を樹立することを主張していたものの、政治的理由で特定の国家を排除することには強い批判があった。例えばブライスは「重要なことは、連合が他の諸国家に対して向けられた単なる同盟と見なされるような、狭く排他的なものであってはならないということである」と指摘する。オランダ反戦評議会（Nederlandsche Anti-Oorlog Raad［ＮＡＯＲと略］）もブライスと同じ見解を示している。[14]一九一八年以降のクリーゲ案、ドイツ案、スイス案、オランダ案、そして、連合国側でもハウス案、スマッツ案には加盟を制限する規定はない。ＤＧｆＶ案も立憲体制の国家に限定するだけである（五条）。

これに対して、フィリモア案、イタリア案には中欧諸国を、セシル案には信用できず敵対的な国家（具体的にはロシアがあげられている）を排除する可能性が読み取れる。[15]また、フランス案の「政府の行動に責任を負う代議的制度をもつ国家への限定」（Ｉ-３）という条件は、現状（一九一八年八月時点）の政体のままでは中欧国を排除する、ということを意図したものだという。[16]

大戦中に両陣営の政治家は、全ての文明国の同権を保障する国際システムを、対立関係を超えて樹立することをしばしば唱えていた。また、中欧側の敗北が決定的になった一九一八年秋、エルツベルガーは、一方の軍事同盟によって国際連盟が樹立される事態が起きることを強く牽制している。[17]しかし、一九一九年の初夏にドイツやオーストリアの代表団が連盟への設立時の加盟を求めた際の戦勝国側の回答はにべもないものだった。[18]このように現実の対立関係をもとに加盟国を限定する連合国側の一部の国際機構構想や設立時の国際連盟のあり方は、早い時期から国際機構を提案していた人々の志向とは正反対のものだった。

ところで、フィリモアは非加盟国に対する加盟国の相互防衛を規定した場合に反対がなされる可能性に言及している。[19]旧敵国を排除するなど加盟国を限定する案では、この規定は機構の普遍性を揺るがす要素になりうるが、アンウィンやウィリアムズは非加盟国に対する相互防衛規定の必要性を指摘し、英国国際連盟協会案やドイツ案（一条二項）にも当該規程がある。一方、ブライス案一九条、フィリモア案一五条、ハウス案一八条、フランス案Ｉ-４-(5)、Ⅳ-(ii)、イタリア案三三条、セシル案Ⅱ-(4)、には、非加盟国に対する紛争処理と強制措置が規定されているが、加盟国間のそれとほぼ同内容であり、非加盟国に対する共同防衛は前面に出ていない。フェビアン案、ＤＧｆＶ案、スマッツ案、ＬＥＰ案にはこうした規程はない。[20]

他方、加盟国間の政治的な個別同盟を認めることは、機構の普遍性を内部から掘り崩す可能性を生む。それゆえ、国際平和事務局（Internationales Friedensbureau［ＩＦＢと略］）、英国の民主統制連合（Union of Democratic Control）、ニッポルトが設立した「恒久的な平和条約の基礎を研究するためのスイス委員会（Schweizerisches Komitee zum Studium der Grundlagen eines dauerhaften Friedensvertrages［ＳＫと略］）、ＮＡＯＲなどの大戦初期の多くの宣言は個別同盟の禁止を盛り込んだのであろう。[21]しかし、一九一八年半ば以降の構想で個別同盟の無条件の禁止を掲げるのは、シュッキング案、[22]ＤＧｆＶ案（二条）とオランダ案（三条）のみである。スイス案は加盟国の権利と連盟に矛盾する条約を結ばないこと（連盟条約五条）、クリーゲ案（一章二条二項）、ドイツ案（四条）は、「連盟の目的に反する同盟の禁止」等の曖昧な限定を加えている。一方、連合国側の案には禁止規定自体がない。

以上からは、連合国側の機構案の中には事実上敵国の排除を可能とする案があり、中欧国側・中立国側の案にはできる限り普遍的な機構を目指す傾向が見て取れる。大戦末期の力関係と政治戦略的意図をそこに見るのは容易だが、後者の提案が国際組織構想の伝統の上で展開されたことの影響も読み取るべきであろう。

３．同権的国際機構か否か

国際機構が加盟国の平等という原則に立っているかどうかの第一の指標は、最高意志決定機関（多くは総会）の構成と表決の同権性であろう。そして、もし平等でない場合には、その「不平等」に「合理性」があるかどうかが重要である。ただし、総会の機能や権限によっては、総会での平等が機構全体における平等を意味しない場合がある。例えば、理事会に広く大きな権限があればその構成と表決で、安全保障に重心を置く案であればその中心機関の構成と表決のあり方によって、大国優位の組織か否かを判断すべきであろう。

近代以前でも、何らかの基準で加盟国の権利を分けるシュリーやペン（Penn）の構想と、同権的組織を提案するサン－ピエール案があった。更に、ベラーズ（Bellers）は既存の国家の枠組みを越えて欧州を一〇〇のブロックに再編成することを唱え、「国家の同権性」自体を超えるラディカルな発想をしていた。一方、一九世紀後半のブルンチュリとロリマーの案は、二院制の国際立法機関において、現実の力関係を反映して大国に票数を加重している。[23]

大戦期も見解の多様性は続く。[24] LEP案は国際法の定立のための定期会議の設置を提言するが、先に述べたように、機構自体、大国のみで立ち上げることを想定する。フェビアン案には、審議・立法機関であり紛争解決機関としても機能する、広範な権限を有する複数の会議（全体会、八大国理事会、八大国以外の理事会、欧州理事会、米州理事会）があり、八大国の中では平等だが、八大国とそれ以外の国では、全体会や地域理事会の議席数が大国に加重配分され、権限においても違いがある。なお、一般的機能の機関ではないが、ブライス案の常設調停理事会の構成も大国優位である。機構の全体構造は不明だがローレンス案も八大国と四中小国から構成される機関が紛争解決機能を担う。[25]

これに対して、参加国の同権の原則に立つハーグ平和会議を基礎にした構想を提起していたシュッキングは、一九一二年及び大戦期の提案で、機構全体と機構の最高機関と位置付けるハーグ平和会議における加盟国の同権を主張し、中小国の役割も重視する。しかし、その一方で、個々の機関においては、恣意的ではない一定の基準に基づいて権利を区別する、相対的な平等の確保を主張する。彼がLEP案に懐疑的だった理由の一つはその大国中心的傾向だったが、その点にも同権性への志向が見られる。[26] また、大戦末期以降のクリーゲ案、エルツベルガー案、DGfV案、ドイツ案や、スイス政府案には、総会や安全保障に関連する機関における非同権的な規程は見られない。

他方、国際連盟規約の起草に関わり、後にその関連資料を整理し精緻な研究を行ったミラー（Miller）は、「頻繁に会合を開く、より小規模な代議機関」の発想は様々な場で示唆されていたが固まってはいなかったと述べ、国際連盟で理事会が設置されるに至る際の自らの関与を示唆する。確かに、連合国側の案で比較的早い時期に起草されたフィリモア案、フランス案、ハウス案には、総会における加盟国の非同権性を示す規定がないだけでなく、理事会も想定していない。[27] また、大戦期の主な構想を見ても、特定の国家から構成され一般的機能を有する機関を総会と併置する案はフェビアン案だけのようである。そして、一九一八年末にまとめられた連合国側の諸案には理事会が登場する。

セシルは、大国のみの年次会議と四年に一度の全加盟国の会議に分ける（Ｉ－１）。スマッツ案は総会での投票の平等を規定するが（一一条）、権限が大きな理事会では大国が常任理事国となる。ただし、理事会には四名の中小国代表が参加し、三票以上の反対で決議が行われないので、中小国も一定の影響力を行使できる（一二条）。イタリア案の理事会もほぼ同様の内容だが（五条）、後述するように、安全保障の上の役割では理事会は総会と競合し、機能を独占しているわけではない[28]。後二者のような、大国中心の理事会を設置するが、大国もオールマイティに振る舞えるわけではないという性格は、国際連盟にも受け継がれる。

なお、ドイツ案の世界議会は議会代表から構成される（一〇条）。政府代表と議会代表のそれぞれから構成される二院制の国際審議機関を設置するという提案は一九世紀後半以来存在したが、同案は、フォルトゥナが指摘するように、人口比で各国の議員数を決めるという連邦国家的発想を加味している。このことは、「国家の同権性」というレベルを超え、主権国家体制自体を相対化するものであり[29]、主権国家の絶対性が確立する前の時代に著されたベラーズ案がもつラディカルさを想起させる。

ちなみに、国際裁判所や仲介機関の構成と選任方法では、ドイツ案は両者において（一四、一六条）、ハウス案（一〇条）とイタリア案（一八条）は国際裁判所について、ＤＧｆＶ案は仲介機関や大きな権限をもつ執行委員会に関して（七条）、いずれも同権的性格の組織を提案している。ただし、ハウス案、イタリア案では、紛争の解決に関してこれらの機関の比重が小さくなっている。この点は４．でも触れる。

４．加盟国の国家主権の制限の程度

ここで扱うのは、①紛争を解決する手段としての戦争をめぐる問題、②軍事的強制措置や自衛に関する加盟国の権限について、③紛争に対する国際機構の能動的関与の有無、である。これらは、戦争‐平和に関する加盟国の国家主権の制限を各構想がいかに捉えているか、ということの直接的な指標になる。戦争‐平和に関する国家主権の制限とは別に、表決原則が全会一致か否か、政府代表機関のみから構成されているか否か（総会の代表は政府の訓令に従うか否か）も、国家主権の制限に関連するが、紙幅の都合から扱わない。

①紛争を解決する手段としての戦争をめぐって

近代以前の国際組織プランの殆どは、精緻な制度は伴わないにせよ、紛争の平和的解決義務を想定していた。[30] これは一九二八年の不戦条約でようやく実現する。それ以前、特に、主権国家体制の下、戦争観でいえば無差別戦争観の下では、戦争は紛争解決の合法的手段だった。その中で、一九世紀には仲裁や調停等の制度整備が模索され、その成果が「国際紛争平和処理条約」（一八九九、一九〇七年）や、紛争を平和的に解決することを試みる義務（戦争モラトリアム）を規定するブライアン条約（一九一三年）だった。

これを踏まえて、第一次大戦以降は戦争モラトリアムが目指された。[31] 具体的には、国際機関に紛争を付託する前の戦争や、裁定または報告が出される前の戦争が禁止され、提案によっては、裁定または報告の中の勧告に従う国に対する戦争も禁止されるが、いずれにせよ最終的に戦争という手段で紛争を解決する可能性を残していた。一方、紛争は「法律的紛争」と「その他の紛争」に区分され、それに応じて管轄機関が決まり、主に前者は判決に拘束力がある国際裁判機関が、後者は国際仲介機関等（一般的にはその決定は拘束力をもたない）が管轄することになる。セシル案には紛争の区分自体がない。フィリモア案やスマッツ案は、一応、紛争の区分は行うが、「何らかの理由で仲裁付託が実際的でない場合」に、総会や理事会という一般的機能の機関に付託される（前者の四条、後者の二一条）。このため、現実には、紛争解決における理事会等の機関の役割が増すことになる。

一方、DGfV案は、八～一一条で国際裁判所、国際調停機関、常設仲裁裁判所などの諸機関の間での管轄変更を含む多段階的な紛争処理を規定しつつも、最終的には紛争解決手段としての戦争を認めている。大戦期の、HMP、シュッキング案、NAOR案、LEP案、アンウィン案、ブライス案、ニッポルト案も、案によって管轄機関が総会や理事会の場合があるにせよ、紛争の種類の区別をしつつ平和的解決を試みることを提案している。また、この変種として、フェビアン案（九条）やイタリア案（一七条）は、管轄機関の加重された多数（三分の二以上など）や当事国を除く全会一致が得られなかった決定には勧告機能のみをもたせ、紛争解決手段としての戦争をごく例外的な場合だけ認めている。なお、これらの提案の多くは、紛争の種類と管轄機関の決定に関して、紛争当事国ではなく上記の機関のいずれかに主たる役割を与えている[32]。

以上の案は戦争モラトリアムを目指すものであり、国家が自動的に戦争を始めることに歯止めをかけ、同時に、クールダウン効果を与え、また勧告の公表などで国内外の世論を喚起することによって戦争を回避することを期待していた。

ただし、紛争解決の手段としての戦争を事実上禁止している案も実は少なくない。大戦期ではウィリアムズ案、一九一八年後半以降では、エルツベルガー案、ドイツ案、スイス案、オランダ案や、連合国側でいえば比較的早い時期の提案であるハウス案とフランス案がこれである。エルツベルガー案は仲裁裁判で全ての紛争を解決し（一一条)、ハウス案は ad hoc な仲裁法廷で「その他の紛争」に対応する(一三条)。ウィリアムズ案、[33]フランス案(Ⅳ章(i))、ドイツ案(三六条)、スイス案(五二条等)は、「その他の紛争」を管轄する機関(総会・理事会や仲介専門機関等)の決定にも拘束力を与えることによって、加盟国に紛争の平和的解決義務を課している。その際、ウィリアムズ案以外は、紛争の管轄機関に関して、紛争当事国ではなく国際組織が決定的役割を果たすことを明示している。なお、オランダ案は仲介機関の決定の拘束性を明示していないが、宣戦布告の権利自体を否定し(五条)、スイス案(連盟規約三条)は自力救済の否定も併せて規定している。

戦争に関する国家主権の制限の度合いは、「紛争を解決する手段としての戦争の合法性→戦争モラトリアム→紛争管轄機関の決定を国際機関が行う→紛争を解決する手段としての戦争の禁止」の順に強まるが、それだけを加盟国の「戦争の自由」の制限の指標とするのでは不十分である。しかし、この問題は②、③で論じるとして、次に、一部は繰り返しになるが、戦争へと発展しやすい「その他の紛争」の管轄機関別に諸構想を分類する。それは各々の構想が紛争に対する国家の関与のあり方をいかに考えていたかを照射するだろう。

(1)　司法裁判所や仲裁裁判所に「その他の紛争」も委ねる提案

上述のようにエルツベルガー案やハウス案がこれに区分されるが、筆者が取り上げた大戦末期の他の構想には見あたらない。これ以前には、「全ての紛争のための常設国際裁判権をもつ国際機構の樹立」を掲げるIFB理事会の宣言(一九一五年一月)などがある。[34]裁判官の構成や選任方法にもよるが、国際政治上の力関係や個々の国家の利害関係の影響を最も受けにくい対応といえよう。

(2)　一般的機能の機関(総会や理事会)に「その他の紛争」を委ねる提案

この場合は国際政治の利害関係や力関係が反映しやすいことが予想され、既存の主権国家体制の枠組みの中で、国家間の調整によって紛争の解決を目指す制度を常設化したものといえよう。また、総会や理事会の組織構造が大国優位であれば、国際機構が大国の国家主権を十分に掣肘できていないシステムと見なしうる。ただし、加盟国全体や大国が決定の背後にあるので、相対的に決定の強制力は大きい。この提案は三つに分けられる。

(a)総会主導型

ブルンチュリ、ロリマー[35]、フィリモア（四条）、フランス政府（Ⅳ-(i)）の各案がこれに当てはまる。なお、前二者は大国優位の議席数を想定しているが、フランス案には非同権的な規程はない。フィリモア案は曖昧である。

(b)理事会主導型

フェビアン案の当該機関は国際理事会とそれが任命する常設調停委員会だが、紛争が付託される主要機関の全体会と八大国理事会（五・六・九条で紛争解決手続きを規定）は、大国優位の構造である。セシル案には二種類の国際会議があるが、全加盟国によるそれは四年に一回の開催なので、現実には紛争処理の中心は大国から構成される理事会的会議の方と見なしうる（Ⅰ-1、Ⅱ-(1)・(2)）。一方、スマッツ案の理事会も大国常任制をとっているが、表決原則の関係で中小国も一定の影響力を行使できる（一二・二一条）。

(c)理事会・総会競合型

イタリア案では、理事会（大国が常任で九理事国中五国を占めるが、表決原則の関係で中小国も影響を与えられる）が中心だが、総会も一定の役割を果たす（第一部五・一〇・一四・一六・一七条）。

(3)　調停専門機関に当該問題の処理を主導させる提案

シュッキングは、この機関の課題を「政治的な紛争の平和的解決を、世界の政治的世論や感情的もつれから独立しつつ、政治的な合目的性の観点の下で提案するという意味で徹底的に政治的なものである」と捉える。その上で「かかる紛争の処理は、職務上の立場に従って、純粋に、事実に即した客観的な解決を試みる人々に委ねなければならない」とし、それを「真に中立的な常設機関」と位置付け、中立国の関与が重要だと主張する。スウェーデンのヴィクセルも、既存の外交官会議による紛争解決が不十分だった原因を、権力関係が決定的な観点になっていた点に見て、当該機関の重心は中立的で純粋に事実に基づいた公平な事実調査にある、と指摘する。つまり、この制度で期待されているのは、既存の主権国家の枠組みに立った国際政治の力関係を越えて紛争を解決することだといえよう。ただし、後で述べるように、シュッキングもヴィクセルも、現実には、当事国が一定の影響を与えられる機関構成を提案している。[36]

大戦初期の提案であるＨＭＰも常設国際審査‐仲介理事会の設置を謳っているが、議論の基礎のための宣言に過ぎないＨＭＰは組織の詳細に言及していない。ＬＥＰの調停理事会、ＳＫの仲介機関・審査委員会など、同時期の他の提案も詳細は不明である。[37]組織の具体的な構造に言及しているものでは、組織全体としての中立性を保ちつつ、実際に調停を行う機関には当事国が影響を与えられる制度を提案しているものが多い。シュッキングの国際和解‐仲介局案とヴィクセルの国際常設審査・仲介委員会案、アンウィンの審査・調停評議会案、ローダー（Loder）案[38]などがそれで、クリーゲ案（第三章七条）、ＤＧｆＶ案（七条）、ドイツ案（一六条）、スイス案（一〇条等）も同様である。これらは大国優位の組織ではない。一方、同じ調停機関でもブライス案は大国優位の構成である。ただし、調停官は政府の訓令に依らない。ローレンス案は八大国と四中小国から構成され、本質的には(2)の(b)に近い。

以上からは、連合国側の案とハーグ平和会議以前のブルンチュリやロリマーの案が、(2)の一般的な機関（総会、そして一九一八年末以降の案では理事会）に紛争解決機能をもたせ、しかも、その機関に大国優位の傾向があるのに対して、それ以外の案では(3)の型、すなわち、加盟国の同権に基づくが、当事国も関与する専門機関が紛争解決（や以下の②、③で扱うように安全保障全般）に対応する、という傾向を読み取ることができる。ちなみに、(3)の型でなおかつ一般的国際機構プランでは、総会に政治的機能は想定されていない。

②軍事的強制措置及び自衛に関する国際機構の権限

国際機構の裁定や報告が出される前、それ以上に、国際機構に紛争を付託する前の武力衝突では、どちらが先に武力を行使したのかが明らかではなく、両当事国とも軍事行動を自衛措置として正当化しやすい。また、こうしたケースでは武力衝突の大規模化を回避するために緊急の対応が必要となる。このような場合に国際機構にどのような機能（違法な武力行使や違約国の認定、違約国への対応）を与えているかという点からは、その構想が国際機構と加盟国の権限関係をいかに捉えているかを読み取ることができよう。

一九一八年後半以降の連合国側の公式・準公式提案は、こうしたケースの違約国の認定手続きの明文規程を欠くか、あるいは「加盟国が共同であるいは個々に措置を執る」と規定している[39]。これでは、国際機構が存在していない場合と同様に、個々の国家や国家同盟が自らの軍事行動を自衛措置として正当化でき、それだけでなく、その軍事行動を国際機構の強制措置として実行する可能性さえ生む。ましてや、本稿の２．で触れたように、連合国側の案では加盟国間の個別同盟を禁止していないため、その危険性は更に高い。

アンウィン案、ウィリアムズ案は、かかるケースでの違約認定機関に言及していない[40]。一方、フェビアン案の四条は、禁止されるべき軍事的措置を具体的に例示して、国家の恣意的な軍事行動を可能な限り抑止しようとする。ただし、同案はその「序」で違約国に対する軍事的強制措置を規定しているが、紛争が付託される前に軍事行動が行われた場合の手続きに関する規程はなく、連合国側の案と同様、個々の国家や同盟が強制措置を口実に軍事行動を正当化する可能性がある。また、「実際に行われた攻撃の撃退」を個々の国家が判断・実行する限りは、当該軍事行動を自

衛と見るかどうかについても曖昧さが残る。(41)

ブライス案の一九条は「締約国か否かを問わず、(a)紛争をまず仲裁裁判所や調停理事会に付託することなく、または、(b)規定されている猶予期間が終わる前に、締約国に対して宣戦を布告し、または敵対行為や敵対行為の準備を開始した場合には、締約国は、かかる行動を行った国家に対して、このケースの状況にとって締約国の判断で最も効果的で適切な一致した経済的・強制的手段を、他の締約国と協力して直ちにとらなければならない」と規定する。ブライス案は、調停理事会をかかるケースの決定機関とするが、そこで議論されるのは「どのような措置が執られ、誰によって、どのように実行されるか」という点であり、違約国がどこかという問題は自明の前提とされているような曖昧さをもつ。それはさておき、同案では、強制措置が個々の同盟によって行われる危険性はないとしても、個々の国家や同盟の軍事行動が違約国に対する自衛行動として正当化される余地は残る。(42)

パルムスティエルナ案は、国際警察力が強制措置を行う前に、紛争の監視や国際法違反に対して抗議と起訴を行う国際機関（Attorney-General of Justice）を経て、国際理事会による強制措置の決定を想定しており、軍事的強制措置が個々の加盟国や個別同盟の判断で発動される可能性はない。ただし、自衛に関する言及はない。(43)

一方、ＮＡＯＲやリスト、シュッキングは、この問題のポイントを明確に認識していた。例えばＮＡＯＲは、大戦の勃発時に敵対する両陣営が「攻撃されたのは我々だ」「我々は単に防衛戦争を行っているのだ」と主張した現実を踏まえ、何が敵対行為に当たるのかということの明確な規程が第一に必要で、更には、禁令が違反されているかどうかを誰が決定するかをあらかじめ決めることが望ましい、とする。そして、その決定を、国際的な委員会、例えば、国際仲介委員会に託することを推奨し、他国に共同行動を義務付けるようなあり方で条約違反の行動をしたかどうかを決定するには、委員会の、例えば、四分の三の多数の決議を要するとすべきだ、と主張している。(44)

一九一八年後半以降の構想でいえば、強制措置の決定機関を明示しているのは、ドイツ、スイス（解説部分のⅢ-六、規約六二・六三条）、オランダ（七条）の各政府案とＤＧｆＶ案（一三条）である。例えば、ドイツ案は各国四名の選挙人で選ばれた常設の第三者機関である国際仲介局一五名の仲介官が全員で強制措置に関する決定を行う（六二条）。これらの案では強制措置を口実にして軍事行動が起こされる可能性はない。

しかし、一方でドイツ案の六四条は、「各国は領土に攻撃を受けた際に国際連盟の法的手段に訴えるだけでなく、即刻、自力救済に訴える権利をもつ」と規定しており、自衛を口実にした武力行使を制限する点では不十分である。

これに対して、この一連の論文で何度か強調したように、ＤＧｆＶ案は、自衛（Selbstverteidigung）を国際連盟の名において行使する権利と位置付け、自衛措置を連盟に報告する義務を加盟国に課し、これを受けて連盟の内部機関（執行委員会）が、当該措置が自衛に当たるかどうか判断することを規定している（二〇条）。つまり、強制措置だけでなく自衛措置についても国際機構の認定と対応を明文化することで、加盟国の戦争の自由を強く制限しているわけである。国際機構が自衛措置と軍事的強制措置を相互連関させて統御しない限りは、個々の国家に広範な戦争の自由を認めることになるが、ＤＧｆＶ案の戦争-平和に関する国家主権を制限する姿勢には際立った特色があるといえよう。

③紛争に対する国際機構の能動的介入

第６章で述べたように、国際機構の能動的介入も、自衛を口実とした個々の国家の軍事行動を制限する可能性を生む。ドイツ案は三七条の「国際紛争の予防」で、「国家間が緊張状態にある場合」という早い段階で、連盟の仲介局が能動的に仲介を提起する権利と、関係国がそれに応じる義務を規定している。同案の仲介決定は受け入れ義務を伴い、紛争解決手段としての戦争を最終的に禁止しているので、提案者たちが意識していたかどうかは別として、武力衝突に至らない段階の連盟の予防措置で、自衛を口実にした軍事行動を未然に防止する仕組みが組み込まれていることになる。スイス案（五〇条）、ハウス案（七条）、フランス案（Ⅳ-(1)-2、3）も同様の効果が期待できる。これ以前の案では、ブライス案（一〇、一二条）やフェビアン案（九条）にも同様の規定があり、シュッキングも、国際仲介局の能動的介入の権利と紛争当事国がそれに応じ協力する義務を主張している(45)。この三案は紛争解決手段としての戦争を禁止していないので、能動的介入によって戦争を最終的に阻止することはできないが、適切なタイミングで行われれば、自衛を口実にした武力行使を抑止することが可能であろう。

ただし、能動的介入が適切に行われるかどうかはその決定機関の構成や表決原則の影響を受ける。したがって、この方法は自衛を口実とした武力行使の抑止に可能性を与えるに過ぎない。また、繰り返しになるが、提案者たちが、今日においてもなお未解決の自衛権の行使という微妙な問題とこの制度を結び付けて考えていたかどうかは全く別問題である。

おわりに

Ⅰの冒頭で述べたように、この一連の論文は、現実の国際連盟に繋がらなかったものも含めて多様な国際組織構想の水脈を探る試みだった。その中には、普遍的・平等主義的で、機構の機能の包括性とも相まって国家主権を強く制限する傾向をもつ様々なプラン案が、中欧国・中立国、そして連合国側にも存在していた。それらの多くは、本稿の1.で触れたようにハーグ平和会議の成果の発展を目指していた。とはいえ、ハーグ平和会議はまさに主権国家の絶対性の最盛期に開かれ、それゆえ、一九一二年のシュッキング案の短期構想が示すように、大戦前の具体的提言はハーグの漸進的な改良を目指す穏健な性格のものだった[46]。しかし、第一次大戦という現実の衝撃は、国際機構構想において長期的目標だった課題を実現可能な要素に変えた。その結果、多くの論者は、ハーグの原則である主権国家の平等に立ちつつも、その国家主権自体を強く制限し、国際機構により大きな権限を与えることによって戦争の可能性を小さくすることを目指した。ドイツ案はその最後期の試みだった。

一方、連合国側の公式案・準公式案も、大戦末期の国際政治の現実を色濃く反映していた。これらは、上記の案に比べて強制措置の対応に顕著に見られるように、国家主権の制限の程度が相対的に弱い。また、理事会中心の紛争処理には、極論すれば、国際秩序の維持は戦勝国の大国を中心に図り、国際機構はその枠組みを提供するもの、という発想が読み取れる。なお、これらの案はそのまま連盟規約に引き継がれたわけではない。しかし、規約案をまとめる時期の連合国内の交渉の検討は、筆者の能力を超えるので断念する。

また、軍縮は、本稿の4．で扱った論点に関わる重要な問題だが、これは別稿で考察したい。

（本稿は二〇一一年一一月三〇日に脱稿した。）

第3部
歴史から現代へ

第8章　二〇世紀における安全保障の歴史的展開と「新しい戦争」の時代

はじめに

二一世紀に入って戦争と平和をめぐる状況が急展開している。二〇〇一年九月一一日の同時多発テロとアフガン戦争以後、二一世紀型の「戦争」への対応が取りざたされ、また、二〇〇二年九月の所謂ブッシュ・ドクトリンとそれを現実のものにした二〇〇三年三月の米英軍によるイラク侵攻は、二一世紀の世界秩序をいかに構築すべきか、という課題を我々に突き付けた。

こうした状況の中では、個々の紛争や戦争の原因解明、国内的背景・国際的な力関係の分析、そして、個々の紛争や戦争に対する具体的な提言が何よりも緊要であることは言を待たない[1]。しかし、その一方で、歴史学（歴史的平和研究）を学んでいる筆者には、戦争と平和に関する二〇世紀の取り組みがこの新たな状況の中で全く意味を失ってしまったのか、あるいは、今後もいかなる意味をもちうるのかという問いかけも、いくばくかの価値を有するように思えるのである。そこで、いささか雑駁な形ではあるが、二〇世紀の安全保障の歩みを概観し、その流れの中で昨今の状況の歴史的位置を検討することをこの小論の課題としたい[2]。

1．ハーグ平和会議の頃(3)

一九世紀においては、戦争は紛争を解決する手段としては合法的な手段だった。また、安全保障の観点からいえば、個々の国家や国家同盟が、脅威・攻撃・侵略の存在を認定し、それらに対抗する方法とそれを実行するタイミングなどを決定する個別的安全保障システムがとられていた。それは、個々の国家が広範な「戦争の自由」を有し、恣意的な安全保障を行っていたということであり、国内の状況とのアナロジーを用いれば、事件の当事者が警察と裁判官も兼ねているような状態であった。そしてこの時期、一つひとつの国家は、国際社会において最終的な決定を下しうるオールマイティの主体である一方、常に身構えた緊張状態の中で、量的・質的な軍拡と同盟関係の強化・拡大を押し進めざるを得なかった。その結果、国家財政は軍事予算の圧迫を受け、他方、地域的・局地的な紛争の連鎖的拡大の可能性と、いったん戦争が始まると広範かつ甚大な被害をもたらす危険性が生まれた。

かかる状況の改善の試みがロシア皇帝ニコライ二世のイニシアティヴで開催されたハーグ平和会議である。一八九九年と一九〇七年の二回の会議では、最重要課題と位置付けられていた軍縮について具体的な成果をあげられなかったが、戦争と平和の歴史においていくつかの前進を見た。第一の成果は、戦争法の法典化である。毒ガスの禁止に関する宣言、陸戦の法規慣例に関する条約、開戦に関する条約等々がそれにあたる。これらは戦争自体を制限するもの（jus ad bellum）ではなく、戦争を認めた上で戦争の中のルールを明確化しようとしたもの（jus in bello）に過ぎなかったが、これ以降、戦争における正当行為と非正当行為を規定する国際法の整備——交戦資格・武器・兵器の規制、攻撃すべき対象の制限や戦闘行為で被害を受けた人々等への保護などの対応——が本格的に進み始め、戦争の非人道性の緩和に影響を与えた。もちろん、戦略・戦術や兵器の開発の急展開の中で、常にこれらのルールが不十分なものになり、あるいは「抜け道」が見つけられ、「いたちごっこ」が今日まで続いてきたことも否定できない。

第二の成果は、国際紛争平和処理条約の成立である。その第一の要点は常設仲裁裁判所の設置である。ただし、それは両紛争当事国が裁判所を利用することに合意した場合のみ裁判所が開廷されるという任意付託制をとっており、また、「常設裁判所」とはいえ、仲裁裁判部を構成する裁判官を紛争当事国が選定するための名簿が存在したに過ぎない。このように、常設仲裁裁判所は紛争当事国が影響を与える程度が大きく、公正性・中立性・客観性（第三者機関的性格）の点や常設性の点できわめて不十分なものであったことは否めないが、紛争の平和的解決のための国際機関の整備の第一歩であることは確かである。当該条約の第二の要点は仲介と審査の規程だが、これも仲裁制度同様に任意的制度であった。ちなみに、審査委員会は当事国が二名の委員を選び（自国民は一名のみ）、その四名が委員長たる第五の委員を選ぶ形で構成された。これらの措置は戦争自体を直接制限するものではなかったが、紛争の解決という目的に関して、当事国同士の外交交渉や戦争に代わる、より第三者機関的性格をもつシステムを作ろうとしたものであった。これに対して、第三の成果である「契約上の債務回収のためにする兵力使用の制限に関する条約」は、特定の目的の武力行使を制限するもので、戦争自体の制限・禁止への直接的な一歩といえよう。

この第二と第三の成果、すなわち、戦争に代わる紛争解決の国際的な代替措置の形成と戦争自体の制限の両面で更なる進展を見たのがブライアン条約である。当該条約は一九一三年から一四年の間に米国と三五カ国との間で締結された個別条約（批准されたのは一九カ国との間でのみであるが）で、五人の委員（うち三人は第三国）からなる常設国際委員会を設置し、外交交渉や仲裁裁判で解決されない全ての紛争を付託する義務を定めている。なお、この委員会の審査・報告は事実面だけでなく法律面にも及び、一年以内に完了することになっており、審査の進行中に戦争や武力行使に訴えることを禁止している。すなわち、この条約は一定手続きと一定期間を経ない戦争を禁止した、いわゆる戦争モラトリアムを内容としており、このシステムは、新たな国際秩序の基礎として、ハーグ平和会議と並んで一九一〇年代の平和主義者や国際法学者の諸提案に大きな刺激を与えた(4)。しかし、以上の二〇世紀初頭の諸々の試みはあくまでも第一歩に過ぎず、第一次大戦の勃発を阻止できなかった。

2．第一次大戦と国際連盟の頃

第一次大戦の特色は「総力戦の顕在化」と表現できよう。すなわち、戦争が短期決戦から長期消耗戦になり、単に軍隊の強弱だけでなく、軍隊を支える兵員や物資の補充、国民一般の士気も戦争の帰趨を決する重要な要素になり、その結果、交戦国では国家体制の再編成――徴兵制度の徹底、徴用制度、生産・流通・価格などの統制、反戦思想の弾圧と戦争推進の雰囲気作りなど――が始まる。これを角度を変えて見れば、戦争に勝つためには、単に敵軍の撃破だけでなく、それを支える非戦闘地域を効果的に攻撃する必要が出てきたということである(5)。このような「戦場での戦争」から「総力戦」への大転換の萌芽の中では、国防の合目的な手段の再考が当然必要になったであろう。当時の人々がどれほど正確にその点を理解していたかはさておくとして、既存の安全保障から転換すべきだという認識は一つの時代思潮になり、多くの国々で、あるいは、国際会議などの場で、この戦争を最後の戦争にするという目的を掲げて戦後国際秩序の検討が行われた。その意味で、国際連盟の生みの親は第一次大戦期という時代だったといえる(6)。一方、海軍について既に条文化されていた軍事目標主義が、第一次大戦後、空戦に関しても取り入れられるなど（一九二二年の「空戦に関する規則」二四条）、現実の戦争の変化に対応して「戦争の中のルール」の整備も進んだ。

ところで、国際連盟は既存の個別安全保障に代わる安全保障を、紛争の平和的解決・制裁・軍縮の三位一体的整備によって行おうとした。ただし、紛争の平和的解決についていえば、連盟規約は国交断絶に至るおそれのある紛争に関する手続きを体系化したものの、「全ての紛争の平和的解決を試みること」を義務化しただけであり、一定の手続きを経た後の「紛争解決手段としての戦争」は相変わらず合法的なものだった。その意味で、国際連盟規約の当該部分は、ブライアン条約を一般化した戦争モラトリアムの規定に過ぎないと見ることができよう。一方、制裁に関していえば、加盟国には連盟規約一二、一三、一五条に違反した国に対する経済交通関係の断絶義務があり、また、理事会は軍事制裁に使用する兵力の分担について提案義務を負っていた。ただし、非軍事的制裁については、実際には規約違反の判定が個々の加盟国に委ねられることが一九二一年の解釈決議によって確認されており、軍事制裁については、発議は理事会が行うとしても、実施自体は加盟国に委ねられていた(7)。他方、軍縮については、連盟規約はその第八条で「国家の安全と国際的な共同行動のために必要な程度までの軍縮と軍縮案の作成」を規定している。この規程自体、ウィルソンがその一四カ条提案で「各国の軍備を国内的な安全に必要な程度にまで削減すること」を主張した地点から大きく後退しているが、現実に目を向けても、具体的な軍縮プランの策定の遅れは、一方的先行軍縮を強制された敗戦国ドイツに不満と不安を引き起こし、やがてはヒトラー・ナチスが再軍備を正当化する口実になったのである。

ところで、一九二〇年代半ば以降、以上の限界を修正するような二つの動きが加わった。

一つは一九二八年の不戦条約で、「自衛や制裁の場合以外の攻撃戦争」は「全面的に禁止」され、これ以降「紛争解決手段としての戦争」は違法行為となった。ちなみに、一九二〇年代半ばには、紛争の平和的解決・制裁・軍縮の三位一体的整備を目指したジュネーヴ議定書の成立が試みられたが失敗に帰している。ところで、この不戦条約は以下のような限界をもっていた。例えば、「自衛権の濫用による戦争」やハーグ開戦条約を逆手に取った「宣戦布告のない事実上の戦争」などの余地を残していることである。前者に対しては、侵略や自衛の定義の明確化や、当該戦争が自衛か否かを公正・客観的に認定する制度の整備をしなければならないし、またあるいは、個々の国家の自衛権を国際連盟に委譲することによって制度上「自衛権の濫用による戦争」を行い難くする対応や、各国の軍備を治安維持に必要な程度にまで軍縮することによって、実際上「自衛権の濫用による戦争」を行えないようにするなどのより根本的な対応も考えられよう。「事実上の戦争」に関しては、戦争だけではなく、武力行使・武力による威嚇等を禁止対象に含めるなどの対応が必要になる。

しかし、仮に自衛に関わる法や制度を整備しても、違法な戦争が始まってしまった場合には、制裁が公正で客観的に制度化されていなければならないし、違法行為を行った国家の指導者への罰則も規定すべきであろう。一方、制裁が大規模な戦争の形を取らずに効果を発揮するためには、個々の国家が十分に軍縮をする必要がある。また、合法的な戦争とはいえ、軍事制裁は無実の人々を殺傷するという人道性からの懸念ももたれよう。これらの点から見ても、国際連盟が安全保障を紛争の平和的解決・制裁・軍縮の三位一体的取り組みによって実現しようとした姿勢は論理的に正しかったといえるし、そのアプローチからの提案も当時多く見られたが、その点は後でまた簡単に触れる。

一方、時期的には不戦条約成立以前だが、一九二〇年代半ばにもう一つの新たな動きが始まった。調停・仲裁・司法的な対応とは別に、理事会が中心になって紛争が戦争へと拡大しないようにする取り組みがそれである。戦争への拡大が防止されれば制裁のもつ上述の危険性も回避できるわけである。この動きの契機は一九二五年のギリシア・ブルガリア国境紛争で、これ以降、連盟規約一一条「戦争の脅威」に基づき、戦争の未然防止の検討が進み、開始された戦闘行為を理事会の命令で停止する等の義務を各国に負わせようという提案や[8]、紛争が戦争に拡大することを防止する目的のために軍事力を活用する提案も行われた。(9) これは現状の諸課題・諸条件を踏まえて集団安全保障を修正していくために、連盟規約一一条を「再発見」する動きと捉えることができよう。

結果として、国際連盟の集団安全保障は十分な機能を果たすことができなかった。その原因を二点だけあげれば、一つは上述の三位一体的整備が達成できなかったことであろう。一方、手続き的・原理的な側面では以下の点を指摘できる。すなわち、そもそも、集団安全保障が、個々の国家の「戦争の自由」を広範に認め、紛争の当事国の恣意的な判断に戦争‐平和の対応が委ねられている個別的安全保障に代わる制度である限りは、個々の国家主権の制限が重要であることはいうまでもない。とすれば、戦争と平和の対応は、国際連盟の総会や理事会という政治的性格の機関が行うにせよ、国際的な調停機関や司法機関という、より非政治的・第三者的機関で、恣意的判断を下す可能性がより小さい組織が、法や衡平の原則の下で行うにせよ、なるべく当事者的性格を薄め、客観化・制度化しフェアなものにすることが必要であっただろう。にもかかわらず、紛争当事国や紛争当事国に強い利害関係をもつ国が、あるいは、利害関係国ではなくとも全ての国が、安全保障上の決定に対していわば「拒否権」を行使できる全会一致という表決制度——確かに、これについては、連盟規約一五条六項のように、ある程度の対応は講じられてはいたが——や、自衛権の発動についてはいうに及ばず、制裁についても一つひとつの国に対応が実際上任せられている制度——つまり全ての国がオールマイティの存在であるということだが——は、形式的には「主権の平等」に則ってはいるが、非当事者的あるいは民主的仕組みとはいえず、論理的にも大きな無理を抱えていたといわざるを得ない。もちろん、国際連盟は国家主権が現在とは異なる意味をもっていた時代に設立され活動していたということを忘れてはならないだろうが。

さて、戦争のあり方が大転換し、かつ国際機構が樹立されたという時代的条件の中で、可能な限りの平和維持を図るという目的に適合した制度や手段の探究が、先述の三位一体的なアプローチによるものを含めて、当時盛んに行われた。確かにそれらの提言が実現することはなかったが、そこには集団安全保障の原理的な考察のためのヒントが多数存在していると筆者は考えている。一例だけをあげれば、ドイツのヴェーベルク（Wehberg）ら一部の国際法学者は、当事国が侵略の存在を認定し自動的に防衛戦争を行う現状に強い危機感をもち、侵略の認定権を理事会やその他の国際機関に委譲すること、その認定手続きも必要ならば加重された多数決で行うこと、また軍事制裁は自衛権の発動よりも危険性が少ないと捉えつつも、あくまでも例外的な措置であり、まず連盟規約一一条を活用して戦闘行為を停止させることに全力を尽くし、次に、非軍事的制裁という段階を踏むことなどを提案している。ヴェーベルクは一一条を「危険に晒されている国家の利益の防衛を行うのは個々の国家の課題ではなく国際連盟の課題だ」と読み直しを行っているが、これも安全保障の客観化の方向性で、連盟規約の積極的な世見直しを行ったものといえよう。(10) なお、彼は更に集団安全保障体制下での非武装国家の正当性も論じていることも付け加えておこう。(11)

3. 国際連合と集団安全保障

国際連盟に代わって迅速な決定と有効な対応が可能な枠組みを樹立しようとする模索は第二次大戦初期から始まっていた。そして、全ての大国が特別な権限を有する形で参加し、一致して世界の安全保障にあたり、その結果、迅速で有効な対応を図ろうという新たな国際機構構想は、一九四四年のダンバートン＝オークス会議で明確な形を取る。そこでは、平和を守る責任を安全保障理事会［以下、安保理と略］に担わせ、その常任理事国に特権的地位、すなわち、いわゆる「拒否権」の保有を認めることや、地域的機関が安保理の事前許可なく強制行動を行うことが禁止されるなど、安全保障の骨格が作られた。

それでは、単純多数決や加重された多数決ではなく、国際連盟でも問題を生んだ拒否権を大国に与え、オールマイティな国家の存在を認めたのはなぜか。その理由として内田氏は、自らが賛成しなかった決定に従って大国が行動することは期待できないという点、強制措置を実行する際に紛争当事国である大国対安保理という構図が生じることを回避するために大国一致が必要だという点、更には個々の大国の現実的な事情があったことを指摘しつつ、「この問題を考えるにあたっては、大国一致といってもそれは大国の利害が許容しうる限りでの一致ということであり、その背後には国家主権の要求があることに思いを致すべきであろう。」と述べ、第二次大戦の現実の影響を指摘している。[12]

このように、大国の拒否権保持もまた、現実の要請によって集団安全保障が修正を余儀なくされた結果の産物だったということができる。もっとも、角度を変えてみると、「大国」が存在しなければ、換言すれば、各国の軍縮がフェアに実行されれば、拒否権という要素は必要がないということである。

この拒否権の導入は、サンフランシスコ会議において中小国、特に中南米諸国に強い反発を引き起こした。その理由の一つは、「主権の平等」に反するという原則的なものであり、もう一つは、拒否権によって集団安全保障が機能しない事への不安である。後者の懸念を払拭するために、集団安全保障に独自安全保障協定を組み込むことを可能とする修正提案が提出された。こうして国連憲章五一条に導入された集団的自衛権は、個別的安全保障への疑念から形成された集団安全保障とは本質的に異質なものであることは論理的にも明らかではあるが、事実、拒否権を導入するためのいわば取引材料として取り入れられたわけである。したがって、それは「国家の有する固有の権利」として文字通りとらえるべきではなく、妥協の産物として「発明」されたということを忘れてはならない。[13]

ところで、国際連合の集団安全保障体制下で加盟国に許される武力行使は「国際連合が行う強制措置」と「自衛権の行使」であり、「戦争」が明示的に違法化されただけでなく、決定手続き等において個々の国家主権をより制限する形がとられた。すなわち、強制措置の判断や実行が、国際連盟におけるように事実上個々の国家に任せられるのではなく、安保理に委ねられ、全ての常任理事国を含む九カ国以上の賛成によって執行されることで、形式的にはより客観的・第三者的な安全保障システムになったということである。もちろん、その一方で、上述のように、主権の平等の観点からいえば、いくつかの国を「特別な存在」とするこのシステムがアンフェアであることは否定できない。

また、自衛権の行使は無制限なものではなく、いくつかの条件、すなわち、武力攻撃が現に発生している場合、攻撃のための行動が開始された場合、他の措置をとることができず緊急やむを得ない場合、攻撃の排除のために必要な限度で攻撃の程度と均衡がとれていること、自衛措置を即刻安保理に報告する義務を負うこと、安保理が必要な措置をとるまでの間に限定されることなどを満たす必要があるが[14]、このことも、自衛概念をより精緻化し自衛を恣意的に判断する可能性を制限することで自衛権の濫用を防止し、当事国が恣意的に判断する安全保障からの離脱の方向性を示したものと見ることができる。

さて、安保理常任理事国に特権的地位を与えるシステムは、主権の平等に反するというだけでなく、「特別な権限をもつ大国同士は対立しない」、「特別な権限をもつ大国は自らルール違反をせず、かつフェアに振る舞う」ことを前提にしているが、このシステムが冷戦の中ですぐに機能不全に陥り、集団的自衛権を根拠とする実質的な軍事同盟が現実の安全保障を担い、軍事同盟間の軍拡競争が展開したことはいうまでもない。この中で国連が行った安全保障上の主な活動は平和維持活動に限られた。当該活動は国連憲章上明記されていないとはいえ、国際連盟期の連盟規約一一条に基づいた戦争防止活動に遡りうる点で、歴史的には広義の集団安全保障的措置と見なすことができるが、その一方で、冷戦と大国の拒否権保持という条件の下で集団安全保障に加えられた機能でもあったのである。

一方、この時期にもjus in belloの整備、特に戦争をめぐる新たな状況に合わせて戦争被害に関わる規制が進み、戦争法というよりも国際人道法という表現が一般的になっていく。なおここでは、ジュネーヴ条約第一追加議定書（一九七七年）が、過度な傷害や無用な苦痛を与える兵器等の禁止を規定し（同三五条）、文民の保護や、特定の軍事目標のみを対象とすることのできないような攻撃を禁止した（同五一条）ことに、後の議論との関係で触れておくにとどめる。

4. 冷戦崩壊以降

一九九〇年代に入って、戦争と平和をめぐる問題は大きく変化し始めた。一つには、冷戦構造の崩壊によって超大国の対立が解消し始め、拒否権という条件を伴ったままでも集団安全保障が本来の機能を発揮しうる環境が生まれたことである。事実、湾岸戦争では国連中心の対応が一定の成果を上げた。他方、この時期には国家間戦争から国家を主体としない戦争へと関心の中心が移った。大国の勢力圏の確保や様々な地域への介入の必要性は小さくなったが、各地には対立関係・憎悪と武器・兵器が残され、一方では、それまで潜在化していた民族対立や宗教対立が表面化した。かかる状況下で、紛争に伴う人権侵害や難民の発生、飢餓・貧困は非常に深刻なものになり、もはや国家としての機能を果たさない国家も増加し始める。そして、貧富の差の拡大は新たな対立と憎悪を生み、更なる武力紛争やテロの温床になるという悪循環を生んだのである。

こうした中で、地域紛争・飢餓・貧困・人権抑圧等から個々人を守ることも安全保障に加えることが提唱し始められた。「人間の安全保障」といわれるのがそれである。見方を変えれば、人間の安全保障には、貧困・抑圧等と武力紛争・

テロの悪循環を切断するという、狭義の安全保障機能も期待できるわけである。こうした状況を背景に、国連における新たな動きが始まる。九二年六月に国連のガリ事務総長は「平和のための課題」で、予防外交、平和創造、平和維持、紛争後の平和構築という紛争処理に関する諸対応を有機的に連関させることを提起した。ソマリア等での失敗を経た「平和のための課題追補」(九五年一月)では、平和執行的側面は短期的な目標としては後退したとはいえ――一方で軍縮という新たな要素が浮上した――、一九九〇年代以降の新たな状況を打開するという目的に適合した手段として打ち出されたガリの諸提言の価値は決して否定できないものであり、それは二〇〇〇年のブラヒミ報告に繋がっていった。[15]なお、これらの動きは、安全保障から恣意性をできる限り小さくし、客観化を試み続けてきた集団安全保障が、安保理常任理事国の拒否権保持という条件を抱えたままでも機能しうる環境が整い始めた中で、時代状況の要求に応じてその役割を修正・拡大しようとしたものだったと見なすことができよう。

またこの時期については、情報技術等の高度技術の発達と普及によって新たな形の戦争の可能性が生まれたことについても言及しなければならない。例えば、コンピューター・ネットワークをねらうサイバー攻撃という戦術は正規軍も採用することができるが、[16]テロ組織や個人という少数の集団がサイバー攻撃でライフ・ラインを麻痺させるなどの手段を用いて、国家や社会全体に対して「戦争」を行う可能性をもたらした。こうした技術的な点からも国家間以外の「戦争」の危険性が生じてきたわけだが、これも従来の安全保障に新たな方法を加えることを要求するであろう。とはいっても、サイバー攻撃に対する対抗手段は当然ながら狭義の軍事力ではあり得ないのである。

しかし、国連と表面的には蜜月状態に見えた唯一の超大国米国は、九〇年代後半に入って国連離れを始め、自らの国益に関わる地域にのみ「世界の警察官」顔で介入する「恣意的な警察官」となり――米国が世界最大の武器輸出国であることを考えれば、「副業で拳銃を売り歩く警察官」ともいいうるが――、その傾向はブッシュ政権においてより強まった。国際法や国際的取り決めを遵守せず国益重視を表に出すブッシュ政権の姿勢は、九・一一の同時多発テロ以降加速度的に露骨になり、[17]二〇〇二年九月二〇日の「国家安全保障戦略」、いわゆるブッシュ・ドクトリンで安全保障政策に明確な形を取って表明された。その要点は、米国が「ならず者国家」やテロリストと判断した対象に対して、自衛権概念を拡大し単独での先制攻撃を行うことを正当化したことであろう。[18]そして、小型核の研究再開に見られるように、この目的のための手段の開発に着々と取り組んでいるのが、二〇〇三年前半までのあり方である。ブッシュ・ドクトリンが、今から一〇〇年前のハーグ平和会議の頃の当事者的・恣意的な安全保障ときわめて類似した性格をもっているという点についてはいうまでもないであろう。とすれば、一見すると奇異に見えるイラク侵攻はブッシュ・ドクトリンの論理からすれば当然あり得る結果だったといえようか。

5．武力行使の正当性の判断基準

以上のように、この一〇〇年の安全保障の歴史は、脅威・攻撃・侵略の存在の認定や、対抗手段、その実行のタイミングの決定を個々の国家や国家同盟が行う個別的安全保障が、戦争のあり方の転換の中で十分機能せず、逆に弊害を多く生み出す中で、それに代わるシステムを、「現実」から次々に突き付けられる条件に合わせて修正しながら、そして遅々としたものとはいえ構築してきた歩みといえる。その中で一貫しているのは、システム的には、個々の国家の「戦争の自由」を広範に認めた恣意的・当事者的なあり方に代えて、個々の国家主権をできる限り制限し、戦争と平和に関する対応を法の下におくか、あるいは、より公正で制度化・客観化・第三者機関化されたものにすることによって戦争や武力行使を制限しようとした原理的側面（戦争の違法化と集団安全保障）と、それにもかかわらず始まってしまった戦争や武力行使がもたらす被害の緩和（戦争法・国際人道法の整備）の両面に力が注がれてきたことである。

前者の営為を別な角度から見れば、個々の国家がオールマイティの存在として振る舞うことを認めず、かつ特別な存在を認めない（現実には「なるべく認めない」ではあるが）という点、それぞれが妥協しつつよりましな決定を行う、あるいは、当事者性をなるべく抑えて第三者的・法制度的対応を目指すという点では、「国際社会の『民主化』・『近代化』」の試みという表現を用いることができようか。なお、ここでの「近代化」は手続き的・原理的な側面でのそれである。国内の軍事システムに関していえば､近代化とは国民軍の形成であり､その点ではむしろ「近代の超克」こそが必要であろう。

こうした流れに逆らう形で、そして、国際的な力関係、兵器の破壊力等々の客観的な環境は全く異なっている中で、近年、米国は先祖返り的な安全保障策を採用したわけである。もちろん、「先祖返り」とはいえ、米国内で個々人の判断による銃の保持と使用の余地が広いことを考えれば、国民の安全意識から見ると、ブッシュ・ドクトリンは「先祖返り」ではなく、パラレルできわめて親近性の高いものということができようし、純粋な意味での「先祖返り」など歴史においてはあり得ないのではあるが。

ところで、歴史研究者である筆者は、市民としてあるいは教員として、折々の戦争や武力行使の「正当性」を考える際には、二〇世紀の安全保障の歴史的成果を整理しなおした、相互に関連する以下の五つの基準を用いるようにしている。もちろん、正しい武力行使などはあり得ない、というのは当然の考え方であり筆者もそう信じているが、現在の国際社会が正戦論的見方に立脚していることも否定できない。

さて、その第一の基準は合法性の観点である。すなわち、その戦争が認められている種類の戦争かどうか、その戦争が正当な手続きで始められたかどうか、更には、その戦争が正当な方法で行われているかどうかが吟味されるべき具体的側面になる。第二の基準は、目的に関する観点からのアプローチで、その戦争の目的が正当なものかどうかという点（これは合法性にも関連する）と、戦争という手段がその目的に最適かどうか、戦争以外に適切な措置がないかどうかが問題になる。第三はフェアネスの観点で、ある行動の決定や評価の基準がその行動の主体や対象によってブレていないかどうかなどをそこでは検討する。第四は人道性の観点である。この観点は、第一の基準の最後の側面、すなわち、戦争が正当な方法で行われているか否かという点に関わるだけでなく、仮に国際法や国際的な慣行に則って武力行使が行われたとしても、実際上、短期的・長期的に非人道的な結果をもたらさないかどうかということの吟味に力点が置かれる。第五点として、以上の全ての観点に関連し、それらを束ねるものとして、歴史的な観点からの検討が必要であろう。「束ねる」という言葉を用いたのは、既に述べたように、国際社会はこの一〇〇年をかけて以上の四点で戦争の制限を試みてきたからであり、また、問題としている武力行使の今後の意味を予測する際には、歴史的観点が不可欠と考えるからである。

次に以上の基準に則って、イラク侵攻とブッシュ・ドクトリンについて考えてみたい。ただし、個々の論点については既に語り尽くされている観があり、何よりも筆者には現在起こっている諸現象を詳細に分析する能力がないので、検討すべき項目をあげる程度にとどめる。

第一の合法性の観点からはどうか。国連体制下で認められている武力行使は軍事的強制措置と自衛だけである。イラク侵攻は安保理の最終的な承認を得ていないので、正当な手続きを経た軍事的強制措置とは認められない。一方、第三章であげた自衛の条件を満たしていないので、自衛権の行使にも当たらない。ただし、ブッシュ・ドクトリン自体が新たな自衛概念を提起しており、確信犯的行為ということはできる。また、武力行使が合法的なやり方で行われているかどうかという点については、少なくとも、明らかに国際法に違反した兵器等の使用はないと見られるが、戦争被害者保護の観点からは非常に疑問がある。このことは、第三の基準のところで触れる。なお、ここでは、開戦以前から米軍機が国連の設定したイラク‐クウェート国境の非武装地帯の侵犯という違法行為を行っていたことを付け加えておく。[19]

次に目的に関する観点のうち、目的自体の正当性についてはどうか。目的とされていたのは「大量破壊兵器の発見と破棄」（イラクの武装解除）、それと関連するが次第に背後に追いやられた「テロとの闘い」、そして、イラクの自由と民主化である。第一の目的自体は国連で認められたものであり、問題はない。第二もイラクとテロ組織との関係はさておき、目的それ自体に問題はない。第三の目的は内政不干渉原則と人道的介入との関連で議論の余地があろう。ただし、今回のケースを仮に人道的介入と位置付けた場合には、合法性の観点、すなわち、正当な手続きを経たか否か、に再び遡って検討する必要があろう。

それでは、武力行使はそれらの目的にとって最適の手段だったのか？　少なくとも本稿の執筆の時点では、第一の目的が達成されていないのは確かである。筆者は大量破壊兵器開発の化石的な痕跡は見つかるのではないかと根拠なく思ってはいるが、少なくとも国連監視検証査察委員会のブリクス委員長が二〇〇三年三月七日の報告で提案していた数カ月という査察継続期間が過ぎようとしているがこの目的は達成されていない。しかも、仮に米軍がそれ発見したとしても、その信頼性に疑問が出されることは、当事者による発見という原則的側面と、米英が開戦のために行った情報操作が世論に与えた不信感という現実的側面から十分予想できる。では、テロ根絶との関わりはどうか。確かにブッシュ・ドクトリンが示すように、テロ組織に対して抑止が成り立たないこと、それらに大量破壊兵器が渡ることの危険性はいうまでもない。しかし、それが戦争という手段によって解決できるかどうか、あるいは、仮に相当規模の武力の行使が必要な事態に至ったとしても、極めて恣意的な判断で当事者によって行われる武力行使が最適な手段かどうかは別問題である。逆に、そうした行為は国際的な反感や冷淡な反応を生み出し、この問題の解決への非協力を作り出すだけであろう。むしろ重要なことは、迂遠に見えてもテロの原因を解消したり小さくするような地道な取り組み、すなわち「人間の安全保障」の諸措置と、大量破壊兵器だけではなく兵器一般の生産・移動を規制する対応や、更にいえば、軍需に相当程度、あるいは一定程度依存している米国等の主要武器輸出国の経済構造の転換や、サイバー攻撃等の新たな戦争手段に対する対処の検討などであり、対症療法的にはテロという犯罪に対抗する国際的な刑事警察的措置の充実である。そして、それら全てはより信頼できる形で実施されるべきである。「より信頼できる」というのは、戦争への対処同様に当事者性をなるべく薄めた制度的・客観的な枠組みにおいてそれらを行うということである。以上の諸点に立った安全保障の修正は必要だろう。[20] 第三の目的については明確な答えは出ていないが、当初の見込みがあまりにも楽観的だったということだけはいえよう。

なお、筆者は「目的が達成されたから良い手段だったのだ」といいたいわけではない。先述のように、この一〇〇年の安全保障の歴史的展開を、仮に「国際社会の民主化・近代化」の過程と言い換えうるとすれば、民主主義では単に「結果」ではなく決定プロセスが重要だからである。ただし、最後に付け加えるならば、自らが主観的に正しいと信じる価値を広めるという目的のために、非合法的な手段を用いることは正当であるとする考え方――通常それはテロリズムと呼ぶべきものなのだが――を米国が実行しているとするならば、米国の論理は理解可能である。しかし、それを民主的、あるいは近代的なあり方とよぶことはできないし、それはもはや安全保障とは別次元の問題である。

次にフェアネスの観点から。イラクとイスラエルや北朝鮮などに対する米国の対応の二重基準性はしばしば指摘されているので、ここでは次の一点だけに触れる。すなわち、自衛権の拡大解釈による先制攻撃という対応が他国に拡大する危険性は、ブッシュ大統領の「米国は新たな脅威の機先を制するためにすべての場合において武力を行使するわけではないし、他国も先制行動を侵略の口実に使うべきではない[21]」という発言からも見て取ることができる。米国だけが特別である根拠は論理的にも国際法上も存在しない。米国が独自の判断で先制攻撃を行ってよいのであれば、米国以外の国も独自の判断で米国を含めた他国に同じ行為を行ってよい、というのがフェアネスというものであり、米国もその原理自体を否定することはできない。にもかかわらず、米国自身もリスクを負うそうした安全保障政策を実行したのは、「全ての国が特別（＝オールマイティ）である」という古きタテマエに立ったとしても、米国はその圧倒的な軍事力によって実際上は唯一のオールマイティとして振る舞いうるからであろう。失笑を買った「来るなら来い」という二〇〇三年七月二日のブッシュ発言はまさに象徴的な言葉だったのである。この点は、経済のグローバル化の中での自由競争が、「自由」のタテマエの下で、実際にはアンフェアな競争でしかないことと重なって見える。そして、歴史的に見るならば、自由でフェアなあり方を装ったアンフェアなあり方という面でも、ブッシュ・ドクトリンは一九世紀的特色への先祖返り的性格を示している。しかし、いずれにせよ、フェアネスの観点からすれば、ブッシュ・ドクトリンは米国以外の他国にも、恣意的な判断で行う安全保障政策を正当化する口火を切らせる可能性を生み出したということだけはいえよう。

第四の人道性という基準においてはどうか。ここでは、厳密には必ずしも違法とはいえないかもしれない以下の点のみを指摘しておく。すなわち、イラク侵攻での精密誘導弾の比率は七割弱（六八パーセント）であり、民間人の犠牲は二〇〇三年六月の時点で三〇〇〇人から七〇〇〇人にも及んでいること、非人道的兵器として国際的に規制の動きが出ているクラスター爆弾が一二〇〇発以上使用されたこと、また、一般市民に被爆の危険性を与える劣化ウラン弾が使用された可能性があることなどである。また、治安悪化を背景に核施設が周辺住民による略奪にあい、その結果住民が被爆したという報道も行われているが、[22]戦争の間接的な影響も無視できないだろう。なお、間接的ということでいえば、実際に肉体的傷害を与えずとも、連日の空爆や戦闘が特に子供たちに精神的な傷を与える可能性についても我々は想像力を働かせるべきであろう。

以上のように、イラク侵攻とその背景にあるブッシュ・ドクトリンは、歴史的観点からすれば、ハーグ平和会議以降営々として築き上げてきた安全保障上の様々な努力を根底から否定するものといえる。もしこの戦争とその背景にある考え方が正当化され、二一世紀のスタンダードになるとすれば、我々は計り知れないほど強力で多様な「兵器」と「戦争」の存在する中で、弱肉強食の一九世紀に逆戻りすることになるだろう。「平和を欲するものは戦争に備えよ」という箴言の世界に回帰する覚悟は我々にあるだろうか。

おわりに

二〇〇三年七月二六日イラク復興支援特別措置法が成立した。政府はこれまでの自衛隊派遣法を包括する形の恒久法を二〇〇五年に成立させる方向で動き出している。[23]また、これに先立つ五月二九日には、自衛隊の国防軍化や国連の活動への軍事力の行使を含む参加を主張し、集団的自衛権の行使を示唆する自民党の憲法改正要綱が明らかになった。[24]

筆者は一九九三年と九八年に書いた小論の中で、集団安全保障構想の長期的な歴史を踏まえて、あらゆる戦力を放棄した非武装国家という憲法第九条の本来的なあり方が、集団安全保障体制の中で個々の国家が取るべき正当な選択肢の一つ、それも「先行的な型《ニュータイプ》」であることを論じた。[25]本稿で辿ってきたこの一〇〇年の安全保障の現実の展開に鑑みてもその結論を否定する必要はないと考えている。

というのは、原理的な側面からいえば、既に再三述べてきたように、集団安全保障という、安全保障を客観化し、恣意的な側面をできる限り排除するシステムの整備の方向性、見方を変えれば、個々の国家の戦争の自由をなるべく制限する方向性が二〇世紀の安全保障の歴史に見て取れるからであり、その意味で、戦力の不保持という形で国家の戦争の自由を実際上から厳しく制限した日本国憲法の理念を放棄して、より広範な戦争の自由が認められた国になることが正しい選択肢とは考えられないからである。

また、テロや高度情報技術を活用した「新しい戦争」も起こりうる時代における現実的な対応を考えても、これも本論で触れたように、軍事力をより恣意的に行使し得るような体制がより有効であるとはいえないからである。繰り返しになるが、テロの対症療法は何よりも国際的な刑事警察的対応の強化であり、仮に軍事力が必要な複合的な事態が発生したとしても――そうした事態を起こさせないためにも国際的な軍縮の徹底が急務である――、信頼と共感を得るためにはできる限り非当事者的で公正な決定と実行が必要だからである。またテロの原因に対する根本療法は、人間の安全保障の確立によると考えるからである。そして、非武装国家はむしろこの点において、人的・技術的・経済的な中心的役割を果たすべきであろう。その意味では、自衛隊を普通の国防軍にするよりは、人間の安全保障の分野で世界に冠たる存在にすべく時間をかけて再編成する方が目的にかなっている。一方、サイバー・テロ型の「戦争」に軍事力で対抗するのは全く非合目的的行為である。

もちろん、米国に殉ずることを目的とするならば、すなわち、国際社会＝米国と考えた上での国際的な役割＝米国支援を果たすことが日本外交の至上命題ならば話はまた別である。イラク特措法はきわめて正しい解答といえよう。しかし、それならば憲法を改正するついでに、日本は米国の「属州」たることを宣言する方がよほど合目的的行為である、というのは暴論過ぎようか。一方、ブッシュ・ドクトリン的な安全保障策を日本も採用すべきだと考えるならば、「来るなら来い」の重武装国家を目指すべきであろう。ただし、その場合には経済を含めた社会構造と心性の大転換の覚悟が必要になる。

さて、本稿ではしばしば「国際社会の『民主化』・『近代化』」の方向性ということを書いてきた。しかし、筆者は民主的方法を万能薬と考えているわけではないし、「近代」が多くの危険な構成要素から成り立っていることを理解している。ただし、民主的な方法は大きく誤りを犯す蓋然性はより小さいだろう。一方、近代化については、最後にその問題性と絡めて次の一点だけを指摘しておく。現代においては、近代で生まれた大量消費・大量廃棄という生活様式が極端な形で進み、かつ拡がっている。その傾向は、「もの」だけではなく、個々人の問題意識、思想や学問という「知」にも及んでいる。ソマリアがコソボがアフガンが「消費」され、忘れ去られようとしている。イラクさえもやがて忘却の彼方に消えていくだろう。「新しい戦争」の時代において戦争と平和の取り組みに関して非近代的あり方の何ものかを加えるべきだとすれば、それは一〇〇年前の個別的安全保障の発想などではなく、その時々の流行の波に軽やかに乗り、問題意識さえも「消費」し「廃棄」してしまうような近代的なあり方を超克する姿勢、戦争と平和の問題を粘り強く長期的視野で考え続ける姿勢であると筆者は考えている。

（本稿は二〇〇三年一〇月一日に脱稿した。）

第9章　歴史的視点から見た憲法第九条第二項

はじめに

二〇〇六年九月に就任した安倍晋三首相・自由民主党総裁は自身の任期中に「憲法改正」の発議を目指すことを打ち出し二〇〇七年五月には国民投票法を成立させた。こうした中で、自民党の護憲派の代表的存在である宮沢喜一元首相が二〇〇七年六月下旬に亡くなったことはきわめて象徴的な出来事に思われる。[1]ところで、「戦後レジームからの脱却」というスローガンに見られるように、改憲の理由の一つは現行憲法が時代の現実に合わなくなったこととされているが、憲法というものの国家の根本秩序を定める法規範としての性格を踏まえると、その基本原則の改廃は近視眼的な時代認識に基づいて行われるべきではなく、長期的・重層的な歴史的な見方からの検討も必要ではないかと筆者は考えている。[2]そこで、ここでは改憲の最大の争点となっている第九条第二項（戦力不保持）の意味を、長期・中期・短期の歴史的視点から考察することを課題としたい。

既に筆者は一九九三年に発表した論文の中で、集団的安全保障構想の長期的歴史の中に憲法第九条第二項の理念を位置付けることによって、戦力不保持が集団的安全保障システムの中で国家が取るべき正当な選択肢の一つであるという解釈を提起した。そして、集団的安全保障を非軍事的方法を含めたシステムとして読み替えた上で、日本が国際社会において社会資本や教育の整備の援助、災害復興協力、環境問題・人口問題の克服協力、軍縮への働きかけ（武器輸出の抑制や軍需産業からの転換協力）、経済格差の解消等の様々な非軍事分野で役割を果たすべきではないかと指摘した[3]。

本稿では、長期的視点に「正当な武力行使の権利の担い手とその武力行使の内容の歴史的変遷」を加え、中期的歴史的ファクターとして一八世紀末に原型が作り上げられた総力戦状況を、短期的歴史的要素として一九九〇年代以降の戦争・平和・安全保障の多様化を取り上げ、「戦力を保持しない国家」という理念の歴史的位置を考察する。平和憲法の歴史的意味については、長期的な平和思想史の中から検討するアプローチや、二〇世紀の戦争違法化の流れの帰着点と捉える解釈はあるが[4]、本稿は複数の歴史的視角を同時に採用し、非武装国家の理念の意味をより明確にすることを試みる。ただし、歴史的に長期に、また視点的に多岐に渡るため、非常に雑駁な叙述に堕す可能性もあることをあらかじめお断りしておく。

1. 長期的歴史的視点から

集団的安全保障とは、可能な限り多くの国から構成され、少なくとも、組織外に仮想敵を想定しない国際機構を形成し、加盟国に対する脅威・攻撃・侵略の存在の有無、それらに対応する方法と実行するタイミングを、加盟国全体、または正当に選ばれた加盟国からなる機関が決定し、基本的には全加盟国で実行する安全保障システムで、国際連合の安全保障体制もこれに含まれる。いわば、普遍的・客観的・第三者的安全保障と呼ぶべきものであり、これに対して、国家や同盟が安全保障上の決定を行う恣意的・当事者的安全保障を個別的安全保障という。後者の下で同盟関係の強化・拡大と軍備の拡張が進み、二つの世界大戦という破局に至った。

前者のような発想に立つ安全保障構想は中世以来の長い歴史をもち、デュボア、ペン、ベラーズ、シュリー、サン－ピエールなどのフランス革命以前のプランや、ロリマー、ブルンチュリなど一九世紀の提言を経て、シュッキング、エルツベルガー、ウィルソン、ヴェーベルク、ルーズベルトなどの二〇世紀の構想へと受け継がれた。これらのプランの共通点をごく簡単にまとめると、(a)国際組織の樹立、国際議会の設置と国際法の整備、(b)基本的には個別的同盟関係を認めない傾向、(c)紛争解決手段としての武力行使の禁止と紛争の平和的解決制度の整備、(d)国際法を違反した国に対する強制措置（軍事・非軍事）と加盟国の参加、(e)軍縮の推進、(f)国家が独自の判断で行う防衛を制限し国際組織の軍事的強制措置で代替する発想の傾向、があげられる。このうち、(c)、(d)、(e)を三位一体的に整備しなければ集団的安全保障が機能しないのは論理的にも明らかであり、[5]それとも連関する(f)の自衛権の制限について補足すれば、制限の方法としては、ウィルソン提案のように軍縮の徹底によって結果的に実質上の制限が行われるものと、国家の自衛権を国際組織に委譲することによって制度的に制限を図ろうとしたヴェーベルクのような提言があることを付言しておく。[6]また、(b)の個別的同盟の否定に関連していえば、現在の国連憲章で認められている集団的自衛権が、集団的安全保障が本来目指していた方向と異質であることにはもっと関心が向けられるべきであろう。[7]

なお、一九世紀以降の構想でいえば、第一次世界大戦以後は特に、軍縮を積極的に推進することの意味が強調される傾向が強まり、一方で、軍事的強制措置が内包する危険性の認識も高まったことを指摘しておきたい。ただし、史上初の一般的・普遍的国際機構である国際連盟の成立を見た時期の平和主義者、国際法学者の議論においては、国際組織の軍事的強制措置の方が国家による防衛よりはましという考えがあったことも確かである。後者では自衛か否かが恣意的に判断され、自動的に軍事的措置が執られやすいのに対して、前者の場合には、侵略の認定等の吟味がなされるとともに、他の手段で解決が図られる可能性が高いなどの理由からである。[8] これらの見解の背景には第一次大戦における総力戦の顕在化が戦争のあり方を一変させたという認識がある。また、満州事変に限らず、侵略行為が常に自衛に偽装されてきた歴史を踏まえると、[9] 個々の国家の判断で開始できる自衛を認めてしまえば、武力行使の制限自体が無意味になるのも確かであろう。

また、むしろ中期的歴史的視点になるが、一九世紀末から現在までの安全保障システムの現実の展開からも、安全保障の普遍化、客観化、第三者機関化、法の支配の傾向が読み取れ、更に、始まってしまった戦争（武力行使）の影響を緩和するための方策（戦争法・国際人道法の整備）も同時に進められてきたことにも言及しておく。[10]

次に、「戦争（武力行使）の自由（権利）がより広域的で高次の権力に止揚（統合）される歴史的流れ」――換言すれば武力行使権の普遍化・客観化の傾向であり、上記の集団的安全保障もこの一環として考えられるが――、と、「正当な武力行使の範囲が制限されていく動き」について扱おう。これについては、既に半世紀ほど前に中世史家の堀米庸三氏が、平和団体（正当防衛を除いてその内部で暴力の行使が正当化されていない団体）が規模を拡大していく歴史、すなわち、家→都市・封建時代の地方権力→大諸侯・国王の直接支配地域→国家への展開を踏まえ、国家を超えた平和団体の創造への見通しを示している。[11] 以下では先行研究をもとにこの歴史をごく簡単になぞり長期的視点を補いたい。

古代ゲルマンにおいては個人に対して加えられた攻撃に対しては、自力救済の原則が厳格に維持され、所属共同体であるジッペ（Sippe）によって組織的な復讐、すなわち殺害を目的とした血讐（Blutrache）を含むフェーデ（Fehde）と呼ばれる暴力行為が行われた。それは単に被害に相当する利益の回復というよりは、加害によって損なわれた栄光と名誉を回復する意味をもち、[12] 成員の一人に加えられた攻撃はジッペの栄光に対する侵害と考えられており、完全な権利をもつ人々である自由人（Frilinge）は、武装能力を有する限り政治的権利の担い手となり軍役に服する義務をもつとともに、[13]フェーデの担い手になった。[14]

こうしたフェーデは中世にもその内容を拡大して引き継がれた。山内進氏は封建社会のフェーデの性格と担い手を次のようにまとめる。「古ゲルマン以来の血讐フェーデを含みつつも［中略］正当な権利の回復もしくは実現というように、その前提を正当な要求一般にまで広げている。［中略］自己の正当な利益つまり権利を実力で守り実現するのが、封建社会において広く見られるフェーデである。そして、このように自力救済を行いうるのは、騎士および都市のごとき共同体である。封建社会にあっては、騎士的男性だけが武装能力をもち、それゆえ相対的に自立的な権力として、自己の利害を自己の力で守ることが許された」。[15]では、フェーデと戦争との関係はいかなるものだったのか。再び山内氏を引用しよう。「封建的中世ヨーロッパの戦争は、その本質においてすべてフェーデであった。フェーデとは、中世ヨーロッパにおいて武装能力のある騎士的男性相互あるいは彼らと団体、主に君主、貴族、都市との間で行われた戦争行為である。［中略］中世にあっては、戦争は国家と国家との間で行われるものではない。特定の人間、特定の家、特定の王朝がそれぞれ特定の人間、家、王朝と争ったにすぎない。それらは本質的にはすべてフェーデ（私戦）なのである」。[16]そして、このフェーデ－戦争は、権利をめぐる闘争において裁判との間で選択が可能な合法的手段、「中世自由人の基本的権利＝基本的人権」であり、[17]「暴力と法（Recht）は全く相互に調和し、決して対立物として感じられていなかった」という。[18]とはいえ、「何が権利かはすぐれて主観的である。権利が公的に記された法によって列挙されていない社会では、それは主観的たらざるをえない」[19]とすれば、公権力の弱体な中世においてフェーデが頻発するのは自然なことだったであろう。

しかし一方で、「自力救済、特にフェーデの制限と最終的にはそれを排除するための闘いは中世的な国家的なものの歴史において中心問題」であり、「君侯はその領域においてフェーデをできる限り制限することにあらゆる関心を抱いてきた」といわれる。[20] この場合、フェーデを制限・克服する方法は相互に関連する次の三点にまとめられようか。第一に完全なフェーデ権をもつ階層の制限と更にその禁止へ、第二にフェーデの実行方法の制限（開始の形式、手段、場、対象の制限）、第三にはフェーデに代わる裁判制度等の更なる整備である。[21]「ラント平和令（ラントフリーデLandfriede）は中世的国家の最初の『法律』（Gesetze）であり、近代国家への、そして『［その内部で］武器をもたない共同体の平和（waffenlosen Gemeinschaftsfriedens）』の樹立への途次の本質的な一歩を意味して」おり、[22]「『正当な暴力の独占を実現する制度を備えた政治団体が現れ、この政治団体によらない暴力の発動が、少なくとも形式の上で犯罪とされたのは、ヨーロッパでは主に一五世紀から一六世紀にかけて』だったという。[23]「国家権力はまさしく、フェーデの禁圧と克服によって、実質的な平和領域を設定することで確立」され、[24] この国家権力は官僚制度とともに国王に直属する常備軍制度を絶対王政の支柱として整備していく。

もちろん、こうした道筋と形成されていく構造——広い意味でいえば、王権が中間諸権力の自律性や諸権利を制限するとともに、農民や市民を直接把握していく動きと体制——が平坦かつ単純なものではないこともまた確かである。[25] 例えば個人の非武装化についていえば、それがなお一七～一八世紀の英仏において困難を伴いつつ試みられていたことを山内氏は描いているし、[26] 軍事制度についても、フランスでは常備軍の個々の部隊の徴募・指揮権が国王から有力貴族等に請負などの形で委ねられたため、一部の軍隊は強い独立性をもつ貴族の私兵集団と化していたという。[27] しかし、一七世紀半ばからのルーヴォワらの軍制改革によって国王直属官僚による軍人の統制を強めるとともに、不完全なものとはいえ国王民兵制によって初期的な徴兵制を進めることが試みられた。[28] 一方ドイツ（神聖ローマ帝国）では、帝国軍隊は帝国等族（Reichsstände 高位聖職者・諸侯など帝国議会に議席をもつ特権諸身分）が分担する割り当て軍からなっており一貫した軍隊組織は成立せず[29]、帝国の下のレベルである領邦（Land）が実質上主権的単位となった。例えば、プロイセンでは一七世紀後半に君主直属の軍隊組織が整備されていくとともに、一八世紀前半のカントン制度の形成によって中間権力である貴族の権利の一部を掘り崩して徴兵によって貴族支配下の農民の直接把握を達成した[30]。なお、日本における軍事集団の統合でいえば、明治初期の諸藩兵がやがて中央政府の管轄下におかれた親兵へと展開し、更には徴兵制が成立した流れをあげられようか。大雑把にいえば、ここにおいて、国家――厳密には、市民革命以前の場合にはいまだ君主の家産としての国家であろう――が「戦争（武力行使）の自由（権利）」の担い手となり、国家間の紛争解決の手段としての戦争を「正当な武力行使」と見なす地点に立ったといえよう。

ところで、上記のフェーデのあり方や、その制限・克服と類比すべき展開は、その後の近代における国家と国際社会の関係の中でも見ることができよう[31]。国際社会は戦争を合法的な手段と見なしつつも、特に一九世紀半ば以降、戦争や戦闘の担い手とやり方に諸制限を加え（戦争法の整備）、他方、戦争に代わって紛争を解決する方法（仲裁・仲介・審査の諸制度の整備、戦争モラトリアムの導入、国際機構の形成と集団的安全保障体制の構築等々）を遅々とした歩みではあっても進めてきた。そして、一九二八年の不戦条約は国家による自力救済を克服し、合法的な戦争は自衛と集団的安全保障の下での国際的な共同行動に限定された。国連憲章も基本的にこの内容を引き継いでいる。

以上のような「戦争（武力行使）の自由（権利）」がより広域的で高次の権力に止揚され」、「合法的な武力行使の内容が制限されていく」歴史的流れ――もちろん、既に述べたように「平和団体」の規模拡大はどの時代においてもそれほど単純なものではないが――と、先述の集団的安全保障の構想と現実の長期的歴史からは、次のような将来的な方向を予測する誘惑にかられる。すなわち、「合法的な武力行使の内容の更なる制限」の意味と集団的安全保障構想の共通点の(f)をもとにすれば、①「国家の自衛権が高次の集団である国際機構に止揚される」ことが推測されるし、他方、軍隊のあり方において、自律性の強い中間権力の割り当て軍から、上位権力が直接兵員や指揮権を掌握する方向に向かう歴史的傾向があることを考えれば、②国際組織の行う強制措置に対する個々の国家の関与の形が再考され、国家が提供する割り当て軍による国際軍という形から、国家を超えた普遍的国際機構が直接統括する軍事力の設立に向かう、という展望も可能であろう。歴史を学ぶ者としての筆者はかかる見通しを必然的・法則的に理解しているわけではない。平和団体の規模拡大は、それぞれの時代の客観的な諸要因の相互関係や法などに関する意識の変化の結果であり、また、拡大を押しとどめようとする力と推進しようとする力の常なるせめぎ合いの中から形成されてきたからである。したがってここで最も重要なことは、「正当な暴力を独占する政治団体」＝「国家」と無前提に理解する近代的常識を相対化することであろう。一方、Sollen をも語るべき平和学に携わる者としての筆者は上述の将来像がよりましなものだと考えているが、その点はこの後の分析とも絡めて最後に提起したい。

なお、堀米氏のいう平和団体が、「正当防衛を除いてその内部で暴力の行使が正当化されていない団体」（傍点は引用者による）とされるように、国家の自衛――ここでは「正当防衛＝自衛」と単純化して考えるが――をいかに位置付けるかは困難な課題である。(32)しかし、先述のように、諸々の集団的安全保障プランに、自衛を実際上、あるいは制度上制限し国際機構の強制措置で代替する傾向があることを忘れてはならないし、少なくともここでも自衛を自明のものとせずその意味を再検討する必要はあるだろう。そこで次に、総力戦という切り口を用いて、自衛のための武力行使の意味と、仮に自衛のためであっても軍事力を保持し戦争に備えることが社会構造にどのような影響を与えるかを検討する。

2. 中期的歴史的視点から

総力戦体制とは、戦争の長期・大規模化によって、勝敗が軍隊だけでなくそれを支える本国の生産力や士気によって大きく左右されるようになった状況を踏まえ、戦争に効率的に対処し勝利するために国家構造を一大転換したもので、個々の国家は戦争の準備と遂行のため本格的な徴兵制度、徴用制度、生産・販売・流通・価格等の経済活動における国家の管理、戦争プロパガンダによる戦意高揚や反戦思想の抑圧などの措置を取ることになる。

一方、こうした状況の中では前線で対峙する敵の軍隊に対するのと同程度に軍を支える本国に打撃を与える必要性が生じる。つまり、戦争のあり方が「戦場で軍隊によって決着する戦争」「兵士と将軍の戦争」から、銃後、特に、都市を攻撃目標とする形（戦略爆撃を中心とする形）へと変貌するわけである。第一次大戦では軍事技術的な問題からこうした新しい戦争が全面化・本格化することはなく一部にとどまったが、戦間期においては、例えば「未来戦争」という名称で、これから起こるであろう戦争が、毒ガスなどの大量殺戮兵器と航空機の組み合わせによって都市に対する無差別攻撃の形を取ることが予測されていた。そして、毒ガス自体は使用されなかったにせよ、この予測は現実のものとなり、第二次大戦で徹底した形を取ることになった。

他方、長距離爆撃機やミサイルと焼夷弾や大型爆弾を組み合わせ、互いに敵の本土、特に都市を攻撃しあい物理的・精神的消耗を競う、いわば「ノーガードの打撃戦」というこの戦争の構造を打破するための防衛技術の強化も図られ、第二次大戦ではレーダー等を用いた防空体制が充実し戦間期には予測できなかったような迎撃能力が発揮された。しかし、膨大な数の一般市民の犠牲を回避できなかったことは周知の通りであり、更に核兵器という究極の「矛」

の登場を我々は見たのである。その後、完璧な「盾」を築くことによってこうした構造から抜け出すための試みとして、一九五〇年代後半にアルガス作戦（高々度で核爆発を起こし放射能の帯で本土上空を覆うことで核弾頭搭載のＩＣＢＭを無力化して防衛をしようとした計画）が検討され、一九八〇年代のレーガン政権はＳＤＩを提唱し、今日ではＭＤの計画と配備が進められているが、弾道ミサイルに対する実際的な効果が明らかでないだけでなく、逆に、更なる対立と軍拡の引き金になる危険性すらはらんでいる。(33)

このように総力戦という構造の中では、強力な軍事力があってもいったん戦争が始まると国民を有効に守れないだけでなく、軍拡競争によって一般国民が甚大な被害を受ける危険性が増すという逆説的な結果が生まれている。こうした構造の登場とともに、我々は防衛のあり方の根本的な見直しに実は既に直面していたのだが、人類はいまだに盾と矛の鼬ごっこが生み出す安全保障の逆説的状況から抜け出せないでいる。これらを踏まえるならば、総力戦が顕在化した直後の一九二〇年代において、国際連盟設立とも絡んで、個々の国家が独自の判断で行う安全保障に対する疑問が高まったことや、とりわけ軍縮の意味を重視する議論が深まったことに我々は今一度関心を払うべきであり、戦力不保持という選択肢のもつ意味を総力戦という文脈においても検討する必要があると考える。(34)

一方、我々は総力戦状況による国内体制の変容、すなわち、人・もの・心の動員と統制の危険性についても同様に目を向けるべきであろう。ここでは、総力戦体制の原型が形成されたフランス革命期に遡ってこの問題を考察する。(35)

身分制的社会構造を打破し、身体的自由、経済的自由、精神的自由などの自由権を確立し、漸進的に民主化を進めていったこの市民革命は、一七九三年の対外的危機の中で一気にラディカル化する。すなわち、同年八月二三日の国民総動員令の中で老若男女を問わずあらゆるフランス国民に何らかの形の軍事的奉仕を義務付け、本格的な徴兵制度を導入するとともに、科学者・技術者は武器の開発に、芸術家は愛国心と革命を鼓舞するためにかり出された。また、この時期には戦時政策として最高価格法が施行され[36]、物価の統制や資産の徴発が行われた。そして戦闘のあり方も「本気の」「血生臭い」ものへと変化した。この点からフランス革命は軍事革命としての意味をもっている。一方、フランスでは対外的な危機の時期に、周辺各国ではフランスとの戦争や特にナポレオンによる支配の中で、国民としての帰属意識と当事者意識が醸成されていったことから、――そこには身分という枠組みの解体も影響しているが――この革命はナショナリズムの革命としての面も有している。このナショナリズムは戦争に国家・民族への「愛」という非合理的な要素を加え、上述の「本気の」戦闘を生む一要素にもなり、軍事革命とは不可分の関係にある。

では、この革命の諸側面はどのように連関し、その後の近代国家のあり方にいかなる影響を与えたのか。これについては徴兵制度との絡みで、近代国家における市民的権利と従軍義務は一体のものとして制度化され、フランス革命は普通選挙制と義務兵役制を同時にうちたてた、というような評価[37]が一般的であろう。ただし、近代国家において一般兵役義務を正当化する根拠とされ、将来日本で当該制度導入が主張される際にその正当化の根拠として用いられ得るこのような解釈を文字通りに受け取ってはならない。

そもそも、諸自由権を確立していった時期の軍事制度は志願兵制度を主としたものであり、義務兵役制の導入された一七九三年には精神的・身体的・経済的自由といった基本的人権が制限されている。また、フランス革命期全体を通して見ると、多くの時期で富裕層に有利な不平等な選挙制度と富裕層が免除されやすい不平等な義務兵役制度が「一体のもの」となっていた。他方、普通選挙制と義務兵役制がともに存在していた一七九三年という時期に限って見ても、男子直接普通選挙制の実施は先延ばしされており、義務兵役制を規定した国民総動員令はその第一条でこの法が臨時的緊急措置であることを謳っている。また、その後のフランスを含めた近代国家においても、市民的権利と従軍義務は順調に「一体のもの」として制度化されたわけではなかった。

むしろ、男子直接普通選挙制や一種の人民投票などの民主的制度、平等性の高い徴兵制度、最高価格法などが導入された一七九三年は、総力戦体制を形成するために、自由よりも平等に比重を置くべく市民革命が例外的にラディカル化した時期だった。そして、個人の権利が制限され国家による統制が強化されていることを踏まえると、戦時社会主義的革命としての相貌を帯びた特殊な時期だったというべきであろう。とはいえ、特殊な時期であっても一七九三年はその後の近代国家に――「市民的権利と従軍義務が一体のものとして制度化された」というような単純な形によってではなく――深い刻印を与えたと筆者は考えている。その刻印について筆者は、フランス革命は「自由（身体的・精神的・経済的自由等）」（＝表の面）と「統制と自由の抑圧」（＝裏の面）の両面をもち、「対外的危機」を回転動力とする「回り舞台」構造を形成し、近代国家はその構造を引き継いだという解釈を一九八九年に書いた論文の中で提起したが、その構図を一部修正し再度提示したい。図１はその構造を簡単に表したものである。

この場合、先述のように平等や民主主義は、総力戦体制導入の正当化因子として――一方ではナショナリズムを刺激する要素として――、あるいは、導入の取引材料として、基本的人権を抑圧する総力戦体制と密接な関係があり、まさに、カイヨワのいう「戦争と民主主義の間の自然な共犯関係[38]」が見られる。

更にこの総力戦体制の中では、自由や人権という近代的な価値が抑圧されるだけでなく、戦争に勝利するために非効率的な存在はその生命すら簡単に否定されてしまうまでにエスカレートする。ナチス・ドイツにおける障害者に対する「安楽死」の背景に、ナチス独自の人種論や社会ダーウィニズムなどの価値観とともに、戦時・準戦時における経済効率の追求があったのはその端的な例だが[39]、こうした現象はファシズム国家や戦時にとどまらなかった。米国においても、核兵器の開発と軍拡推進の中で、プルトニウム人体実験や、いわゆる「風下の人々」の被害に代表される

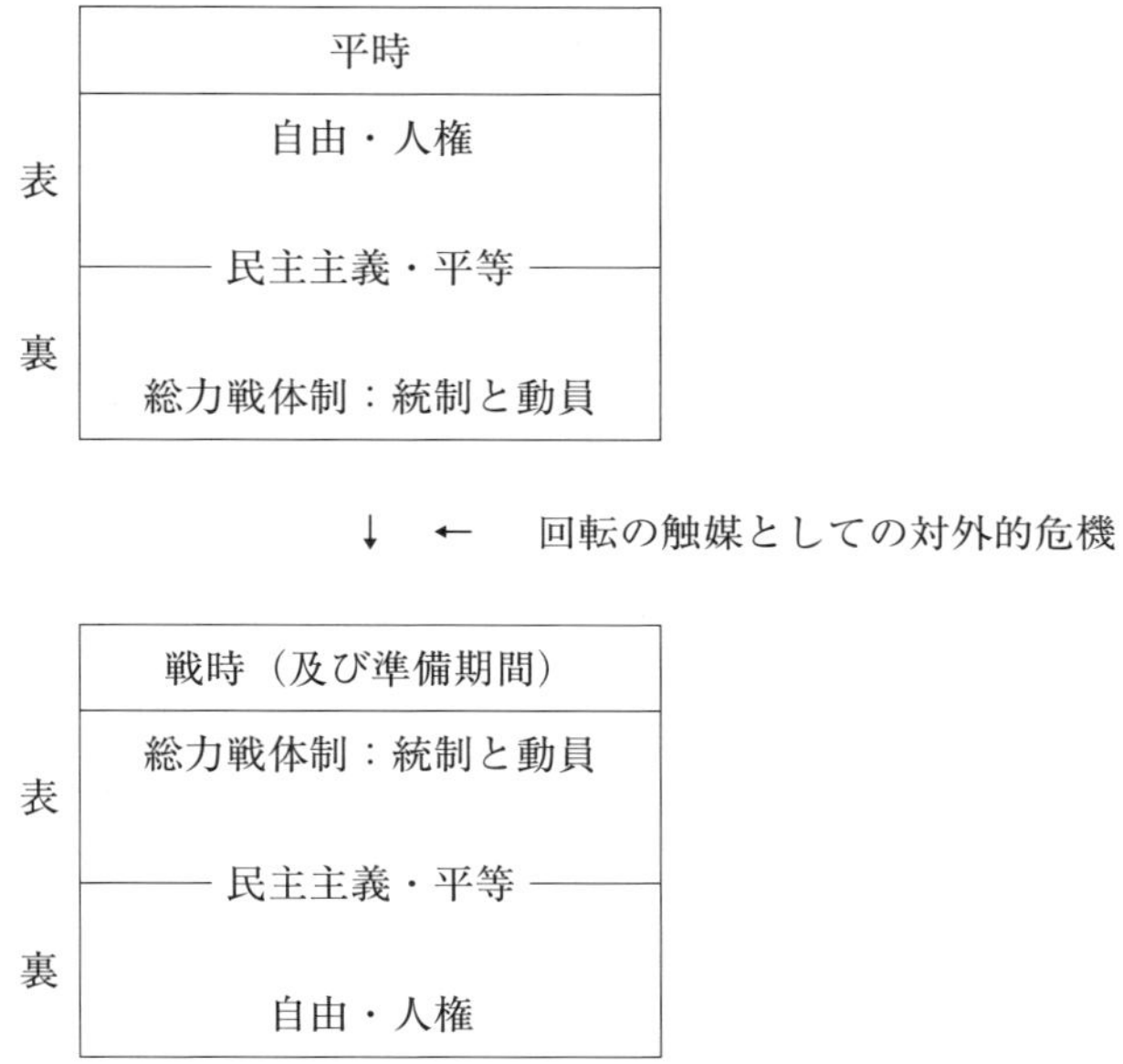

図1　フランス革命で作られた近代国家の回り舞台構造

ような核実験の際の犠牲者の軽視などの非人道的行為が行われていたことは、総力戦体制の中では、民主主義というシステムが必ずしも自由や人権を保障する十分な盾にならないということを事実をもって示している。[40]

今日、我々は一七九三年が残した刻印を消し去り、「国家が本当に軍事国家となるのは、共和制のなかにおいて[41]」という状況を克服し得たであろうか。むしろ、総力戦というあり方が存在する限り、軍隊あるいは軍事的なものを抱え込んだ近代国家は、自由と人権を抑圧するシステムを内抱し、戦時だけでなく平時でもその不気味な姿が時折顔をのぞかせると考えるべきではないだろうか。「戦力不保持」という憲法条項をもつ日本という「異形の近代国家」の歴史的価値は、総力戦における防衛の技術的可能性の点においてだけでなく、「戦争と民主主義の共犯関係」を克服する点においても、再評価すべきであると筆者は考える。

3．短期的歴史的視点から

冷戦構造の崩壊以降、戦争はその諸側面、すなわち対立集団、対立の場、戦闘の担い手、戦争を支える理念、戦争の手段、殺戮性の程度、戦争が社会に与える影響の程度等々の面において多様化の時代に入ったといって良い。例えば、対立集団や担い手という点でいえば、「軍事」技術の多様化とも相まって、総力戦の形を取る国家間戦争だけでなく、内戦の危険性があらためてクローズアップされるとともに、比較的少数の国内または国際的な集団——堅固な組織形態をとらないものまでを含む——を担い手とする「戦争」の可能性が生じてきた。また、米国など一部国家による高度情報技術を応用した武器・兵器の開発と寡占が生む戦力の埋めがたい格差の固定は、戦争の蓋然性を小さくするのではなく、逆にそれらをもたない国や集団を思いも寄らない方法を駆使した「戦争」へと駆り立てることになり、いわゆる非対称型の戦争の危険性を生み出した。一方、この高度情報技術は正規軍に導入されるのとは別な形でサイバー・テロ型の「戦争」の可能性も生み出し、極端にいえば、ごく少数の集団や更には個人でさえ国家やその他の集団に対して自らの意志を強要する「戦争」の可能性すら作り出したのである。こうした多様化状況の中では、軍事力だけが安全保障の手段であるという状況ではなくなったことは、例えば最後に指摘したサイバー・テロ型の戦争への対応一つをとってみても明らかである。

他方、一九九〇年代以降は安全保障の概念も大きく変化した。従来、安全保障とは、国の外からの攻撃や侵略に対して国家を守ることを意味していた。もちろん、その場合でも、守るべき国家とは何なのか、すなわち国家体制や領土なのか、国民なのか、はたまた国民の生命・財産・自由等の中で何が最優先なのかが問われ、目的と対象に応じて手段が選択されるべきだったのだが、多くの場合、軍事力という手段が唯一無二のものとして考えられがちだった。しかし今日、従来の安全保障に加えて「人間の安全保障」が重要な要素として考えられるようになった。人間の安全保障とは、個々人が紛争・飢餓・貧困・人権抑圧・疾病・劣悪な環境等から免れて人間らしい生活を営み、自身の能力を発揮できるような環境を作り・維持することであり、その手段も軍事に限らない多様なものが必要とされる。したがって、安全保障全体においても軍事力だけが決定的な要素である時代は終わったといって良い。一方、飢餓・貧困・人権抑圧・疾病・劣悪な環境等はそれ自体が問題なだけでなく、紛争・戦争やテロリズムの原因や口実になり、一般市民が戦争やテロを支持する土壌を生む。とすれば、人間の安全保障における役割を果たすことは、遠回りには見えるが、結果的には狭義の安全保障における重要な役割も同時に果たすことになるわけである。

このように一九九〇年代以降軍事的なものだけを安全保障の手段とする発想は既に超克されている。憲法第九条第二項の意味はかかる観点からも検討する必要があろう。

おわりに

以上の戦争‐平和‐安全保障の長期的・中期的・短期的な歴史的傾向をまとめ今後の方向性をうらない、そこから憲法第九条第二項（非武装国家の理念）の意味を探っていくが、その前に、現在の安全保障議論の前提をなしている集団的安全保障体制の中で、個々の加盟国がとりうる軍事行動の諸類型をまず提示する。（表1）

さて、第一章からは、安全保障の普遍化・客観化の傾向、高次の集団に武力行使の権利が止揚され武力行使の内容

表1　集団的安全保障における国家の軍事行動の諸類型

	A	B	C	D	E	F	G	H	I	J	K
PKOの軍事部門への参加	×	○	○	○	○	○	×	×	×	○	×
軍事的強制措置への参加	×	○	○	×	×	○	○	×	○	×	×
個別的自衛権の行使	○	○	○	○	○	×	○	○	×	×	×
集団的自衛権の行使	○	○	×	○	×	×	×	×	×	×	×

が制限されていく長期的傾向が見えてきた。また、第二章の総力戦状況の考察からは、強力な軍事力を保持していても戦争が始まると国民を有効に守れないだけでなく、軍拡競争によって、逆に一般国民の被害が甚大になることが明らかになった。これらから、特に第一次大戦以後、個々の国家の軍縮と個々の国家の独自判断による防衛の権限の制限の重要性が着目された。それらを踏まえて、筆者は国家の自衛権が高次の集団へ止揚される未来の可能性を展望した。この方向性は表1ではIパターン（PKOを含むとF）ということになる。個々の国家による防衛を制限し、加盟国の分担する割り当て軍による国際組織の強制措置で代替するというこの類型は、集団的安全保障構想の多くが想定していた型であり、「国家の国家による国家のための防衛（国民の国民による国民のための防衛）」という近代的常識を相対化する選択肢でもある。

　ちなみに他の類型を簡単に解説すると以下のようになるだろう。A　国連のような国際機構が設立される以前のあり方。ただしその時期には、集団的自衛権という表現はない。B　国連憲章、またはその慣行上の権利。C　個別的同盟に加盟していない国連加盟国のパターン。D　軍事的強制措置が行われない中での国連加盟国の平均的パターン。E　現状の日本政府の政策（ただし、PKOについては制限あり）F　集団的安全保障が本来想定していた原則的なあり方にPKOが加わった型。G　現実にはあまり考えられないパターン。H　国連に加盟していない武装中立国の政策原則。I　PKOが「発明」される以前の集団的安全保障が本来想定していた原則的なあり方。J　集団的安全保障の中の特殊な国の一つのパターン。

K　集団的安全保障の中の特殊な国のパターン（非武装国家）

では、第九条二項（戦力不保持）＝Kパターンは集団的安全保障の中で「異端」的存在なのだろうか。そこで、一部は重複するがその他の歴史的傾向も含めて、この点を検討しよう。第一次大戦という総力戦の経験とそれを踏まえた「未来戦争」の予測を背景に、第一次大戦以後、国家の独自判断による防衛よりも危険性は小さいとしても、軍事的強制措置のもたらす危険性についての認識が深まった。（第一章・第二章）一方、第三章からは、もはや安全保障において軍事力だけが唯一決定的な要素である時代は終わったということが明らかになった。これらからは、軍事的強制措置自体を縮減する必要性が見えてくるだろう。また、第一章の長期的な歴史的視点からは、国際組織の行う軍事的共同行動（強制措置・制裁）に対する個々の国家の関与の形の再考（加盟国が提供する割り当て軍による国際軍という形から、国家を超えた普遍的国際機構が直接統括する軍事力の設立へ）という展望が可能である。これらを勘案すれば、集団安全保障の中で国家としての武力を保持しないことは、一つの正当な選択肢、それも先行的な正当な選択肢といえるのではないかと筆者は考える。また、仮に制度上指揮権が個々の国家にないとしても、これによって国家による軍事力の誤用の可能性を排除することもできるからである。しかも、戦争の準備や開始によって自由と人権の抑圧が行われる危険性（第二章）を考慮すると、国家非武装は対内的にも重要な意味をもつことになる。ましてや、高度情報化社会の中で民生技術の軍事転用が容易に行われる時代の中では、軍事力保持は新たな意味合いも加味したといえよう。[42]

もちろん、非武装国家が国際社会において何も責任を果たさなくて良いというわけではない。第三章では、人間の安全保障において役割を果たすことは、遠回りには見えるが、狭義の安全保障における機能を果たすことにもなるという点を指摘した。とすれば、非武装国家は、人間の安全保障の諸分野で積極的な活動を行うことで集団的安全保障体制の中での役割を果たすべきではあるまいか。おそらくそれは軍事的役割と同様に非常に大きな危険性を伴うものではあろう。また、安全保障が相互連関しつつ多様な段階（紛争の未然防止、平和維持、平和強制、平和構築。更には日常の中でも）で対応すべきものだとすれば、様々な段階、様々な分野で、様々な場から、非軍事的な形で役割を果たすことも検討すべきである。そして、このための法整備や組織作り——自衛隊等を人間の安全保障を担う組織に再編するなど——を着実に進めていく必要があろう。

以上の多面的な歴史的視点からは、憲法第九条第二項は捨て去られるのではなく、むしろ積極的な意味を与えられるべきであり、日本はこの理念を堅持しつつ、非軍事的な分野において国際社会の安全保障における役割を果たすべきであると筆者は結論する。重武装をする能力がある国があえて別な形で役割を果たすことは、国際社会が軍縮の重要性をより理解する契機になるかもしれない。また、「やれるけれどやらない」やせ我慢こそが、品格ある態度であり、武断的なものに偏して解釈されがちな昨今流行の「武士道」にも通ずるものがあると筆者は考えるが、この点はあるいは余計なことだったかもしれない。

（本稿は二〇〇七年九月一〇日に脱稿した。）

第10章　日本の「再軍事化」への懸念――歴史的平和研究の視点からの小論

はじめに

二〇一二年暮れの衆議院選挙で勝利して政権に返り咲いた自由民主党は、今夏（二〇一三年）の参議院選挙にも大勝した。安倍晋三首相は、第一次政権で果たせなかった「戦後レジームからの脱却」を、憲法改正をはじめとして、今後四年間にわたって試みていくであろう。そして、その中心になるのが安全保障政策の転換であると思われる。

筆者は第一次安倍政権期の二〇〇七年夏に「歴史的視点からみた憲法第九条第二項」という小論をまとめた。その中で、戦争‐平和‐安全保障の長期的・中期的・短期的な歴史的傾向の分析をもとに、憲法第九条第二項の理念、すなわち、軍縮を徹底した非武装国家の理念が、時代に合わなくなったとして捨て去られるべきものではなく、国際連合のような一般的・普遍的国際機構の加盟国がとるべき選択肢の一つとして、積極的な意味を与えられるべきであることを指摘した(1)。

本稿では、第一次安倍政権の瓦解からこの小論をまとめている二〇一三年八月までの日本における、戦争‐平和の問題に直接的にあるいは間接的に関係するいくつかの出来事を取り上げる。改憲の動きや安全保障政策の変化、また、人々の意識のあり方については、既に、様々な議論がなされているが(2)、ここでは、ドイツの平和主義の歴史を研究している筆者の目に、こうした動きがどのように映じているかを、「牽強付会」、「歴史学からの逸脱」を承知の上で、まとめてみたい。

結論を先回りしていえば、筆者は、安倍政権と民主党政権（特にその一部）、そしていくつかの野党には、安全保障政策だけではなく、権力や民主主義などに関する考え方についても共通する志向性があり、「戦後レジームからの脱却」は、二〇〇八年以降既に徐々に始まっていたのではないかと考えている。そして、印象批評的な表現が許されるとすれば、筆者はそこに「一九二〇年代末から一九三〇年代初めのにおい」を感じている。

第一章では、憲法改正によるにせよ、解釈改憲の形でなし崩しに行われるにせよ、本格的な軍備をもち、集団的自衛権をも行使しうる、広範な「戦争の自由」をもつ普通の主権国家（そうした近代主権国家が二一世紀においても「普通」であり続けるかどうかは、また別な問題ではあるが）を目指すことが、狭義の外交・安全保障だけでなく、それ以外の領域にどのような影響を与えているのか、与える可能性があるのかを、いくつかのトピックを取り上げて検討する。第二章では、一見すると戦争‐平和の問題に無関係に見えるが、再軍備を受け入れる前提となるような、自由や民主主義、そして権力に関する考え方の変化の兆候について論じる。

なお、本稿では、安全保障に直接関係する変化だけでなく、それに関係する社会全体のあり方の変化を含めて、「再軍事化」という表現を用いる。

1．安全保障政策をめぐって

二〇一二年四月二七日に決定された自民党の「日本国憲法改正草案」の第二章「安全保障」は以下の内容である。(3)

まず、九条の一の一項と二項の前に「平和主義」の文言が付され、一項で「日本国民は、正義と秩序を基調とする国際平和を誠実に希求し、国権の発動としての戦争を放棄し、武力による威嚇及び武力の行使は、国際紛争を解決する手段としては用いない」とし、二項では「前項の規定は、自衛権の発動を妨げるものではない」と自衛権の行使を明記する。

続く九条の二は「国防軍」であり、その一項で「我が国の平和と独立並びに国及び国民の安全を確保するため、内閣総理大臣を最高指揮官とする国防軍を保持する」とし、それに続いて、二項「国防軍は、前項の規定による任務を遂行する際は、法律の定めるところにより、国会の承認その他の統制に服する」、三項「国防軍は、第一項に規定する任務を遂行するための活動のほか、法律の定めるところにより、国際社会の平和と安全を確保するために国際的に協調して行われる活動及び公の秩序を維持し、又は国民の生命若しくは自由を守るための活動を行うことができる」と、国防軍の役割や文民統制についての規定が続く。

このうち、集団的自衛権については、既に憲法解釈の変更によってその行使を可能とする方向に進みつつある。第一次安倍政権で発足した「安全保障の法的基盤の再構築に関する懇談会［有識者懇］」は、二〇〇八年六月の報告書で、公海上の米艦船の防護、米国を狙ったミサイルの迎撃に関して集団的自衛権行使を容認する提言をしている。また、小野寺五典防衛大臣も「日本を守るために公海上に出ている米艦船が攻撃されても、今の憲法解釈上では個別的自衛権で対応するのはかなり難しい」と指摘し、「日本の代わりに対応してくれる米艦船を守るという議論は大切だ」と述べている(4)。少なくとも、これが議論の基本的な姿勢だったとみてよい。

しかし、有識者懇の北岡伸一座長代理は、今年八月一三日の共同通信とのインタビューで、「集団的自衛権を部分的に容認するのは法律の理屈としてあり得ない」として、対象類型を限定しない全面的な集団的自衛権の行使を容認する内容を提言に盛り込むことを明らかにした。また、集団的自衛権をともに行使する国についても、「明確にすることは好ましくない。安全保障にはある種の曖昧さが必要なことがある」と述べ、米国以外の国家に拡大する可能性を示唆した。氏は「身構えていれば侵略を受ける可能性はより低くなる」とも述べているが[5]、抑止論に立つ限りこれらは当然の考え方だといえよう。

ただし、国連憲章で認められているとはいえ、集団的自衛権と集団的安全保障の関係については懐疑的な解釈もある[6]。また、集団的安全保障の理念の長期的歴史から見ると（その理念に「集団的安全保障」という名称が与えられているかどうかは別として、であるが）、例えば、第一次大戦期の多くの国際組織提案において、個別的同盟の禁止が盛り込まれていることからも、両者の異質性を指摘できるだろう。更にいえば、「自衛」を口実にした武力行使をいかに抑制するかは、これらの諸構想において重要な論点だったのである[7]。

こうした理論的または歴史的な問題はさておくとして、国防軍を有し集団的自衛権を行使する普通の主権国家への転換は、まずは、日本の軍事や外交に影響を与える。北岡氏は上述のインタビューで、中東からの石油輸送のためのシーレーンを守っている国（インド、オーストラリア、米国）が攻撃された場合の集団的自衛権行使にも言及しているが[8]、今後具体的な軍事力の整備が進むことになるだろうし、既にその端緒をみることができる。

例えば、ヘリコプター空母型護衛艦「いずも」の進水式が、おりしも平和祈念式典の開かれる八月六日に行われている。同艦は、垂直離着陸式の戦闘機を搭載すれば、憲法上の制約から保有できないはずの攻撃型空母に変身でき、国際的にはヘリ空母とされるというが、これは早速、中国や韓国を刺激することとなった。今後も隣国との間で「抑止力」整備のイタチごっこが進むことになるだろう。なお、「いずも」の建造費は二〇一〇年度予算に、二番艦は二〇一二年度予算に計上されており、自民－民主－自民の政権交代に関わらず進んできた動きである[9]。また、民主党の内部でも、集団的自衛権の行使について肯定的な見解が少なくないのは、よく知られていることである。[10]

こうした「新たな再軍備」は、一般の国民の生活にも大きな影響を及ぼすが、ここで第一に取り上げるのは、徴兵制度導入の可能性の問題である。なお、現在、徴兵制度は「本人の意思に反して強制される労役」であり、九条には違反しないが、一三条・一八条の規定の趣旨に反する（一九八〇・八・一五、八一・三・一〇の国会での政府答弁）と解釈されている。[11]

自民党の「日本国憲法改正草案」の九条の二の四項は「前二項に定めるもののほか、国防軍の組織、統制及び機密の保持に関する事項は、法律で定める」とのみ規定する。一方、九条の三「領土等の保全等」の「国は、主権と独立を守るため、国民と協力して、領土、領海及び領空を保全し、その資源を確保しなければならない」について、Q&Aには、次のように記述されている。少し長くなるが引用する。[12]

「党内議論の中では、『国民の〝国を守る義務〟について規定すべきではないか。』という意見が多く出されました。しかし、仮にそうした規定をおいたときに『国を守る義務』の具体的な内容として、徴兵制について問われることになるので、憲法上規定をおくことは困難であると考えました。

そこで、前文において『自ら国を守る』と抽象的に規定するとともに、九条の三として、国が『国民と協力して』領土等を守ることを規定したところです。

領土等を守ることは、単に地理的な国土を保全することだけでなく、我が国の主権と独立を守ること、さらには国民一人一人の生命と財産を守ることにもつながるものなのです。

もちろん、この規定は軍事的な行動を規定しているのではありません。国が、国境離島において、避難港や灯台などの公共施設を整備することも領土・領海等の保全にかかわるものですし、海上で資源探査を行うことも、考えられます。

加えて、『国民との協力』に関連して言えば、国境離島において、生産活動を行う民間の行動も、我が国の安全保障に大きく寄与することになります」

何やら奥歯にものの挟まったような解説のように筆者には思えるが、これを読む限りでは、自民党は徴兵制自体の導入には消極的であるように見える。保阪正康氏は「国防軍は非正規雇用の青年の受け皿になるのではないか。つまりこの社会のさまざまな矛盾が安倍首相の説く軍事主導体制の中に吸収されるのではないか」と述べており[13]、国防軍についてては、こうした見方が当を得ているであろう。

確かに、核兵器による「ボタン戦争」が云々された時代を経て、特に一九九〇年代以降、戦争の技術は少なくとも先進国においてはきわめて高度化・専門化した。例えば、アフガンなどでの、無人攻撃機対テロリストによる非対称型の戦争などを想起すれば、大量の兵員を生み出す仕組みとしての徴兵制度は時代遅れになったように見える。事実、この制度をフランスは二〇〇一年に廃止し、ドイツは二〇一一年七月に停止している[14]。

石破茂自民党幹事長も、「徴兵制に賛成かと訊かれれば、即座に反対します。でも、それは『意に反する奴隷的苦役』だからではなく、防衛戦略上、意味がないから反対だと言っているだけなのです。そんな風にいうと、『じゃあ意味があれば復活させるのか』と言われそうです。しかし、そういう事態になる可能性は無いと思います」と書いている[15]。

しかし、徴兵制度は過去のものになったと言い切れるだろうか。化学兵器と航空機による「未来戦争」の予測の中で「徴兵制度は時代遅れになった」という指摘自体は既に一九二〇年代にも存在しているが[16]、そのことが逆に、時代を超えた徴兵制度の根強さを表しているのではないだろうか。戦争が国民全体の事業として遂行されるようになって以来、国家は多かれ少なかれ国民の意思を無視して戦争を始め、続けることはできなくなった。その中では、軍事制度は、単に軍事技術上の問題ではなく、平時においてはナショナリズムや平等性の問題と絡んで国家の統合に重要な影響を与える要素になり、一方、戦時においては銃後を含めた士気に決定的な影響を与えるものになった。

先の石破氏も、「徴兵制はもともと市民革命とセットで生まれた制度」であり、「国を守るという意識を国民すべてが持つこと、民主主義国家が大事であるという意識を国民みんなが持つことは必要なのだ、と私は思っています。そのために兵役に服し、そして国の独立が侵された時にみんなが戦うということが、どうして『意に反する奴隷的苦役』なのか、私にはよく理解できません」と述べ、徴兵制の原理的価値は高く評価している。そして、フランスで徴兵制の廃止とともに導入された「一日入隊」制度や、スイスの「民間防衛」について紹介している[17]。

価値と情報媒体が多様化し、しかし、それゆえにこそ思考停止に陥りがちな我々の時代においては、あるいは、かつては「国民の形成」にとって重要な役割を果たした学校が、今や、その権威が地に落ちた感のある中ではそれに代わって、徴兵制度が、社会の軍事化の装置として重要な意味を与えられる可能性が全くないとはいえないだろう。そして、それは容易にイメージされるような軍事訓練的なものとは異なる形でスタートすることもありうるだろう。

ところで、石破氏の「徴兵制はもともと市民革命とセットで生まれた制度」という指摘は、少なくともフランス革命に関しては正確ではない。フランス革命期には、兵員の不足を補うために導入された徴兵制を正当化するために民主主義が持ち出されたが、現実には必ずしも政治的平等と結合してはいなかったからである[18]。ただし、「徴兵制はフランス革命の栄光の中で生まれた自由な国民と民主主義国家に最適な制度である」という考えは、その後、ヨーロッパでは強く根を張り、平和主義者の中にもそう考える人は少なくなかった。しかし、例えばドイツでは第一次大戦を経てその考え方に変化の兆しが見られ始めていた。その背景の一つは、先述のような「未来戦争」の予測だった。ただし、それは単に徴兵制度の否定のみに向かったわけではなく、国家が同盟と軍事力によって防衛を図るような個別的安全保障への懐疑にも繋がった。それはさておき、徴兵批判の論理はそれだけではない。そこでは、国民の「生」をも自由に扱う権限をもった国家という概念自体、いわば「国家絶対主義」とでもいうべきものへの批判が展開されている。したがって、徴兵は、それを拒否するために、「殺すなかれ」の精神や、宗教的な意味であれ世俗的な意味であれ、良心の自由によって正当化しなければならないような制度でもない、と主張する人々も現れている。第一次大戦後のドイツはヴェルサイユ条約によって徴兵制が禁止されていたが、それゆえにこそ、その原理的な意味についての議論が展開されたのである(19)。

ところで、一九九〇年代以降の高度情報技術等の軍事への応用の劇的な進行は、上述のように、徴兵制度の軍事的な価値を小さくし、サイバー・テロ型の戦争の脅威を生み出す一方で、民生分野の技術と軍事技術の区別を非常に困難にした。例えば、医療介護用を想定した日本のロボット技術に米軍関係者がアプローチしていることはその端的な例であろう(20)。

こうした困難がもたらす危険性についても、例えば、既に一九二〇年代にドイツの平和主義者グンベル（Gumbel）が警鐘を鳴らしている。ヴァイマル共和国では反逆罪の強化が試みられているが、彼はこれを単にヴェルサイユ条約によって禁止されていた再軍備の暴露を阻止するための対応とは見ていなかった。戦争の変化に伴って、あらゆる情報が軍事機密として管理される時代の予兆として捉えていたのである(21)。

そして、このグンベルの懸念は我々にとって他人事ではない。自民党の「日本国憲法改正草案」では、前述のように九条の二の四項で「前二項に定めるもののほか、国防軍の組織、統制及び機密の保持に関する事項は、法律で定める」とあり、九条の二の五項では「国防軍に属する軍人その他の公務員がその職務の実施に伴う罪又は国防軍の機密に関する罪を犯した場合の裁判を行うため、法律の定めるところにより、国防軍に審判所を置く。この場合においては、被告人が裁判所に上訴する権利は、保障されなければならない」と規定する。そして、現在、安倍政権は、国の機密情報を外部に漏らした国家公務員への罰則を強化する法律(「特定秘密保全法」)の制定を進めようとしている。[22]「国家機密法」制定の動きは一九八〇年代半ばにもあり、当時は大きな議論を起こしたが、少なくともこの論文をまとめている時期における反響は非常に小さい。[23] なお、この動きも、海上保安庁のビデオ流出事件をきっかけとしたとはいえ、民主党政権下の二〇一〇年に始まっている。[24]

一方、軍事と情報、そして反逆罪ということでいえば、元ＣＩＡ職員のスノーデンが政府による個人機密の収集行為を暴露したことに端を発した事件が今年の前半に耳目を集めた。国家による個人情報の収集は、「テロとの戦い」という非対称型の戦争においてテロリストの情報を入手するために極端な形で行われたとはいえ、戦争を行うことができる「普通の国家」にとっては基本的な必要措置であり、今日、技術的にも非常に容易になっている。

こうした情報と個人の自由をめぐる問題は、憲法二一条との関係で深刻な軋轢を生むことになるだろう。

以上から、「再軍備」をする国家は、国家権力を強化し、国民の自由を制限せざるを得なくなることが予想できる。「新たな再軍備」は単に憲法九条の改正だけではなく、他の条項についても、改正、あるいは、解釈の変更を余儀なくするであろう。「再軍備」は、「国のかたち」の変化、すなわち社会の「再軍事化」に繋がっていくのである。その意味で、自民党の憲法改正案が現行憲法の「公共の福祉」の文言にかえて一二条、一三条で「公益および公の秩序」を用いるだけでなく、一二条には「自由及び権利には責任及び義務が伴うことを自覚し」の文言を、二一条の「表現の自由」にも第二項として「公益および公の秩序」に関わる文言を新設していることは、その意図は別として、再軍事化に対応する、きわめて合理的なことである。更に、九八条、九九条の「緊急事態」の条項にも、同じことがいえるだろう。そして、ごく限定された形で始まったはずの自由の制限が次第に拡大していくことは、第二章でも触れるように歴史的にみても珍しいことではないのである。

三番目にあげるのは、武器輸出三原則をめぐる問題である。武器輸出三原則は、文民統制、専守防衛、非核三原則、非軍事大国たることなどと同レベルで我が国の国防の基本政策には位置付けられていないとしても、また、徐々にその制限の緩和が進められてきたとはいえ、「軍縮を推し進めた国家」という日本のあり方にとって、三〇年以上にわたって重要な意味をもってきたと筆者は考えている。

冷戦崩壊以降の東ヨーロッパの一部の国がそうであったように、ある国家の軍縮が進んでも、その国家でかつて生産された、あるいは生産され続ける武器や兵器が紛争地域や潜在的紛争地域に「輸出」されるのであれば、その国家は「軍縮を推進した国家」とはいえない。それは、まさに「一国平和主義」的あり方に過ぎない。また、いくら紛争に対して、多国籍軍や国連の平和維持活動に積極的に関与したとしても、潜在的な紛争地域に対して武器や兵器を輸出しているとすれば、それは唾棄すべきマッチポンプでしかない。

もちろん、地雷を生産する企業が同時に地雷除去の技術や除去車を開発・生産しているという現実があることは否定できない。否、それ以上に、安全保障理事会の常任理事国が武器輸出国のトップ10に名前を連ねるという、ちょうど警察が副業で拳銃を売り歩くような、何とも形容しがたい矛盾が国際社会にはあるわけである。[25]その中にあって、「土建屋国家」と揶揄されるように、公共事業依存型の経済構造を指摘され続けてきた日本が、武器輸出が皆無ではないとはいえ、いくつかの国家とは異なり、武器・兵器の生産・輸出という「公共事業」に深く依存する経済構造をとってこなかったことは、誇るべきことだと筆者は考えている。しかし、この武器輸出三原則の骨抜きもまた、民主党政権時に加速し、自民党政権下では更に進んでいるのが現実である。[26]

2. 民主主義や権力についての考え方をめぐって

改憲の手続きをめぐっては、九六条の先行改正案に対して、しばしば立憲主義の立場から批判がなされてきたが[27]、参院選直後の二〇一三年七月二九日に飛び出したのが、麻生太郎副総理・財務大臣のナチスの手口を引き合いに出した改憲発言である。既に新聞等で多くの厳しい批判が行われたこの問題をここでも扱うのは屋上屋を架すことになるが[28]、この章はこの問題に触れることから始める。というのは、本稿が対象としている二〇〇八年以降の日本とヴァイマル共和国末期の状況の比較の中にこの発言を置くと、麻生氏の意図がどうであれ、非常に示唆的でより重い意味が見えてくるからである。そして、そのことは、再軍備を推し進めるのに不可欠な前提であると筆者が考える、権力や民主主義、自由についての考え方の変化を照射することになるだろう。

まず、麻生氏が想定しているであろう「全権委任法（国民と国家の危難を除去するための法）」だが、これは、事実上立法権を政府に委譲し、政府制定法の憲法に対する優位を規定するなどの内容をもつ[29]。ナチスは一九三三年三月二三日に同法を成立させ、これによって、事実上ヴァイマル憲法を改正することになった。その成立にあたって、ナチスは暴力的手段も用いているので、麻生財相のいうように「静かにやろうや」とはいかなかったが、彼らは力のみに頼ったわけではない。むしろ、形式的には合法的に見える方法と、あからさまな暴力を組み合わせたところに、その特色を見ることができよう。

そもそも、一九三三年三月五日の選挙で、ナチスは四三・九パーセントの得票率を得て、連立政党である国家人民党と合わせて五一・九パーセントの過半数を得ていた。もちろん、この選挙戦自体が、国会議事堂放火事件の前後のナチスの暴力の下で実施されたのだが、この緊急事態に対しても、ナチスはヴァイマル憲法の規定を利用する。すなわち、非常事態の際の大統領の権限を利用して、「共産主義的な、国家公安を害する暴力行為を防止するため」という限定的な目的を設定した上で、「民族及び国家を防衛するための大統領令」を発し、国民の基本的な権利を停止したのである。(30)

とはいえ、全権委任法は憲法改正的な内容になるため、成立には国会の三分の二の多数が必要であり、過半数では不十分だった。そのため、ナチスは宗教政策における優遇を餌に、カトリック政党である中央党の賛成を得て、この法律を成立させた。このように、同法の成立にあたってカギになったのが宗教政党だったという点も、なにやら暗示的である。ちなみに、共産党は議場への入場を禁止されたため、社会民主党だけが法案に反対した。

なお、ナチスが巧妙だったのは、この法律を時限立法として成立させたことであろう。期間や対象を限定してスタートし、次第にそれを拡大していくという方法は、ひとりナチスだけではなく、歴史上しばしば行われてきた方法である。(31)

以上から、議会制民主主義の意味を失わせるような法律の成立の背景には、それを支える多くの国民が存在しており、また、多くの政党自身が賛成することで、つまり国会自身が国会の意味を失わせることに賛成することによって、権力者がその権力を恣意的かつ無制限に行使する体制が形成されたことがわかる。

ただし、議会制民主主義を空洞化する動きは、一九三三年になって始まったものでも、ナチスのみによってもたらされたものでもない。むしろ、ナチスはその動きの中で成長し権力を獲得していった。特に一九二九年以降、世界恐慌が波及し経済状況が逼迫する中で、各政党は、以前にもまして自らの支持層の利害関係を優先することに固執するようになった。(32)本来、民主主義とは、異なる主義・主張を話し合いと妥協で調整し、よりましなものを築き上げていく制度であろう。ましてや、比例代表制の選挙制度が小党分立を生み、連立政権が普通のあり方だったヴァイマル共和国の議会制民主主義においては、特に熟議と妥協が不可欠だったはずである。しかし、政党が局所的な利害に拘泥し非妥協的な姿勢を強める中で、国会は「決められない」状況に陥った。この状況下で一九三〇年に成立したブリューニング内閣がとった方法は、ヴァイマル憲法四八条に規定された大統領の緊急権限に依存することだった。

議会制民主主義は、こうして既に一九二〇年代末から一九三〇年代初頭に変質していき、政治家だけでなく国民一般に非議会主義的・権威主義的システムへの「馴れ」を生み出し、困難な状況を強大な権限をもつ権力者によって克服する、という意識が醸成されていった。そして総仕上げたる「全権委任法」は「政党の自殺行為」によって成立したわけである。なお、政党の自殺行為でいえば、ちょうど同じ時期（一九三〇年）の日本の議会において、統帥権干犯問題の際に政友会がとった姿勢にも、同様の傾向を認めることができよう[33]。

もちろん、ナチス政権が議会制民主主義の中から登場したという言い方は単純すぎて誤解を生みかねない。そこには、上述のように、大統領の強大な権限というヴァイマル憲法に規定されていた要素や暴力があったたからである。しかし、たとえ選挙戦時の暴力という方法の物理的・心理的影響（暴力をプラスに評価する者への影響も含めてだが）の大きさは否定できないとしても、国民の相当数がナチスを支持していたことも確かであろう。

ナチスは、一九三〇年九月の選挙で一八・三パーセントと急成長した後、一九三二年七月の国会選挙では三七・三パーセントを得て第一党に躍り出、同年一一月の選挙では票を減らしたものの三三・一パーセントの得票率を得て第一党であり続ける。なお、ヴァイマル期の国会選挙での単独政党の最大得票率は、第一回選挙（一九一九年）に社会民主党が獲得した三七・九パーセントであり、三〇パーセントを超えたのはこの三つのケースしかない。また、一九三二年の大統領選挙で、落選したもののヒトラーは第二次投票では三六・八パーセントを獲得している。ちなみに、選挙制度が異なるので単純な比較はできないが、自民党の得票率は、先の衆院選では、小選挙区で四三・〇パーセント、比例代表で二七・六パーセント、参院選では、選挙区四二・七パーセント、比例代表三四・七パーセントである。[34] 以上から、過半数を得ていないとはいえ、ナチスに対する国民の期待の大きさは推し量れよう。

言わずもがなの基本的な説明を長々と続けたのは、こうした一九二〇年代末から一九三〇年代初頭のドイツの状況、すなわち「表面的にではあれ民主主義的な方法をも用いて政権についた政党が、その後、自らの権力を無制限に行使するに至る」状況と比べるべくもない程度だとしても、二〇〇八年の福田康夫政権末期以降の政治状況の中に、議会制民主主義の変質と権力の集中の傾向を見て取れるのではないかと筆者は考えるからである。そして、この見方に立てば麻生発言は更に大きな危険性をもっているとはいえまいか。

こうした傾向の一例としては、日本が様々な困難を抱える中で、衆参の「ねじれ」状況を利用して「決められない政治」を演出するという政局優先の状況が、自民、民主と政権が代わっても続けられたことをあげることができる。例えば、福田政権末期以降の国会同意人事について、民主党が主導して行った参院での不同意の急増を想起してほしい。そこでは、国民の生活よりも、ライバル政党にダメージを与えることが優先されていなかっただろうか。そして、その中で「決める政治」を求めるべく輿論が煽られてきた。

こうした雰囲気の中で、民主主義とは選挙で多数を占めた勢力による決定である、というような単純な民主主義観と、選挙に勝利することを何よりも優先する姿勢（その中には、精査されていない公約を撒き餌のようにばらまく姿勢も含まれるが）が、自民、民主、あるいはその他の政党に所属する政治家の中に強まり、この民主主義観の変質はマスコミや国民の一部にも広がっていったように見える。

輿論に関していえば、[35]「ねじれ」とはいわないにせよ、衆院選で勝った政党は次の参院選では負けるという形でバランスをとってきたのが、今までの日本の輿論だったのではないか。あるいは、「ねじれ」が存在しつつも、熟議と妥協によって、ベターな選択をしていくのが民主主義なのではあるまいか。我々の二院制では「ねじれ」はいつでも起こり得るものであるし、そもそも熟考のために参院があるわけだから。

一方、政治家の民主主義観については、ここでは、民主党政権下で小沢一郎氏が民主党幹事長だった二〇〇九年の二つの出来事を例にあげたい。

一つは、国会法を改正して、法の番人と呼ばれ、憲法解釈に一定の歯止めをかける役割を担ってきた内閣法制局長官の国会答弁を封じる意向を示したこと。[36] もう一つは、二〇〇九年暮れの「天皇特例会見」問題である。これは、当時の中国の習近平国家副主席と天皇の会談を政府・民主党が要請したのに対して、宮内庁が「一カ月ルール（外国要人と天皇との会見は少なくとも一カ月前に申し入れるという慣例）」を持ち出し、「国の大小によって特別扱いできない」と断ったのに対して、小沢氏らが強く反発したものである。これに関連して小沢氏は「国事行為は内閣の助言と承認で行うものだ。君たち［新聞記者］は憲法を知らないのか?」、「宮内庁長官がどうしても反対なら、辞表を提出した後に言うべきだ」「天皇陛下の行為は内閣が責任を負う。内閣の意を受けて行動なさるのは当然」と強く主張したという。[37]

前者については、政治主導や官僚批判がもてはやされていることを背景に、集団的自衛権の行使や武力行使を伴う集団的安全保障への参加に道を開こうとする思惑が指摘されており、[38] 後者については、小沢氏が象徴天皇制の意味を全く理解していないという問題があるが、それはさておくとしても、この二つの発言に共通の傾向を見て取ることはそれほど難しくはない。例えば、政治学者の杉田敦氏と憲法学者の長谷部恭男氏は『朝日新聞』紙上で次のようなやりとりをしている。[39] 少し長くなるが引用する。

「今の主流は、一元的な権力観です。党内を一枚岩に近い形にし、政策決定を一元化する。政党内での意見の複数性は認めず、対立は政党間のそれに集約する。権力が行きすぎた場合には、選挙で審判すればいい、という考え方です。これが一連の政治改革の議論であり、小沢氏らもそれに近いと思います。［中略］権力一元化の論理は歴史的に見ても危険性がある。権力が偏在して政治が硬直化する恐れがあるからです。自由民主主義体制は権力一元化の論理と、それを制約する論理の合わせ技で何とか維持されてきましたが、ここ数カ月間の展開を見ると、一元化の方向が強く出過ぎているように思います」と杉田氏は発言する。

これを受けて長谷部氏は「フランスではドゴールが第五共和制憲法を作り、権力を大統領に一元化しました。しかし、最近は、議会の二つの院や違憲審査機関といったアクター（行為者）が何が国民の長期的利益になるのかについてそれぞれ考え方を示し、『競争』および『協奏』する。それこそが本当の民主主義の政治のあり方だと考える人が多くなっています」と続き、杉田氏も「その意味で、政治改革以来の民主主義のとらえ方は問題を残していると思います」と述べ、両者とも権力一元化の動きに違和感を表明している。[40]

かつて宮沢喜一元首相は「権力は抑制的に行使すべきである」と述べたというが、[41]それとは対極的な「権力の一元化」の発想に立ち、「権力が行きすぎた場合には、選挙で審判すればいい」（権力が行き過ぎれば選挙自体が行われなくなるだろうと、筆者は考えるが）というような、全権委任的な民主主義観や政治的志向性（なにもそれは小沢氏に限らないが）を、「強力なリーダーシップ」「剛腕」「政治主導」と讃える一部のマスコミや世論を見ると、経済的危機や社会の混乱の中でナチスの「指導者原理」を支持していったヴァイマル共和国の末期を連想するのはそれほど不自然なことではあるまい。

ただし、筆者はここでファシズムの問題を云々するつもりはなく、第一章で扱ったこととどもとの関連で次の点を指摘しておきたいだけである。

少なくとも近代以降、戦争は国家権力を強化し、最も露骨な形で国民を統制・動員する事業となった。とすれば、再軍備は、社会に影響を与えるだけではなく、再軍備を容易にするような、あるいは、それを容易に受け入れるような政治や社会の変化、単純化すれば、権力の集中を是認するような雰囲気があってはじめて進む。再軍備は、社会の再軍事化というようなものを、第一章で扱ったように結果として伴うだけではなく、前提としても必要とする。その一つが、権力の集中を求める雰囲気ではないか、と。その意味で、第二次安倍政権の「戦後レジームからの脱却」の地ならしは、既に、第一次政権が倒れてほどなく始まっていたと筆者は考えている。

この章の最後に二人の憲法学者の声に耳を傾けたい。一人は芦部信喜、一人は宮澤俊義。前者は「民主主義は個人尊重の原理を基礎とするので、全ての国民の自由と平等が確保されて初めて開花する、という関係にある。民主主義は、単に多数者支配の政治を意味せず、実を伴った立憲民主主義でなければならない」と述べる。後者は「リベラルでない民主制は、民主制の否定であり、多かれ少なかれ独裁的性格を帯びる。民主制は人権の保障を本質とする」という。[42]日本の「再軍事化」が進みつつあるのではないかと考える筆者には、非常に重要な指摘に思われる。

おわりに

以上、我が国の「再軍事化」の傾向について、主に一九二〇年代から一九三〇初頭の動きと比較しながら、検討を進めてきた。かつて筆者はブッシュ・ドクトリンを「一〇〇年前の個別安全保障的発想」と評した。[43]日本の再軍事化をそこまでの先祖がえりとは考えていないが、どうしても一九二〇年代末から一九三〇年代初頭の動きを重ね合わせずにはいられないのである。

なお、第二章のテーマでいえば、プチ・ナショナリズムやヘイト・スピーチなどを取り上げるべきであろうが、それは筆者の能力を遥かに超える。ただ、一点だけいえば、既におよそ一〇〇年前のいくつかの国際連盟規約案に、「民族主義的な煽動の防止」の立法化を加盟国の義務とすべきだ、という内容が含まれていたことにだけ触れておこう。[44]もちろん、言論の自由との微妙な関係がそこにはあることはいうまでもない。

最後に、今までとは全く異なる観点から再軍事化に対する懸念を述べて、この小論を終わりたい。

環境経済学者のレスター・ブラウンは、地球環境の変動とそれが経済に破局的な影響を起こす危機に対応するためには、大規模かつ急激な政策の変化が必要なことを様々な折に強調しており、その規模と緊急性を表現するアナロジーとして真珠湾攻撃直後からアメリカ社会が急速に軍事化したことを例にあげている。[45]二〇一三年の今、我々にとって喫緊の課題は、再軍事化に前のめりになる「戦後レジームからの脱却」などではなく、「大衆消費社会からの脱却」なのではないか、と考えるのは、おそらく筆者だけではあるまい。

（本稿は二〇一三年八月三一日に脱稿した。）

あとがき

おそらく多くの大学教員の学期中の毎日は、授業とその準備、学生とのやり取り、教務関係をはじめとした様々な事務的な仕事で過ぎてゆくのではないだろうか。一方、論文の準備は、お盆休みとその前後、暮れ・正月などに細々と進める。そして、締め切りが迫ってくると、授業が気になって無理やり帳尻を合わせてしまう……。

僕もその例にもれず、いわば「季節研究者」として長い年月を送ってきた。論文の執筆は、自分は研究者でもあるということを確認するための内向きの行為だったから、それを一冊の本にまとめることなど考えもしなかった。否、それは、楽譜の読めない僕がブラームスの二番の交響曲を指揮する姿を夢想するような、「非現実の世界」のできごとだった。

ところが、二〇一五年の夏、論文集を作りたいという気持ちが突然芽生えた。その思いを札幌に帰省してきた親しい友人――学部・大学院の後輩だが最も尊敬する研究者の一人――に話した。誰かに背中を押してほしかったのだ。その後、生来の優柔不断さで、勤務先の出版部に打診するまでにさらに一年半を要したが、こうして「現実の世界」での一歩が始まった。

まず、最初に初出に関して記しておく。

第1部第1章の「ヴァイマル期における平和主義」は、『歴史学研究』五五〇号、一九八六年一月号に掲載していただいたものである。歴史学研究会には、転載をご許可いただいたことに感謝申し上げたい。

残りの九編は全て勤務先の紀要に書いたものである。第2章、第8章、第9章が『北海道東海大学紀要人文社会科学系』の四号、一六号、二〇号に、第3～7章と第10章は『東海大学国際文化学部紀要』の一号から六号に発表した。

次に、構成と内容等について簡単に説明させていただきたい。

第1部は、修士論文（一九八二年一二月提出）をベースにした上記の『歴史学研究』の論文と、その補論である「国際連盟とドイツの平和主義」から成っている。第一次世界大戦は、国際関係や国家と国民の関係に決定的な影響を与えたが、それに続く一九二〇年代が、戦争 - 平和の問題に関して近代から現代への転換点だったことを、平和主義者の見解を通して考察するのがこの二編の目的である。

当初この第1部には、『クリオ』創刊号（一九八六年一一月）に掲載された「ヴァイマル期における反逆罪強化と平和主義者」を入れたいと考えていた。この論文は、当時の反逆罪強化の動きには、国防軍が進めていた秘密再軍備が暴露されるのを阻止するという意図とは別に、戦争の変化に対応して軍事的領域と民生的領域の境界が曖昧になり、その結果、軍事機密の範囲が拡大する可能性が生じたという、長期的歴史的背景があったことを論じたものである。しかし、久しぶりに読み返してみると、かなり手を入れなければならいことがわかったので断念した。そして、勤務先の紀要に初めて書いた「国際連盟とドイツの平和主義」に差し替えることにした。

なお、ごく私的なことになるが、第1章の論文が『歴史学研究』に掲載される際の校正は、北大病院循環器内科のＩＣＵに泊りがけで母の看病をしている最中に行った。卒論・修論・学会報告と節目・節目で母は入院したり体調を崩したりした。そのつど北海道に飛んで帰る僕と「ほんと、間が悪い人だね」と笑い合ったものだったが、その母が亡くなってから四半世紀近くが、その後、ほどなく父が亡くなってからも二〇年の時が流れた。

第2部（第3章~第7章）は、一九一八年の後半から一九一九年初めころにかけての様々な国際連盟プランを扱った五編から成っている。これらは、国際組織構想の長い歴史を踏まえつつ、ドイツを中心に多様な提案の水脈を捉えることを目指した連作であり、現実の国際連盟とは異なる「かくなるかもしれなかった」国際機構の可能性を汲み上げる試みである。

以上の論考の土台にあるのは、「国家や国家同盟が、国民を兵士にする形で、武力によって紛争の解決や防衛を行う」という、「近代の常識」を相対化する姿勢である。「近代の当たり前を疑う」というのは、「担当者がいないのなら、とりあえず僕がやります」で膨れ上がった多くの講義――あまりにも色々な分野の授業をしているので、学生は僕の「本職」がわからないようだが、彼らには「僕は歴史屋さんだよ」と言っている――にも共通している。

第3部には、現代の国際関係や国内の動き、そして、憲法第九条を、歴史的な視点で考察したものを収めた。九条二項の意味については、歴史論文の中でも折々触れてはいるが、特に第9章では、「近代の常識」を突き抜けた平和憲法への思いを、「歴史屋さん」の「矩」を超えて前面に出している。

これらの小論、特に第3部のそれに、仮に僅かでも取柄があるとすれば、比較的早い時期に時代の潮流に違和感をもち、それらを歴史的に考えようとしている点だろうか。これは長いスパンでものを考えることを生業にしている歴史研究者であれば当たり前のことである。しかし、ささやかな自己主張として、各論文の文末に脱稿（投稿）した日付を入れていただいた。このことにも関連するが、論文集としてまとめるにあたっては、初出時の記述を変えないということを基本姿勢にした。ただし、非常に明らかなミスの修正や、名称や様式の統一などのために、最低限の書き換えをした部分もある。

おしまいに、本書の出版を可能にしてくださった方々にお礼を申し述べさせていただきたい。

このご時世に論文集などという浮世離れしたものの出版をお認めくださった東海大学出版部と、稲英史さんに、まず心からのお礼とお詫びを申し上げなければならない。出版や編集の基本を全く理解していないだけでなく、上京したがらない僕とのメイルでのやり取り、そしてミスの多さに、さぞあきれ手を焼いたことと思う。

また、諸先生、諸先輩をはじめとした研究者のみなさまにも感謝を申し述べさせていただきたい。とりわけ、鈍な僕を「仲間」だと考えてくれているラ・ヨ研の八人の友人たちに。「きっと彼らはみていてくれる」という思いがなければ、研究を続けていくことなどできなかっただろう。なお、「ラ・ヨ研」では、なんのことやらわからないが、正式名称も少しわかりにくいので、略称のままにしておきたい。

そして、数多くの授業や様々な雑務に追われる毎日にもかかわらず、いつも笑顔で接してくださる東海大学札幌キャンパスの先生方、また、職員の方々にも感謝を申し上げたい。

さらに、心優しい学生や卒業生たちにも。「自分も楽しみつつ、しかし、同時に他の人たちを支えたり、喜ばせたりする」という、言うは易く行うは難しい行為を軽やかにやってのけられる君たちは、僕にとって驚きであるとともに日々の生活の励みである。

最後に、ちょっと変わった弟をいつも絶妙な距離感で見守ってくれている姉夫婦と、それに甥たちにも、恥ずかしくて口には出せない深い深い感謝の気持ちを、ここで記させていただきたい。

18. 「国際連盟成立期の国際組織構想 (3)：連合国側の諸提案」
(『東海大学国際文化学部紀要』2010年，第3号)，pp.1-17.
19. 「国際連盟成立期の国際組織構想 (4)：ドイツ政府案を中心に」
(『東海大学国際文化学部紀要』2011年，第4号)，pp.1-16.
20. 「国際連盟成立期の国際組織構想 (5)：諸構想の比較」
(『東海大学国際文化学部紀要』2012年，第5号)，pp.1-16.
21. 「日本の『「再軍事化』への懸念：歴史的平和研究の視点からの小論」
(『東海大学国際文化学部紀要』2013年，第6号)，pp.57-70.
22. 「軍縮・戦争・平和　近代西欧軍縮提案小考 (1)」
(『東海大学国際文化学部紀要』2014年，第7号)，pp.1-16.
23. 「軍縮・戦争・平和　近代西欧軍縮提案小考 (2)」
(『東海大学国際文化学部紀要』2015年，第8号)，pp.63-78.
24. 「軍縮・戦争・平和　近代西欧軍縮提案小考 (3)」
(『東海大学国際文化学部紀要』2016年，第9号)，pp.29-46.
25. 「軍縮・戦争・平和　近代西欧軍縮提案小考 (4)」
(『東海大学国際文化学部紀要』2017年，第10号)，pp.47-61.

① 「総合教育科目としての『歴史とは何か (歴史学入門)』の意味」
(『北海道東海大学教育開発研究センター所報』1994年，第7号)，pp. 3-13.
② 「『学生による大学評価』小考」
(『北海道東海大学教育開発研究センター所報』1997年，第10号)，pp.125-133.
③ 「大学とアカデミズムの行方ー書評：高山博著『ハード・アカデミズムの時代』を読むー」(『北海道東海大学教育開発研究センター所報』1998年，第11号)，pp.61-71.

著者 論文一覧

1.「ヴァイマル期における平和主義」
（『歴史学研究』1986年1月，550号），pp.15-29, 60.
2.「ヴァイマル期における反逆罪強化と平和主義者」
（『クリオ』1986年，創刊号），pp. 1-23.
3.「近代における戦争と平和：義務兵役制度の史的研究手控え（1）フランス革命期を中心に」（『クリオ』1989年，第4号），pp.43-67.
4.「国際連盟とドイツの平和主義」
（『北海道東海大学紀要人文社会科学系』1991年，第4号），pp.110-123.
5.「近代西欧国際組織構想概観－日本国憲法第9条の歴史的位置付けのために－」
（『北海道東海大学紀要人文社会科学系』1993年，第6号），pp.25-38.
6.「近代西欧国際組織構想概観（2）－ハーグ平和会議の前後を中心に－」
（『北海道東海大学紀要人文社会科学系』1995年，第8号），pp.49-62.
7.「近代西欧国際組織構想概観（3）—シュッキングの第1次大戦以前の構想—」
（『北海道東海大学紀要人文社会科学系』1996年，第9号），pp.105-120.
8.「平和憲法の歴史的意味」
（『歴史学研究』1999年10月，728号），pp.30-38.
9.「第1次大戦初期のドイツの平和主義者」
（『北海道東海大学紀要人文社会科学系』1999年，第12号），pp.1-14.
10.「第1次大戦期の平和主義 小考（1）」
（『北海道東海大学紀要人文社会科学系』2000年，第13号），pp.234-257.
11.「第1次大戦期の平和主義 小考（2）」
（『北海道東海大学紀要人文社会科学系』2001年，第14号），pp.125-139.
12.「20世紀における安全保障の歴史的展開と『新しい戦争』の時代」
（『北海道東海大学紀要』2003年，第16号），pp. 79-94.
13.「第1次大戦期の平和主義 小考（3）」
（『北海道東海大学紀要人文社会科学系』2005年，第18号），pp.49-63.
14.「第1次大戦末期のドイツの国際組織構想（1）」
（『北海道東海大学紀要人文社会科学系』2006年，第19号），pp. 37-51.
15.「歴史的視点からみた憲法第9条第2項」
（『北海道東海大学紀要人文社会科学系』2007年，第20号），pp.1-16.
16.「国際連盟成立期の国際組織構想」
（『東海大学国際文化学部紀要』2008年，創刊号），pp.1-18.
17.「国際連盟成立期の国際組織構想（2）：ドイツ国際法協会案」
（『東海大学国際文化学部紀要』2009年，第2号），pp.1-17.

1929.
R. Lütgemeier-Davin, *Pazifismus zwischen Kooperation und Konfrontation*, Köln, 1982.
F.-K. Scheer, *Die Deutsche Friedensgesellschaft (1892-1933). Organisation, Ideologie, politische Ziele*, Frankfurt am Main.
R R. Schlüter, Probleme der deutschen Friedensbewegung in der Weimarer Republik, Diss., phil. Bonn, 1975.
J. Wintzer, *Deutschland und der Völkerbund 1918-1926*, Paderborn, 2006.

五十嵐元道「ヤン・スマッツの委任統治論─平和構築の思想的起源」(遠藤乾『グローバルガバナンスの歴史と思想』有斐閣，2010年)
奥平康弘他編『改憲の何が問題か』岩波書店，2013年
ロジェ・カイヨワ『戦争論』秋枝茂夫訳，法政大学出版局，1974年
篠原初枝『国際連盟』中公新書，2010年
柴田祐輔「国際連盟期における防止措置」(柘山堯司編著『集団安全保障の本質』東信堂，2010年)
進藤栄一『現代アメリカ外交序説』創文社，1974年
竹村卓「集団的自衛権の歴史的位相」『平和研究』第25号，2000年
日本国際連合学会編『21世紀における国連システムの役割と展望』国際書院，2000年
堀米庸三『ヨーロッパ中世世界の構造』岩波書店，1976年
牧野雅彦『ヴェルサイユ条約』中公新書，2009年
山内進『掠奪の法観念史』東京大学出版会，1993年
山内進他編『暴力 比較文明史的考察』東京大学出版会，2005年

主な史料・参考文献

史料・参考文献については，詳しくは各章の註を参考にしていただくこととして，以下には本書所収の論文執筆時に用いた史料・参考文献のごく一部のみを挙げる。したがって，本書の論文執筆後に発表された優れた研究――例えば，ヴァイマル期の平和主義についての竹本真希子氏の一連の研究等――もここには含まれていない。

史料

M. Erzberger, *Der Völkerbund: Der Weg zum Weltfrieden*, Berlin, 1918.

K. Hiller, *Der Sprung ins Helle*, Leipzig, 1932.

K. Hiller, *Verwirklichung des Geistes im Staat. Beiträge zu einem System des logokratischen Aktivismus*, Leipzig, 1925.

D. H. Miller, *The Drafting of the Covenant*, Vol. 1, 2, New York, 1928.

Th. Niemeyer (Hg.), *Der Völkerbundsentwurf der Deutschen Gesellschaft für Völkerrecht*, Berlin, 1919.

W. Schücking, *Internationale Rechtsgarantien*, Hamburg, 1918.

W. Schücking, *Die Staatenverband der Haagerkonferenzen*, München/Leipzig, 1912.

W. Schücking/ H. Wehberg, *Die Satzung des Völkerbundes*, Berlin, 1921.

F. Wilson, *The Origins of the League Covenant*, London, 1928.

Recueil de rapports sur les différents points du Programme Minimum, 4 Bde., Haag, 1917.

Die Friedens-Warte, Blätter für internationale Verständigung und Zwischenorganisation, Berlin, Wien, Leipzig, u. a., 1912-1946.

Die Weltbühne. Wochenschrift für Politik, Kunst, Wirtschaft, Berlin, 1918-1933, rpt. Königstein/ Ts., 1979.

参考文献

D. Acker, *Walther Schücking*, Münster, 1970.

M. Z. Doty, *The Central Organization for a Durable Peace (1915-1919)*, Diss. Genf, 1945.

U. Fortuna, *Der Völkerbundgedanke in Deutschland während des Ersten Weltkrieges*, Zürich, 1974.

Karl Holl/ Wolfram Wette (eds.), *Pazifismus in der Weimarer Republik*, Paderborn, 1981.

E. Jaeckh, *Der Völkerbundgedanke in Deutschland während des Weltkrieges*, Berlin,

ヴィルヘルムが，常備軍維持のため6年間限定という条件で議会の課税同意は不要とした取り決めを破って，それを恒久化した例などがあり，ナチスの時代でいえば，青少年組織の禁止・解体が徐々に行われたことにも見て取ることができよう．（原田一美『ナチ独裁下の子どもたち』講談社選書メチエ，1999年，pp. 50–61; フォッケ他『ヒトラー政権下の日常生活 1』社会思想社，1984年，pp. 22–53.）；そもそも日本の憲法第9条の拡大解釈や，君が代をめぐる強制性の拡大なども，まさにその事例である．

32）例えば，木村靖二他編『世界歴史大系 ドイツ史』山川出版社，1997年，pp. 163ff.；成瀬治他『ドイツ現代史』山川出版社，1987年，pp. 207ff.

33）『岩波講座 日本通史 近代3』岩波書店，1994年，pp. 44f.

34）ヴァイマル期の国会の投票率については，飯田収治他『ドイツ現代政治史』ミネルヴァ書房，1966年，pp. 330f.，大統領選挙については，石田勇治『20世紀ドイツ史』白水社，2005年，pp. 48f.；2012年の衆院選は，『北海道新聞』2012年12月17日夕刊，2013年の参院選は『北海道新聞』2013年7月22日夕刊．

35）2013年3月30，31日に行われた日本世論調査会の全国世論調査では，「参院選の結果脱ねじれを期待する」が68.3% に及んでいる．また，改憲に賛成する議員が衆参両院でそれぞれ2/3以上占めることを望むも65% に達している（『北海道新聞』2013年4月7日朝刊）．もちろん「現状はねじれ状態にあるが，どうなるのがよいか」と問われれば，解消を期待する方が自然なことは確かではあるが．ねじれについては，例えば，樋口陽一「『決める政治』と決めさせない『市民』」（『世界』2013年3月号），pp.114f.

36）『朝日新聞』2009年11月3日朝刊．

37）『朝日新聞』2009年12月29日朝刊など．

38）『朝日新聞』2010年5月3日朝刊．この轍を踏むことを恐れたのか，安倍政権は自らの考えに近い官僚を法制局長官に据えるという奇策に出た（『北海道新聞』2013年8月3日朝刊）．

39）『朝日新聞』2010年1月6日朝刊．

40）ちなみに，1993年の政治改革論議に対する筆者自身の違和感については，「総合教育科目としての『歴史とは何か（歴史学入門）』の意味」（『北海道東海大学教育開発研究センター所報』第7号，1994年），pp. 10–13.

41）NHK『宮沢元総理大臣を語る』2007年6月30日放映．

42）芦部，前掲書，p. 17.

43）拙稿「20世紀における安全保障の歴史的展開と『新しい戦争』の時代」（『北海道東海大学紀要』第16号2003年），p. 92.（本書第8章）

44）拙稿「国際連盟成立期の国際組織構想」(2)，p. 15，同 (4)，p. 14.

45）L. R. Brown, *World on the Edge*, New York, 2011, pp. 194ff.

18）詳しくは，拙稿「近代における戦争と平和」（『クリオ』第4号，1989年），pp.51-62；拙稿「歴史的視点からみた憲法第9条第2項」pp. 9f.（本書第9章）
19）拙稿「ヴァイマル期における平和主義」pp. 21-26（本書第1章）；なお，現代の兵役と良心的兵役拒否については，フールト「徴兵制と良心的兵役拒否」（『歴史地理教育』612号，2000年），佐々木陽子編『兵役拒否』青弓社，2004年，渡辺久丸『兵役拒否の人権化は世界の流れ』文理閣，2009年.
20）『NHK スペシャル危機と闘う②軍事転用の戦慄・ロボット』2006年7月10日放映.
21）E. J. Gumbel, "Die Landesverrat," *Die Weltbühne*, 1927. 8. 16, pp. 241ff.； 拙稿「ヴァイマル期における反逆罪強化と平和主義者」（『クリオ』創刊号，1986年），pp. 1-23. なお，反逆罪強化の動きは，後には関連する特別法の制定の試みへと繋がっていく.
22）『朝日新聞』2013年7月27日朝刊，『読売新聞』2013年8月11日朝刊.
23）『北海道新聞』2013年7月17日.
24）『読売新聞』2013年8月11日朝刊.
25）地雷については，長紀枝『地雷問題ハンドブック』自由国民社，1997年，pp. 34f.；2012年の武器輸出額は，米，露，中，ウクライナ，ドイツ，仏，英の順だという.（http://10rank.blog.fc2.com/blog-entry-198.htm）
26）民主党政権の動きについては，例えば『北海道新聞』2011年12月24日朝刊，12月27日夕刊，12月28日朝刊，自民党政権での動きについては，『北海道新聞』2013年3月1日，3月2日，4月22日，7月23日朝刊.
27）例えば，『北海道新聞』2013年4月5日朝刊の「各自核論」の長谷部恭男氏「憲法改正要件の緩和」.
28）『北海道新聞』2013年8月1日夕刊，同紙，8月2日朝刊，8月10日朝刊．なお，『朝日新聞』2013年8月2日朝刊社説が，立憲主義の観点から，非常に的確な論評を行っている.
29）高田敏，初宿正典『ドイツ憲法集［第3版］』信山社出版，2001年，pp. 155ff.
30）48条2項は「ドイツ国内において，公共の安全及び秩序に著しい障害が生じ，またはその虞があるときは，ライヒ大統領は，公共の安全および秩序を回復させるために必要な措置をとることができ，必要な場合には，武装兵力を用いて介入することができる．この目的のために，ライヒ大統領は，一時的に第114条［＝人身の自由］，第115条［＝住居の不可侵］，第117条［＝信書・郵便・電信電話の秘密］，第118条［＝意見表明等の自由］，第123条［＝集会の権利］，および第153条［＝所有権の保障］に定められている基本権の全部または一部を停止することができる.」（高田他，前掲書，p. 122.）なお，自民党の憲法改正草案で「緊急事態」に関連する98，99条との比較も興味深い.
31）古くは，17世紀半ばにブランデンブルク＝プロイセンのフリードリヒ・

第10章　日本の「再軍事化」への懸念 ── 歴史的平和研究の視点からの小論

1）拙稿「歴史的視点からみた憲法第9条第2項」（『北海道東海大学紀要人文社会科学系』2007年，第20号），pp.1-16.

2）例えば，奥平康弘他編『改憲の何が問題か』岩波書店，2013年．雑誌では，『世界』2013年3月号の特集「安倍『改憲政権』を問う」，新聞では，『北海道新聞』2013年4月28日朝刊の「改憲論議 国家像を問う」の高崎経済大の八木秀次氏と東京大の小森陽一氏の見解と，それに続いて4月29日から連載された「改憲をめぐる風景 '13」が興味深い．また，保阪正康氏は安倍政権の目指すあり方を「軍事主導体制」と名付け，きわめて的確な論評を行っている（「『目に見えない8月15日』とは」『北海道新聞』2013年8月16日朝刊）.

3）www.jimin.jp/policy/policy_topics/pdf/seisaku-109.pdf なお，その Q&A は，www.jimin.jp/policy/policy_topics/pdf/seisaku-109_qa.pdf

4）『北海道新聞』2013年8月17日夕刊.

5）『北海道新聞』2013年8月14日朝刊.

6）例えば『国際関係法辞典 第2版』（三省堂，2005年）や，『国際法辞典』（有斐閣，1998年）の「集団的自衛権」の項目．自衛権全般について詳しくは，森肇志『自衛権の基層』東京大学出版会，2009年.

7）拙稿「国際連盟成立期の国際組織構想」(1)～(5)（『東海大学紀要人文社会科学系』2008年～2012年，創刊号～第5号）.（本書第3～7章）

8）『北海道新聞』2013年8月14日朝刊.

9）「いずも」及び中国・韓国の反応については，例えば，『朝日新聞』2013年8月8日朝刊参照．その予算については，「我が国の防衛と予算」http://www.mod.go.jp/j/yosan/2010/yosan.pdf; http://www.mod.go.jp/j/yosan/2012/yosan.pdf；なお，敵基地攻撃能力（この文言自体は使われていないが）の検討などを含む防衛大綱の中間報告が7月26日に公表されている（『北海道新聞』2013年7月26日，27日朝刊.）

10）『北海道新聞』2012年7月13日朝刊，同16日朝刊「社説」.

11）芦部信喜『憲法第4版』岩波書店，2007年，p. 229.；辻村みよ子『憲法第2版』日本評論社，2004年，pp. 292f.

12）www.jimin.jp/policy/policy_topics/pdf/seisaku-109_qa.pdf.

13）『北海道新聞』2013年8月16日朝刊.

14）http://www.ndl.go.jp/jp/data/publication/legis/pdf/02480107.pdf.

15）石破茂『国防』新潮文庫，2011年，p. 184.

16）例えば，Embden, "Giftgaskrieg und Landesverteidigung," *Die Friedens-Warte*, 1928, pp. 199-204; 拙稿「ヴァイマル期における平和主義」（『歴史学研究』550号，1986年），pp. 18-20.（本書第1章）

17）石破，前掲書，pp. 182-192.

と中世におけるフェーデの克服にはパラレルな面が多々見られる．これらは「平和団体」の法に関する意識等に関わる比較検討すべき点であり，先述の安全保障の普遍性・客観性（あるいは公共性）と恣意性・当事者性の問題とも絡んでくるが，勉強不足のため筆者はここでは「興味深い」という印象でしか語れない．

32）国連体制下の自衛権については，例えば参照，畠基晃『憲法9条 研究と議論の最前線』青林書院，2006年，pp. 4-56.

33）MDの配備に対するロシアや中国の一時の強い懸念については，例えば，『北海道新聞』2007年6月6日朝刊；『朝日新聞』2007年6月3日朝刊を参照．

34）例えば，D. van Embden, “Giftgaskrieg und Landesverteidigung,” *FW*, 1928, pp. 199-204. 等々の予測．また，この予測は国家による防衛だけでなく国際連盟の行う軍事的強制措置への批判にも繋がった．他方，当時は国際連盟ミリタリズムへの懸念も存在していたこともここで付言しておく．詳しくは，拙稿「ヴァイマル期における平和主義」；拙稿「国際連盟とドイツの平和主義」（本書第1，2章）参照．

35）この問題については，拙稿「近代における戦争と平和－義務兵役制度の史的研究手控え（1）－」（『クリオ』第4号，1989年）を参照．

36）柴田他編，前掲書，pp. 377f.

37）例えば，猪口邦子『戦争と平和』東京大学出版会，1989年，p. 30.

38）カイヨワ『戦争論』法政大学出版局，1974年，p. 103.

39）ナチスはユダヤ人やロマ族を迫害・虐殺しただけでなく，同じドイツ民族の中でも障害や遺伝病をもつ人々に断種や「安楽死」を実行した．ナチスが考えるところの優秀で純粋なゲルマン民族の血を残すという人種における純化路線をそこに見て取ることができる．詳しくは，参照，木畑和子「第二次世界大戦下のドイツにおける『安楽死』」（井上茂子他『1939 ドイツ第三帝国と第二次世界大戦』同文館，1989年）pp. 248ff.

40）アルバカーキー・トリビューン編『プルトニウム人体実験』小学館，1994年；風下の人々について最近の記事では『北海道新聞』2007年8月6日朝刊参照．

41）カイヨワ，前掲書，p. 103.

42）参考でいえば，1920年代のドイツではグレーナーら共和国支持派が反逆罪強化を試みたり平和主義者を主対象とした特別法を制定しようとした．表面上はヴェルサイユ条約違反の秘密の再軍備の暴露阻止のために行われたように見えるこの動きを，当時の平和主義者は戦争の構造変化に対応した法の準備であると看取していた．彼らは将来の戦争では軍事的領域と文民的領域の区別が小さくなり，「軍事機密」の範囲が拡大しあらゆることが軍事機密と見なされるようになる可能性があることを既に予見しており，上記の動きをそれに備えた法的準備と捉えたのである．（拙稿「ヴァイマル期における反逆罪強化と平和主義者」『クリオ』創刊号，1986年）

1979, p. 569.）

17）堀米「戦争の意味と目的」p. 266f.；堀米『西洋中世世界の崩壊』p. 17.

18）Janssen, op. cit., p. 569；山内氏も「そもそも確固とした（近代的な）公権力が存在せずに，自らの利益は自らで守らねばならない社会の下では，武装能力のある男性が自らの判断で自らの武力を行使するのに何の不都合もなかった．それどころか，中世の政治・社会秩序は，反攻＝復讐を前提として成り立つ，その構成員相互の抑制と均衡という性格を強くもつから，場合によっては自力で戦うことはむしろ法と秩序を守る行為だった」とし，また，オリヴィエ－マルタンを引用して「戦争は，国にとってのみならず個人にとっても，襲撃を排除するための場合（自衛戦）のみならず，更には，汚辱を雪ぎ紛争を解決しまたは権利を実現するための場合（侵略戦）でさえ，正常な手段として立ち現れる．戦争を為し得る者は，その者が属する階級相応の武器をとって戦うということを別とすれば，誰であっても差し支えない．これが私戦の法的概念である」と述べている．（山内『掠奪の法観念史』pp. 34f.，p. 45.）

19）山内『掠奪の法観念史』pp. 35f.

20）O. Brunner, *Land und Herrschaft*, 5. Aufl. Reprogr. Nachdr. Darmstadt, 1965, p. 17.

21）Janssen, op. cit., p. 569; Brunner, *op. cit.*, p. 35, p. 18.

22）Brunner, *op. cit.*, p.18

23）皆川卓「フェーデと近世国家」（山内進他編『暴力 比較文明史的考察』）p. 54.

24）樺山「フェーデ」p. 606.

25）構造全体については例えば成瀬治「『近代国家』の形成をめぐる諸問題」（『絶対主義国家と身分制社会』山川出版社，1988年）参照.

26）山内「暴力とその規制」pp. 34ff.

27）柴田三千雄他編『世界歴史大系フランス史2』山川出版社，1996年，p. 174, p. 213.

28）柴田他編，前掲書，pp. 214f.

29）ミッタイス，前掲書，p. 470.

30）阪口修平『プロイセン絶対王政の研究』中央大学出版部，1988年，pp. 193-209.

31）国際社会における仲裁制度形成等の平和への努力において，a）国家の「名誉」に関わる紛争を義務仲裁制度の対象の例外としようとした動きと，中世において自己の権利を自力で守らないことは名誉にも関わってくるため「フェーデは権利つまり名誉のための闘い」（山内『掠奪の法観念史』pp. 35f.）とされた点，b）紛争の解決に関して武力によるか裁判を利用するかを選択できるか否かという点だけでなく，c）裁判所の「職権による裁判権の発動」や，「判決」とその執行の当事者性の問題，d）平和破壊を被害者に対する行為と位置付けるか「平和団体」全体に対する問題と捉えるか等々，表面的に見ても近代の国際社会における紛争の平和的解決の試み平和的解決の決定を守らせることが困難である．③紛争の平和的解決と軍縮：軍縮をせず軍事力に自信があれば紛争の平和的解決のシステムに頼ることなく独力で解決しようとし，紛争を公平に裁定する機関がなければ軍事力に頼ろうとして軍縮が進まない．

6）諸構想については前掲拙稿，及び拙稿「国際連盟とドイツの平和主義」（本書第2章），「近代西欧国際組織構想概観」(2)，(3)，「第1次大戦期の平和主義小考」(1)～(3)等々の『北海道東海大学紀要人文社会科学系』(1991，95，96，2000，01，05年）の諸論考を参照．

7）集団的自衛権の導入の経緯については，竹村卓「集団的自衛権の歴史的位相」（『平和研究』第25号，2000年）を参照．

8）拙稿「ヴァイマル期における平和主義」（『歴史学研究』1986年11月）；拙稿「国際連盟とドイツの平和主義」（本書第1，2章）

9）例えば，退役陸軍少将シェーナイヒは「どんな時代でも軍事指導者は『我々は侵略されている』と主張してきた」と指摘する．“Eine Rundfrage der Friedenswarte, Verteidigungskrieg und Dienstverweigerung,” *Die Friedens-Warte*, ［以下 *FW* と略］1928, p. 286f.

10）拙稿「20世紀における安全保障の歴史的展開と『新しい戦争』の時代」（『北海道東海大学紀要人文社会科学系』2003年）

11）堀米庸三『歴史を見る眼』日本放送協会出版会，1964年，pp. 100−102；堀米庸三『西洋中世世界の崩壊』岩波書店1958年，pp. 16−21.；堀米庸三「戦争の意味と目的」（『ヨーロッパ中世世界の構造』岩波書店，1976年）；また，山内進氏は西洋における暴力規制の三つの段階を想定する．（山内「暴力とその規制」，山内他編『暴力 比較文明史的考察』東京大学出版会，2005年，pp. 22ff.）

12）樺山紘一「フェーデ」（『歴史学事典7』弘文堂，1999年），p. 606.

13）ミッタイス『ドイツ法制史概説』創文社，1969年，p. 29，pp. 42f.

14）*dtv-Wörterbuch zur Geschichte* Bd. 1, München 1972, p. 253.

15）山内進『掠奪の法観念史』東京大学出版会，1993年，pp. 242f.；また堀米氏も「社会の大土地所有的発展，支配と隷属の人的保護従属関係の形成の結果，次第に武器権を喪失していった農民が，正規のフェーデ権を失って，神明裁判（Ordalie）を権利闘争の主たる方式とするに従い，武力ある階層のみがフェーデ権を独占するに至った［後略］」と述べている．（堀米「戦争の意味と目的」pp. 268f.）

16）山内『掠奪の法観念史』pp. 34f. また，「『戦争』と『フェーデ』の間の原則的な相違を中世はなお知らなかった．［中略］中世の戦争は，大きなフェーデであり，質的に分けられるのではなく単に量的に際だっており，それに結びついた結果に関して政治的計算においてより注意深く扱われた」（W. Janssen, “Krieg,” in: O. Brunner et al. (ed.), *Geschichtliche Grundbegriffe: Historisches Lexikon zur politisch-sozialen Sprache in Deutschland,* Bd. 3, Stuttgart,

17) 本土が攻撃に晒されたことが殆どない世界最大の軍事大国米国のこうした過剰反応は，アンシャン・レジーム型の常備傭兵に基づく軍事強国プロイセンが，ナポレオンの国民軍に敗北したことを契機に，徹底した兵役義務制度を導入に至る過剰反応とパラレルなものに筆者には思われる．
18)「アメリカ合衆国の国家安全保障戦略」『世界週報』2003.12.3，p.56，2003.12.10，p.52.
19)『朝日新聞』2003年2月5日朝刊.
20) テロへの対応については例えば藤原帰一「日本がなすべきことは何か」『世界』2001年11月号.
21)「アメリカ合衆国の国家安全保障戦略」『世界週報』2003.12.10，p.52.
22) 以上の部分については以下を参照.『北海道新聞』2003.6.11夕刊のAP通信独自調査と同6月17日朝刊のイラク・ボディ・カウント調査；『朝日新聞』2001年12月12日朝刊；同2003年5月29日朝刊；『北海道新聞』2003年5月12日朝刊；同2003年5月21日朝刊.
23)『北海道新聞』2003年7月17日朝刊.
24)『北海道新聞』2003年5月30日朝刊.
25) 拙稿「近代西欧国際組織構想概観」『北海道東海大学紀要人文社会科学系』第6号，1993年；「平和憲法の歴史的意味」『歴史学研究』728号，1999年.

第9章　歴史的視点から見た憲法第九条第二項

1) 宮沢氏の見解については，例えば「国連常設軍の創設と全面軍縮」（『月刊Asahi』1991年5月号）を参照.
2) 他方，憲法には過去を評価・反省・克服した上で現在及び未来の国内外の人々に対して国の有り様を宣言するという側面があると筆者は考えており，その意味でも多角的な観点からの吟味が必要といえよう．比較の意味で，過去の克服とドイツ基本法の精神については，例えば，石田勇治『過去の克服』白水社，2002年，pp. 86f.　太田一男編『国家を超える視角』法律文化社，1997年，p. 84，参照.
3) 拙稿「近代西欧国際組織構想概観（1）－日本国憲法第9条の歴史的位置付けのために－」（『北海道東海大学紀要人文社会科学系』第6号，1993年）．また拙稿「平和憲法の歴史的意味」（『歴史学研究』728号，1999年）も参照.
4) 研究史上の特色ついては，拙稿「平和憲法の歴史的意味」pp. 30ff. を参照
5) ①軍縮と軍事的強制措置：軍縮が進まない状態で強制措置が行われれば特にその対象が大国の場合には「大国VS. 国際機構」の大規模な戦争が起こる可能性がある．一方，国際機構の強制措置で守られるという安心感がなければ軍縮は中々進まない．②強制措置と紛争の平和的解決：紛争の平和的解決等の違法国家の認定が公正でシステム化されていなければ強制措置は恣意的なものになって信頼を損なう．他方，強制措置がなければ紛争の

4） この点は第1次大戦期の国際組織に関する諸提言を集めた *Recueil de rapports sur les différents points du Programme Minimum*, Haag 1917 の諸論文でもしばしば言及されている．
5） 総力戦という体制自体の誕生はフランス革命期である．それが第1次大戦で顕在化するが，第1次大戦では非戦闘地域を攻撃する技術水準が高くなかった．そのため，非戦闘地域への攻撃が本格化するのは，第2次大戦になってからである．
6） 拙稿「第1次大戦期の平和主義小考（1）」『北海道東海大学紀要人文社会科学系』第13号，2000年，pp.243–257. いくつかの提案では仲介や仲裁をより第三者機関化する主張が見られた．（拙稿「第1次大戦期の平和主義小考（2）」『北海道東海大学紀要人文社会科学系』第14号，2001年，pp.134–136.）
7） 最上敏樹『国際機構論』東京大学出版会，1996年，pp.42f.
8） 例えば，1928年2月のドイツ提案等．（Wehberg, *Die Ächtung des Krieges*, Berlin 1930, pp.76ff.）
9） ジュネーヴ軍縮会議では，フランスが，国際連盟の軍事力について，強制措置を行う国際強制軍と戦争防止措置を行う国際警察軍を提案している．（Wehberg, "Der Kampf um die Schaffung einer internationalen Polizeimacht," *Die Friedens-Warte*［以下 *FW* と略］1932, pp.77ff.）
10） Wehberg, Die *Ächtung des Krieges*, pp.131–140.;idem, "Der bulgarisch-griechische Konflikt vor dem Völkerbundrate," *FW*, 1926, p.79.
11） idem, "Völkerbund und einseitige freiwillige Abrüstung," *FW*, 1931, pp.293ff. なお，ドイツでの諸提案について邦語では拙稿「ヴァイマル期における平和主義」『歴史学研究』550号，1986年；拙稿「国際連盟とドイツの平和主義」『北海道東海大学紀要人文社会科学系』第4号，1991年；国家の指導者に対する戦争責任の問題については，大沼保昭『戦争責任論序説』東京大学出版会，1975年，ドイツでの当該問題の提案については，拙稿「ヴァイマル期における反逆罪強化と平和主義者」『クリオ』創刊号，1986年．
12） 内田久司「『拒否権』の起源」『都立大学法学会雑誌』5–1，pp.134f.，pp. 138ff.，p. 160.
13） 竹村卓「集団的自衛権の歴史的位相」『平和研究』第25号，2000年，p.60.
14） 例えば，藤田久一『国際法講義Ⅱ』東京大学出版会，1994年，pp. 400–404. また，軍事的報復，軍事的復仇も違法行為である．なお，戦時復仇は，jus ad bellum ではなく，jus in bello の問題であり，戦争自体の制限の問題とは異質な概念である．
15） この時期について邦語では，例えば，日本国際連合学会編『21世紀における国連システムの役割と展望』国際書院，2000年．
16） 例えば2000年1月5日，米国防総省はサイバー攻撃を戦術に組み込む本格的な検討を始めることを表明した．（『朝日新聞』2000年1月7日朝刊．）

34) *FW*, 1915, p. 7; なお，他にドイツ社会民主党も同様の提案をしていたという (*WF*, p.15); また，長期目標としては大戦以前から存在していたという．(*SH*, pp.286.)

35) Bluntschli, op. cit., p. 296, pp. 303-305.

36) *IR*, p. 29;Schücking, *Die Völkerrechtsliche Lehre des Weltkrieges*, Leipzig, 1918, pp.209f, p.206.; *WF*, p. 19, pp. 26f; A. B. Wicksell, " Einige Bemerkungen über den ständigen internationalen Untersuchungs-und Vermittlungsrat," in: *Recueil* vol. 1, pp. 354ff.)

37) *FW*, 1915, p. 11, pp. 100-102; *VF*, 1915, p. 48.

38) Doty, *op. cit.*, p.104, pp. 116f.

39) 拙稿「国際連盟成立期の国際組織構想」(3), pp. 11-12.（本書第5章）

40) Unwin, pp. 227f.; Williams, p,233.

41) 4条は以下の通り「加盟国は，紛争となっている案件が前述のように国際高等裁判所や国際理事会に付託されるまで，そして，付託の日から1年が経過するまで，陸軍または海軍によって実際に行われた武力攻撃を撃退し打倒する以外には，どんな場合でも他の加盟国に対して最後通牒や戦争の性格を有する陸軍または海軍の軍事行動の威嚇や攻撃行動を行わない義務を負い，また，いかなる状況でも，宣戦布告をしたり総動員を命じたり戦争の性格を有する陸軍または海軍の軍事行動を開始したり，領域を侵害したり，船舶を攻撃したりしない義務を負う」(FS, pp. 111-115, pp. 124ff.)

42) Bryce, op. cit., pp.192f., pp. 184f.

43) Palmstierna, op. cit., p. 141.

44) NAOR, op. cit., pp. 267f., 270; Liszt, *op. cit*., p. 73; *IR*, pp.33-41.)

45) *WF*, p. 27.

46) 例えば，*SH* に対する多くの識者の見解から，当時の傾向が読み取れる．（拙稿「近代西欧国際組織構想概観」(3),『北海道東海大学紀要人文社会科学系』1996年，pp. 114-118.)

第3部　歴史から現代へ

第8章　二〇世紀における安全保障の歴史的展開と「新しい戦争」の時代

1) 例えばイラク侵攻については，寺島実郎他編『「イラク戦争」検証と展望』（岩波書店，2003年）が包括的で意義深い．

2) 本稿は，ここ数年の筆者の担当科目「平和学」,「戦争を考える」及び2003年6月19日の「現代文明論」の内容を圧縮・修正したものである．なお，紙幅の関係上，註を最小限に留めていることをあらかじめお断りする．

3) ハーグ平和会議については，例えば A. Eyffinger, *The 1899 Hague Peace Conference*, Hague 1999.

でも，リストは大戦期の同盟のような国家グループが普遍的国際機構の形成の不可避の前段階であり，これによって国際社会の組織化が単純化され容易になると予測しており（Liszt, *op. cit.*, p.49, 54; Fortuna, *op. cit.*, pp. 87f.），ナウマン（Naumann）も中欧ブロック構想を唱えた．（Erzberger, *op. cit.*, pp. 9f.）

18）Wehberg (1919), pp. 122-124.

19）Wilson, *op. cit.*, p. 119.

20）Unwin, op. cit., pp. 225f; Williams, op. cit., p. 233; Wilson, *op. cit.*, p. 119; LEP については，Wilson, *op. cit.*, p.119. 及び Bryce, op. cit., p. 188を参照．

21）*Die Völkerfriede*［*VF* と略］, 1915, pp. 47f.; Wehberg (1939), p. 180.

22）*IR*, pp. 72-79.

23）Heater, *op. cit.*, pp.54f., p. 58, 74；シュリーについては，Souleyman, *op. cit.*, p. 24；ペンについては，Penn, "An Essay towards the Present and Future Peace of Europe," in: J. Sowle (ed.), *A Collection of the Works of William Penn*, London, 1726, rept. New York, 1974, p. 842; Bluntschli, op. cit., pp. 303-305; Wehberg (1941), pp. 77-81. esp., p. 79.

24）M. Z. Doty, The Central Organization for a Durable Peace (1915-1919), Diss. Genf, pp. 103ff.

25）FS, op. cit., pp. 115-124; Bryce, p. 180; T. J. Lawrence, "The peaceful settlement of international disputes," in: Recueil vol. 1, pp. 309f.

26）*SH*, pp. 203-229; AH, pp. 208-209; *WF*, pp. 13ff.

27）Miller, *op. cit.*, vol.1, p. 36; Miller, *op. cit.*, vol. 2, pp. 7-11.

28）セシルは「いずれにせよ小国は顕著な影響力は行使できない」と述べている（Wilson, *op. cit.*, pp. 181f.）; イタリア案は，加盟国の法の前の平等を謳いつつ（基本原則の1），加盟国が国力に比例して権利をもつことを明示する（前文））

29）U. Fortuna, *Der Völkerbundgedanke in Deutschland während des Ersten Weltkrieges*, Zürich, 1974, p.197; 拙稿，「国際連盟成立期の国際組織構想」(4) p. 4, 13.（本書第6章）

30）拙稿「近代西欧国際組織構想概観」『北海道東海大学紀要人文社会科学系』1993年，pp. 30-34.

31）拙稿「第1次大戦期の平和主義 小考」(3)『北海道東海大学紀要人文社会科学系』2005年，pp. 50ff.）

32）*WF*, p. 21; *IR.*, pp. 11f, p. 30.; HMP については，*FW*, 1915, pp. 100-102.; Bryce, p. 176, p. 182; NAOR, pp. 247f; "Die Liga zur Erzwingung des Friedens," *FW*, 1916, p. 284; Unwin, op. cit., pp. 227f.；拙稿「国際連盟成立期の国際組織構想」(1)，p. 9（本書第3章）;「第1次大戦期の平和主義小考」(2)，p. 129.

33）Williams, op. cit., pp. 233-235. なお，その審査・調停機関の構成は不明確である．

die Errichtung eines Völkerbundes," *FW*, 1946［Kriege と略］, pp. 333-341; M. Erzberger, *Der Völkerbund: Der Weg zum Weltfrieden*, Berlin 1918; Schücking, *Internationale Rechtsgarantien*, Hamburg,1918［*IR* と 略］; Wehberg, *Die Pariser Völkerbundakte*, Berlin und Leipzig 1919［Wehberg (1919) と略］, pp. 38f. なお，ドイツ案は国際協調を目指す様々な組織が大戦初期に提起した課題の殆どを網羅しているが，それらの課題については，参照，拙稿，「第1次大戦期の平和主義小考（2）」，『北海道東海大学紀要人文社会科学系』2001年，p. 138の表．スイス案も多くの課題を設定しているが殆どは項目を列挙する程度で，実際には紛争処理に重点を置く．（*Wehberg Nachlass* Nr. 23［*NLW* Nr.23と 略］ の "Bericht des Bundesrates an die Bundesversammlung betreffend den von der bundesrätlichen Expertenkommision ausgearbeiteten Entwurf eines Völkerbundesvertrages."）

10）各案は以下を参照．イタリア案 : F. Wilson, *The Origins of the League Covenant*, London, 1928, pp. 199-210; セシル案 : David Hunter Miller, *The Drafting of the Covenant*, vol. 2, New York, 1928, pp. 61-64 ; Wilson, *op. cit.*, pp. 181-183; スマッツ案 : Miller, *op. cit.*, vol. 2, pp.23-60, esp. pp. 24f, 59; フィリモア案 : Wilson, *op. cit.*, pp. 115-117; ハウス案 : Miller, *op. cit.*, vol. 2, pp. 7-11; フランス案 : Wilson, *op. cit.*, pp. 189-198. 特にフランス案は強制措置に関する詳細な規定を置く．

11）Souleyman, *op. cit.*, p.19; Heater, *op. cit.*, pp. 32f.; なお，ヒーターは，サン-ピエールは全3巻の著作のうち最初の2巻ではトルコを準加盟国としているが，第3巻では除外している，と指摘している．（Heater, *op. cit.*, p. 72.）

12）Wehberg (1941), pp. 93ff., pp. 98ff.; F.–K.Scheer, *Die Deutsche Friedensgesellschaft*, Frankfurt a. M., 1981, pp. 179ff.

13）Wehberg (1941), p. 79, pp. 96-99; Scheer, *op.cit.*, pp. 181f.; OW, pp. 597f. シュッキングは，1918年の時点では，非主権国家や人口10万人以下の国家の除外を主張している．（AH, p. 203.）; フェビアン案もハーグ平和会議参加国など45の独立主権国家を機構加盟国に想定している．（FS, pp. 112-113.）また，ヴェーベルクは，1915年以降は普遍性の原則に基づかない国際連盟構想は見あたらないと指摘するが（Wehberg (1941), pp. 107f.），それは，地域的国際機構と普遍的国際機構が二者択一的関係ではなくなったという意味であろう．

14）Unwin, op. cit., p. 225, 228; A. Williams, "A League of Nations," in: *Recueil* vol. 1, pp. 229-237, esp., pp. 232f.; "Die Liga zur Erzwingung des Friedens," *FW,* 1916, p.284; Bryce, op. cit., p.174; NAOR, "Internationale Sanktion," in: *Recueil* vol. 4, pp. 239-285, esp.p.280.

15）Miller, *op. cit.*, vol. 1, p. 11; Wilson, p. 199, p. 181.

16）Miller, *op. cit.*, vol. 1, p. 11.

17）Wehberg (1919), pp. 109f.; Erzberger, *op. cit.*, pp. 5-37, pp. 163f. ただしドイツ

第７章　国際連盟成立期の国際組織構想（5）――諸構想の比較

1）　拙稿「国際連盟成立期の国際組織構想」(1)，(2)，(3)，(4)『東海大学紀要人文社会科学系』2008年，2009年，2010年，2011年．（本書第３～６章）

2）　近代以前の構想については以下を参照．D. Heater, *The Idea of European Unity,* Leicester 1992; J. T. Johnson, *The Quest for Peace*, Princeton, 1987; E. v. Souleyman, *The Vision of World Peace in Seventeenth and Eighteenth-Century France*, New York, 1941.

3）　F. H. Hinsley, *Power and Pursuit of Peace*, Cambridge, 1967, p. 116, pp. 139f; 拙稿,「近代西欧国際組織構想概観」(2),『北海道東海大学紀要人文社会科学系』1995年，pp. 52ff.

4）　J. C. Bluntschli, "Die Organisation des europäischen Staatenvereins," in: *Gesammelte Kleine Schriften*, zweiter Band, Nördlingen, 1881; H. Wehberg, "Ideen und Projekte btr. die Vereinigten Staaten von Europa in den letzten 100 Jahren,"［Wehberg (1941) と略］, *Die Friedens-Warte*［*FW* と略］,1941, pp. 77–81.

5）　Schücking,"Organisation der Welt,"in: *Staatsrechtliche Abhandlungen*, Tübingen, 1908［OW と略］; idem, *Die Staatenverband der Haagerkonferenzen*［*SH* と略］, München/ Leipzig, 1912; Idem., *Der Weltfriedensbund und die Wiedergeburt des Völkerrechts*, Leipzig, 1917［*WF* と略］; idem., "Ausbau der Haager Werk［AH と略］," in: *Recueil de rapports sur les différents points du Programme Minimum*［以下 *Recueil* と略］, vol. 1, pp. 192–211.

6）　A Fabian Committee, "The Supernational Authority that will prevent war," in: *Recueil*, vol. 4, pp. 107–143, esp., p. 112; R. Unwin, "A League of States," in: *Recueil*, vol. 1, Haag, 1917, pp. 212–228, esp., p. 212; Bryce, "Proposals for the Prevention of Future Wars," in: *Recueil,* vol. 4, pp. 171–193, esp., pp. 172f.; Palmstierna, "An international Police," in: *Recueil,* vol. 3, pp. 121–154, esp. p.131.

7）　Wehberg, "Zur Methode der Vorbereitung des Völkerbundes während des Weltkrieges," *FW,* 1939［Wehberg (1939）と略］, pp. 184f.

8）　O. Nippold, "Die Staatenliga," *FW*, 1918, pp.38–41; "Die Liga zur Erzwingung des Friedens," *FW*,1916, p.284. なお，LEP の中心的存在のタフト（Taft）の論文も CODP の論文集に収められている．ドイツの国際法学者のリスト（Liszt）も LEP 案を，最も注目に値する提案と評価する（F. v. Liszt, *Vom Staatenverband zur Völkergemeinschaft,* München und Berlin, 1917, p. 71.）

9）　ドイツ案は，*Deutsche Liga für Völkerbund Sechste Flugschrift. Der Völkerbund-Vorschlag der deutschen Regierung*, Berlin, 1919 参照；ドイツ案の解釈については，拙稿，「国際連盟成立期の国際組織構想」(4)，p. 3（本書第6章）; DGfV 案，クリーゲ案，エルツベルガー案，シュッキング案はそれぞれ以下を参照．Th. Niemeyer (ed.), *Der Völkerbundsentwurf der Deutschen Gesellschaft für Völkerrecht*, Berlin, 1919; "Dokumente. Der Kriege'sche Entwurf für

書第4章）

7）1912年に書かれた彼の国際機構論，Organisation der Weltの書名がまさにそのことを示す．

8）Acker, *op. cit.*, p.118; 拙稿「近代西欧国際組織構想概観（3）」（『北海道東海大学紀要人文社会科学系』1996年，p. 114.）

9）Fortuna, *op. cit.*, p. 198.

10）史料には40，41条の番号が欠けているので確定できないが，この条文は39条2項または40条であろう．なお，紛争法廷は，条約や総会決議が，連盟条約・連盟規約・その他の連盟の権利や利益や反しているという異議に関する決定機関でもある（56～58条）．

11）Fortuna, *op. cit.*, p. 204; Acker, *op. cit.*, p. 118.

12）Wehberg, *op. cit.*, pp.127-134. なお，ラマシュのいう「中立性」は完全な第三者的機関ということとは異なっていよう．

13）Fortuna, *op. cit.*, p. 201, p. 204.

14）シュッキング本人もそう解釈している．(W. Schücking/ Wehberg, *Die Satzung des Völkerbundes*, Berlin, 1921, p. 376); Fortuna, *op. cit.*, pp. 201f.

15）拙稿「国際連盟成立期の国際組織構想」(3)，pp. 11f.（本書第5章）

16）DGfVには最終案よりも国家の戦争の自由を制限する傾向が強い3種類の先行案があり，例えば，1919年1月6日に完成した案の13条1項は，早期の予防措置として援用できる可能性がある．すなわち「国際連盟にはあらゆる違反や威嚇からその規約を守る義務がある．国際連盟はあらゆる加盟国に対してこうした保護を保障する」とあるからである．ただし，第2項は「このことは，特に，ある国家が紛争の仲裁的解決を拒否したり，逡巡したり，仲裁判決に従わなかったりした場合に，また，ある国家が別の加盟国に法に反した軍事的措置を執った場合にあてはまる」とし，肝心の紛争を国際機関に付託する前のケースが例示されていない．（拙稿「国際連盟成立期の国際組織構想」(2)，pp. 10-12, p. 17.）（本書第4章）

17）ハウス案7条にも予防措置が規定されている．これについては，参照，柴田祐輔「国際連盟期における防止措置」（柘山堯司編著『集団安全保障の本質』東信堂），2010年．

18）拙稿「国際連盟成立期の国際組織構想」(3)，pp. 11f.（本書第5章）

19）拙稿「国際連盟成立期の国際組織構想」(1)，p. 14.（本書第3章）

20）ヴェーベルクやシュッキングは，「軍備は国際連盟の利益と国家の内的安全と一致する最小限度に制限されなければならない」の文言を，連盟の軍事的強制措置と自衛に必要な最小限度の戦力と解釈している．（W. Schuecking/ Wehberg, *op. cit.*, p. 250.）この解釈に立てば，さほどラディカルな軍縮とはいえないことになる．

21）Fortuna, *op. cit.*, p. 197.

22）*ibid.*, pp. 204f.

lin, 1929, p. 45; K. Schwabe (ed.), *Quellen zum Friedensschluss von Versailles*, Darmstadt, 1997, p. 250; H. Wehberg, *Die Pariser Völkerbundakte*, Berlin und Leipzig 1919, p. 91; なお，ドイツ案の条文は，*Der Völkerbund-Vorschlag der deutschen Regierung* (Deutsche Liga für Völkerbund, Flugschrift 6.), Berlin, 1919; Wehberg, *op. cit.*, pp. 92-100; Schwabe, *op. cit.*, pp. 250-257.

3) U. Fortuna, *Der Völkerbundgedanke in Deutschland während des Ersten Weltkrieges*, Zürich, 1974, pp.192-205; D. Acker, *Walther Schücking*, Münster, 1970, pp. 115-118; 牧野雅彦『ヴェルサイユ条約』中公新書，2009年，pp.182-186；アッカーは，例えば，ドイツ案の世界議会提案について，シュッキングは世界議会の理念を公言することで連合国の左翼政党をドイツ支持に向かわせることを期待し，政府もそのプロパガンダ的可能性を利用しようとしたと，政治戦術的性格を指摘する（Acker, *op. cit.*, p.117.）．他にドイツ案の政治的意図については，P. Grupp, *Deutsche Aussenpolitik im Schatten von Versailles 1918-1920*, Paderborn, 1988, pp. 62f; J. Wintzer, *Deutschland und der Völkerbund 1918-1926*, Paderborn, 2006, pp. 153-155; C. M. Kimmich, *Germany and the League of Nations*, Chicago, 1976, pp. 19ff; P. Grupp, *Harry Graf Kessler*, München, 1996, p. 207; ドイツ案については他に，W. Eisenbeiss, *Die bürgerliche Friedensbewegung in Deutschland während des Ersten Weltkrieges*, Frankfurt a. M., 1980, pp. 159f., p. 374; また，1919年4月28日まで，特に，2月14日までの連合国側の国際連盟案作成をめぐる動きについては，篠原初枝『国際連盟』中公新書，2010年.

4) スイス案は，Bundesarchiv Koblenz所蔵のヴェーベルクの遺文集（Nachlass）Nr. 23の "Bericht des Bundesrates an die Bundesversammlung betreffend den von der bundesrätlichen Expertenkommission ausgearbeiteten Entwurf eines Völkerbundesvertrages"，オランダ案は，同 *Nachlass* Nr. 23の "Völkerbundprinzipien, zusammengefasst von der offiziellen Niederländischen Expertenkommission, unter Präsidium des Herrn Dr. J. A. Loeff" による．なお，ドイツ案を含めて各案の条文を条・項の形で取り上げる場合には，紙幅の都合上，基本的に，本文中に条・項をあげるのに留め，折々に註は付さない．

5) 拙稿「国際連盟成立期の国際組織構想」(1)，pp. 4-6（本書第3章）; W. Schücking, *Die Staatenverband der Haagerkonferenzen*, München/ Leipzig, 1912, pp. 298-309; 拙稿「国際連盟成立期の国際組織構想」(3)，p. 4（本書第5章）; Fortuna, *op. cit.*, p. 197; なお，同時期にドイツの外交官ケスラー（Kessler）伯は，世界議会を諸々の専門的国際機構の代表から構成し，国際連盟を国民国家をバックとしない文字通り「諸国民（Nations;Völker）の連盟」にすることを提案した．（Fortuna, *op. cit.*, p. 190; W. Benz, *Pazifismus in Deutschland*, Frankfurt a. M., 1988, pp. 144ff; P. Grupp, *Harry Graf Kessler*, pp. 207f.）

6) クリーゲ案については，拙稿「国際連盟成立期の国際組織構想」(2)（本なお，Ⅱは外交的，法的，経済的制裁を規定している．

27）Miller, *op. cit,* . vol. 2, p. 9.

28）Miller, *op. cit.*, vol.1, p. 35, p. 181. ミラーは「規約18条違反の際には事実上加盟国全てと戦争状態になる」（19条）と，米国の軍事的貢献が上院の同意無く決められることで合衆国憲法に反することを指摘した．これを受けウィルソン大統領は，スマッツ案やフィリモア案と同じ「it shall thereby ipso facto become at war with all the members of the League」の文言を「it shall thereby be ipso facto deemed to have committed an act of war against all the members of the League（事実上全ての加盟国に対して戦争行為を行ったものと見なす）」に修正した．（Miller, *op. cit.*, vol. 1, p. 35, pp. 48-49; 進藤，前掲書，pp. 339ff.）

29）Schücking/ Wehberg, *op. cit.*, p. 384.

30）最上敏樹『国際機構論』東京大学出版会，1996年，pp. 42-43. 詳細な議論は柴田, 前掲論文, pp. 24-33を参照．ただしこの解釈決議では, 判断主体（国際機構か個々の加盟国か）は，(a)~(c)という違約のケースによってではなく，強制措置の種類で区別されていることになる．そして，ハウス案の14条と15条の相違が，(a)~(c)の別によるのではなく強制措置の内容による相違だとすれば，解釈決議とは全く反対の対応を提案していることになる．

31）Miller, *op. cit.*, vol. 1, p. 15.

32）前掲拙稿（2），pp. 10ff.（本書第4章）

33）Wilson, *op. cit.*, p. 183, p. 207, p. 121, p. 117, p. 188, p. 194; Miller, *op. cit.*, vol. 1, p. 11; Wilson, *op. cit.*, pp. 193-195; Miller, *op. cit.*, vol. 2, p. 10.

34）Miller, *op. cit.*,vol. 2, p. 10.

35）Miller, *op. cit.*,vol., 2, pp. 45-52; Wilson, *op. cit.*, pp .185-187.

36）Wilson, *op. cit.*, p. 194, p. 201.

37）前掲拙稿（1），p. 14.（本書第3章）

38）Wilson, *op. cit.*, p. 118, pp. 181f.

39）Wilson, *op. cit.*, pp. 185f., p. 199, p. 202, p. 205. ①で触れたように，スマッツ案では3カ国の反対で理事会の決定はなされなくなる．

40）Wilson, *op. cit.*, p. 190, pp. 197-198; Miller, vol. 2, pp. 7-11.

41）Wilson, *op. cit.*, p.182.

第6章　国際連盟成立期の国際組織構想（4）—— ドイツ政府案を中心に

1）筆者は本書第3章で主に第1次大戦期の国際組織構想，第4章でドイツ国際法協会［DGfV と略］の国際連盟案，第5章で連合国側の国際連盟案を検討した．（拙稿「国際連盟成立期の国際組織構想」(1)，(2)，(3)『東海大学国際文化学部紀要』2008年，2009年，2010年）

2）E. Jaeckh, *Der Völkerbundgedanke in Deutschland während des Weltkrieges*, Ber-

ため」と述べられており，加盟時期は別としてドイツを完全に排除する意図はなかったことがわかる．（Miller, *op. cit.,* vol.1, p. 13.）

14）Miller, *op. cit.,* vol. 2, pp. 52-59.

15）idem, vol. 2, pp. 52f.

16）Wilson, *op. cit.,* p.122, p. 118, p. 183.

17）Miller, *op. cit.,* vol. 2, pp. 56-57; Wilson, *op. cit.,* p. 182, p. 122.

18）Wilson, *op. cit.,* p. 190, pp. 196-197. なお，ドーティもフランス案は紛争解決手段としての戦争を実質的に禁止していると解釈している．（M. Z. Doty, *The Central Organization for a Durable Peace (1915-1919)*, Diss. Genf, 1945, p. 137.）

19）Miller, *op. cit.,* vol. 2, pp. 7-10. ミラーは総会の継続的性格を強調している．（Miller, *op. cit.,* vol.1, p. 15.）

20）Wilson, *op. cit.,* pp. 203-207.

21）前掲拙稿（1），pp. 10-12（本書第3章）; 前掲拙稿（2），pp. 7-10.（本書第4章）

22）進藤，前掲書，pp. 321-347.

23）Wilson, *op. cit.,* pp.116-121, pp. 182-183, pp.187-188.

24）Wilson, *op. cit.,* pp. 207-208.

25）Schücking/ Wehberg, *Die Satzung des Völkerbundes*, Berlin, 1921, p. 376.

26）Wilson, *op. cit.,* pp. 190-197. 既に引用等をした部分と一部重複するが，関連条文は以下の通り．Ⅰ-4-⑷この国際機関［理事会］は自身の裁定と国際法廷（International Tribunal）の裁定の執行を強制する．理事会の要請で各国は他の国と協定し，反抗的（recalcitrant）国家に対して経済力，海軍力，陸軍力を行使する．；Ⅳ-(ⅰ)-5．理事会は必要であれば外交的，法的，経済的，軍事的制裁の適用に訴えることによって国際裁判所（International Court）の決定の執行を確実にする．Ⅳ-(ⅰ)-6．当該問題は法的な決定で最終的に解決できる性質のものではないと理事会が見なした場合には，理事会が直接当該問題を扱う．理事会はまず平和的解決を促すように試みるが，失敗した場合は，各々の国家の権利と平和の維持を尊重する方法で紛争が解決される条件を明確に限定する．この決定は関係国に通知されるが，それは，その日以降は対立している国家間に紛争が存在するのではなく，かかる決定を受け入れることを拒否することによって連盟の原則を侵害している国と，加盟国全体の間で紛争が存在しているのだということを暗示するものである．関係国が決定の受け入れを要求された後で決定の受け入れを拒む場合は，理事会は一定の期間内に当該国家に対してなされる外交的，法的，経済的または軍事的強制措置を通知する；Ⅰの5：国際法廷は理事会によってあるいは他の国と紛争がある国によって付託された全ての問題に対して判決を下す．国際法廷は国家間の係争中の法律的問題に関して，理論と法律体系に基づくだけでなく，慣習または国際協定に基づいて裁定し判決を下す．かかる法が侵害された場合には国際法廷は必要な賠償と制裁を命ずる．

2）D. H. Miller, *The Drafting of the Covenant*, Vol. 1, 2, New York, 1928; F. Wilson, *The Origins of the League Covenant*, London, 1928; F. S. Northedge, *The League of Nations, its life and times 1920-1946*, New York, 1986, pp. 25-45; 進藤栄一『現代アメリカ外交序説』創文社，1974年，pp. 321f. et. passim; 篠原初枝『国際連盟』中公新書，2010年；柴田祐輔「国際連盟期における防止措置」（柘山堯司編著『集団安全保障の本質』東信堂，2010年）；五十嵐元道「ヤン・スマッツの委任統治論－平和構築の思想的起源」（遠藤乾『グローバルガバナンスの歴史と思想』有斐閣，2010年）；牧野雅彦『ヴェルサイユ条約』中公新書，2009年．なお，牧野雅彦氏は，ドイツ政府関係者の当該機構に関する理念と政策を精緻に分析しているが，筆者自身は第6章でドイツ政府案を取り上げる．

3）Wilson, *op. cit.*, pp. 115-117.

4）Miller, *op. cit.,* vol.1, p. 12, vol. 2, pp. 7-11. ウィルソンはこの案を元に，前文と13条からなるその第1案を1918年の遅くとも晩夏までに完成したという．組織形態に関するハウスとの相違は，紛争（それも加盟国間のではなく加盟国と非加盟国間の紛争である）の司法的解決に言及しつつも，国際裁判所の設立に触れていない点にあるという．（Miller, *op. cit.,* vol. 1, pp. 15f., vol. 2, pp. 12-14.）

5）Miller, *op. cit.,* vol.1, p. 38, p. 51; Wilson, *op. cit.*. pp. 181-183; 前掲拙稿（1），pp. 4-6.

6）Miller, *op. cit.,* vol. 1, p. 34, vol. 2, p. 24, pp. 40-46.

7）Miller, *op. cit.,* vol. 2, pp. 24f., p. 59; Wilson, *op. cit.,* pp. 184-186. ウィルソンはスマッツ案の精査後に自らの提案を修正したという（Wilson, *op. cit.,* p. 184.）なお，14条(c)は「諸政府の承認を得るために国際法の一般的な措置または軍備の制限や世界平和の促進のための協定を成文化すること」である．また，五十嵐氏は，スマッツの広義の委任統治論を平和構築の思想的起源として位置付けている．（五十嵐，前掲論文，pp. 139-162.）

8）H. Wehberg, "Zur Methode der Vorbereitung des Völkerbundes während des Weltkrieges," *Die Friedens-Warte*, 1939, p. 194; Wilson, *op. cit.*, pp.189-198.

9）Wilson, *op. cit.,* pp.199-210. ヴェーベルクによると，イタリア政府委員会案には3種類の先行案があり，そのうちの第3案は1918年末にまとめられたという．（Wehberg, *Die Pariser Völkerbundakte*, Berlin und Leipzig, 1919, p. 58.）

10）Miller, *op. cit.*, vol. 1, p. 10. また，フィリモア案の中の解説の14項にも「もしいつか敵国のいずれかが加盟する場合には」の記述がある．（Wilson, *op. cit.*, p. 118.）

11）Wilson, *op. cit.,* pp. 181-182; Miller, *op. cit.,* vol. 2, pp. 61-64.

12）Wilson, *op. cit.,* p. 190; Miller, *op. cit.,* vol. 1, p. 11.

13）ハウスの手紙では，第4条（他国の行動に対する公の調査の権利）の意図が「ドイツが締約国になる場合にドイツを信用していない国を満足させるを条・項の形で取り上げる場合には紙幅の関係から本文中に案の別と条・項のみをあげるが，条・項の形ではない場合には註を付け頁を明記する．なお特に「～案」とことわりがない限りは最終案の条・項を表わしている．

8） Erzberger, *op. cit.*, p. 165.

9） Niemeyer, *op. cit.*, p. 22.

10） Kriege, op. cit., p. 338.

11） Niemeyer, *op. cit.*, pp. 20–22.

12） *ibid.*, p. 24.

13） *ibid.*, p. 36.

14） この点については，拙稿「国際連盟成立期の国際組織構想」『東海大学国際文化学部紀要』創刊号，2008年，pp. 10f.（本書第3章）を参照．

15） Niemeyer, *op. cit.*, p. 38.

16） *ibid.*, p. 22.

17） A 案第6小委員会案11条，B 案Ⅵ章11条，C 案22条では「戦争の勃発」としている．

18） 当事国の合意で調停局に管轄権が生じる最終案（11条）では，自衛を口実にした調停付託前の軍事行動には20条でしか対応できない．一方，C 案では「合意」という条件がないので（12条），本来13条で「仲裁的処理」に加え「調停による処理」を拒否したケースにも言及すべきだがその規定がない．DGfV 先行案にさえ存在する付託前の軍事行動に対するこうした曖昧な姿勢については次号で他の案を扱う際に併せて再度検討したい．

19） フライシュマンは，侵略のような国際法の基盤に対する深刻な侵害には迅速で自然必然的な対抗措置も認められるが，侵害を受けた国家はその対抗措置に反対する決議を執行委員会が行わない間のみ行使すべきで，また，国際連盟の本質からすれば干渉は回避し，執行委員会の介入は当事国の申立に拠るべきだが，最終案の20・21条のような国際連盟の存立にとって深刻な侵害には例外が当てはまる，と解説する．（Neimeyer, *op. cit.*, pp. 60f.）

20） Neimeyer, *op. cit.*, pp. 59f.

21） 拙稿「第1次大戦期の平和主義小考（3）」『北海道東海大学紀要人文社会科学系』18号，2005年，pp. 56–59；拙稿（2008年），pp. 13–14.（本書第3章）

22） 拙稿（2008年），p. 14.（本書第3章）

23） Niemeyer, *op. cit.*. p. 24.

第５章　国際連盟成立期の国際組織構想（3）―― 連合国側の諸提案

1） 筆者は第3章で主に第1次大戦期の国際組織構想を概観し，第4章ではドイツ国際法協会［DGfV と略］の国際連盟案を検討した．（拙稿「国際連盟成立期の国際組織構想」（1），（2）『東海大学紀要人文社会科学系』2008年，2009年）

（ibid., p. 228.）

36） Lawrence, op. cit., p.310.

37） Palmstierna, op. cit., pp.125-143.

38） *IR*, p.33 ; FS, op. cit., pp. 139ff.; NAOR, "Internationale Sanktion," in: *Recueil* 4, p. 270; Hull, op. cit., pp. 296f.

39） Unwin, op. cit., pp.227f.; Lawrence, op. cit., p. 310; Hull, op. cit., p.295; *IR*, pp. 33ff; Williams, op. cit., p.232; Bryce, op. cit., pp. 176f.; FS, op. cit., pp. 139ff.

40） Williams, op. cit., pp.231-235; Palmstierna, op. cit., pp. 152f.; NAOR, op. cit., p. 272.

41） Hull, op. cit., pp. 296f., p. 299.

42） Hinsley, *op. cit.*, p. 142f.

43） Doty, *op. cit.*, pp. 103ff.

44） シュッキングの見方がここでは示唆的である．（AH., p. 205, pp. 207-209.）

45） Unwin, op. cit., pp. 216f.; Wiliams, op. cit., pp. 236f.

第４章　国際連盟成立期の国際組織構想（2）—— ドイツ国際法協会案

1） 本稿は「国際連盟成立期の国際組織構想」という名を冠した一連の論文の第2部であり，拙稿「国際連盟成立期の国際組織構想」『東海大学国際文化学部紀要』創刊号，2008年の「Ⅰ．国際組織構想史の概観－第1次大戦期を中心に－」（本書第3章）の続編にあたる．

2） クリーゲ案については，"Dokumente. Der Kriege'sche Entwurf für die Errichtung eines Völkerbundes," *Die Friedens-Warte*, 1946［Kriegeと略］, pp. 333-341. 参照 ; M. Erzberger, *Der Völkerbund: Der Weg zum Weltfrieden,* Berlin, 1918. 邦語では拙稿「第1次世界大戦末期のドイツの国際組織構想（1）」『北海道東海大学紀要人文社会科学系』19号，2006年参照．DGfV 案については，Th. Niemeyer (ed.), *Der Völkerbundsentwurf der Deutschen Gesellschaft für Völkerrecht*, Berlin, 1919 を，ドイツ政府案との関係については，U. Fortuna, *Der Völkerbundgedanke in Deutschland während des Ersten Weltkrieges*, Zürich, 1974, p.192, 196. や D. Acker, *Walther Schücking,* Münster, 1970, p. 118. を参照．

3） W. Eisenbeiss, *Die bürgerliche Friedensbewegung in Deutschland während des Ersten Weltkrieges*, Frakfurt a. M., 1980, pp. 159f., p. 374.

4） Niemeyer, *op. cit.*, p. 14; J. Wintzer, *Deutschland und der Völkerbund 1918-1926*, Paderborn, 2006, p. 147.

5） Niemeyer, *op. cit.*, pp. 15-17; Fortuna, pp. 192ff.

6） Niemeyer, *op. cit.*, p. 26, pp. 14-18, p. 118, p. 132.

7） Wintzer, *op. cit.*, p. 147; Fortuna, *op. cit.*, pp. 194-202. なお，A，B，C 案，最終案，最終案の英訳は，それぞれ，Niemeyer, *op. cit.*, pp. 26-117，pp. 118-131，pp. 132-143，pp. 3-13，pp. 152-160にある．クリーゲ案を含めて条文

Doty, *op. cit.*, p. 116.

21) FS, op. cit., pp. 133f.; W. I. Hull, "The Development of the Hague Conference and its Work," in: *Recueil* 2, pp. 293f.

22) FS, op. cit., pp. 129-131; "Die Liga zur Erzwingung des Friedens," *Die Friedens-Warte* , 1916, pp. 282-285. なお，シュッキングは先述の1907年提案への回帰を示唆している．(*IR.,* p. 18.)

23) T. R. White, "Articles 5 of the Minimum Program," in: *Recueil* 1, p.322, pp.346-348.

24) FS, op. cit., pp. 124-128. イタリアのリニャーノ（Rignano）は制裁に支えられた政治的問題の決定を行う連盟評議会（Federal Council）においては，英・独・露は7～8票，それ以外はそれより少ない票という具合に，人口と経済力によって票数が決められるべきであると主張している．(Doty, *op. cit.*, p. 104.)

25) *IR.*, pp. 28f.; *WF,* pp.25-27; *LW,* pp. 210-222; Bryce, op. cit., pp.178f.; Unwin, op. cit., pp. 221f.; Wicksell, "Untersuchungs-und Vermittlungsrat," in: *Recueil* 1, pp. 354f., pp. 358-360. その他ラマシュ（Lammasch）などの見解については拙稿「第1次大戦期の平和主義小考（3）」(『北海道東海大学紀要人文社会科学系』18号)，pp.52-54も参照.

26) Lawrence, "The peaceful settlement of international disputes," in: *Recueil* 1, pp. 309f.; Bryce, op. cit., p.180, pp. 190f.; Wilson, op. cit., pp. 143ff.; 国際的仲介機関の職権による介入についてはシュッキングも主張している．(*WF*, p.27.)

27) Doty, *op. cit.*, p. 104, pp. 116-117.

28) Unwin, op. cit., pp.218ff.

29) 例えばBryce, op. cit., p.176; Wilson, *op. cit.*, pp. 143ff.; W. Taft, "The Enforcement of Peace," in: *Recueil* 3, p.161など.

30) FS, op. cit., pp. 139ff.; Unwin, op. cit., p.228; Makai, "Das Problem der Internationalen Executiv-Organisation im Völkerrecht," in: *Recueil* 2, pp. 87ff.; Hull, op. cit., p.299. ただしこの場合は非軍事的措置のみか．(ibid., p. 296) ; Williams, op. cit., pp.231ff.; *IR.,* p. 33, p. 41, *WF*, pp. 30f.

31) Unwin, op. cit., pp. 227f.; Williams, op. cit., p. 232.

32) F. v. Liszt, *Vom Staatenverband zur Völkergemeinschaft*, München und Berlin, 1917, p. 73.

33) Bryce, op. cit., pp. 192f., pp. 184f., p. 180, p. 176.

34) Wilson, *op. cit.*, pp. 143ff.; Bryce, op. cit., p. 193. 一方で，調停評議会の勧告に従わない国に圧力をかける義務は加盟国にはないとし，かかるケースで集団行動を行うのが実際的か，望ましいかは，各国の外交代表会議を開いて検討すべきで，そこでは，各国は自分たちに都合の良い行動をとる最終的自由をもつとも述べている．(Bryce, op. cit., p.181.)

35) Unwin, op. cit., p.224. 一方で司法的決定の実行のためのみ，とも述べている．

of Nations," in: *Recueil* 1; "Die Liga zur Erzwingung des Friedens," *FW.*, 1916, pp. 282-285; R. Unwin, "A League of States," in: *Recueil* 1, pp. 212f.; Bryce, "Proposals for the prevention of future wars," in: *Recueil* 4, p. 173. なお，英国のフェビアン協会（Fabian Society［FSと略］）の提案は万国郵便連合のような国際的共同行動の促進にも言及しているが，規約の中に具体的規定は見当たらない（A Fabian Committee, "The Supernational Authority that will prevent war," in: *Recueil* 4, pp. 111f.; A. H. Fried, "Die Internationale Kooperation als Grundlage einer Internationalen Rechtspflege," in: *Recueil* 1, pp. 179f.）

7） *IR*, pp. 11-42; Schücking, *Die Staatenverband der Haagerkonferenzen*, München/Leipzig, 1912, pp. 298-309. 臨時会議を想定しつつも10年に1回の開催を例にあげている．（AH., p. 205.）

8） Unwin, op. cit., pp. 227f.; Williams, op. cit., pp. 231f., pp. 236f.; FS, op. cit., pp. 115-128, p.109.

9） Fried, op. cit., pp. 177ff.; 新祖国同盟については拙稿「第1次大戦初期のドイツの平和主義者」（『北海道東海大学紀要人文社会科学系』12号）参照；AH, pp. 193f.; Williams, op.cit., pp. 232f. また，アンウィンもハーグ平和会議の参加国よりも少ない加盟国でスタートすることを想定している．（Unwin, op. cit., pp. 216f.）

10）「欧州6大国と米・日とその他の意志のある欧州諸国が協定に加わる．中国及び他のアメリカ諸国・アジア諸国は後に加盟が許される」（第1条）（F. Wilson, *The Origins of the League Covenant*, London, 1928, pp. 143ff.）; Bryce, op. cit., p.174.

11） Williams, op. cit., p. 232; Bryce, op. cit., p.174.

12） M. Erzberger, *Der Völkerbund: Der Weg zum Weltfrieden*, Berlin, 1918, pp. 5-37, pp. 163f.

13） 拙稿「第1次大戦期の平和主義（2）」（『北海道東海大学紀要人文社会科学系』14号），p.138の表を参照．

14） Doty, *op. cit.*, p.106. でも同様の指摘．

15） AH, p. 203; FS, op. cit., pp.112f.

16） 例えばSchücking, *Völkerrechtslehre des Weltkrieges*, Leipzig, 1918［*LW*と略］, pp. 206-209.

17） 拙稿「第1次大戦期の平和主義小考」（3）（『北海道東海大学紀要人文社会科学系』）18号，p. 51. を参照．

18） Williams, op. cit., pp. 232f.; FS, op. cit., pp. 127f.

19） "Die Liga zur Erzwingung des Friedens," *Die Friedens-Warte*, 1916, pp. 282-285.; Erzberger, *op. cit.*, p. 98, pp. 105-109. ドイツ社会民主党も同様の提案をしている．Schücking, *Der Weltfriedensbund und die Wiedergeburt des Völkerrechts*, Leipzig, 1917［*WF*と略］, p. 15.

20） Palmstierna, "An international Police," in: *Recueil* 3, pp. 135-136; *IR*, pp. 29ff.;

心の中心は，フランス革命以降の義務兵役制度にあるが，この問題もまた，国家主権の内的な肥大（本稿の主眼はその外的な肥大の問題だが）をいかに考えるかということが根底にある．

第2部　国際連盟成立期の国際組織構想

第3章　国際連盟成立期の国際組織構想

1）U. Fortuna, *Der Völkerbundgedanke in Deutschland während des Ersten Weltkrieges*, 1974 Zürich; D. Acker, *Walther Schücking*, Münster 1970; M. Z. Doty, *The Central Organization for a Durable Peace (1915-1919)*, Diss. Genf , 1945. なお，大戦で敵対する両陣営や中立国の学者・政治家を包含するCODPの成果の一つが4巻の『論集』である．（*Recueil de rapports sur les différents points du Programme Minimum*［以下 *Recueil* と略し，その後ろの数字は巻数を表すことにする．］, 4 vols., Haag, 1917.『論集』の論文は「併合」「民族問題」「ハーグ会議の発展」「仲裁裁判」「国際的制裁」「軍備制限」「海洋の自由」「議会による外交の実効的コントロール」の章立てになっており，全てが包括的な機能を持った一般的国際機構のあり方を検討しているわけではない．長期的歴史的研究としては，例えば，F. H. Hinsley, *Power and Pursuit of Peace*, Cambridge, 1967; D. Heater, *The Idea of European Unity,* Leicester, 1992; H. Wehberg, “Ideen und Projekte btr. die Vereinigten Staaten von Europa in den letzten 100 Jahren,” *Die Friedens-Warte*, 1941.

2）この軸を提示した半年後に，ドーティが既に同様の切り口を用いていたことを知った．全くの筆者の不勉強である．

3）E. v. Souleyman, *The Vision of World Peace in Seventeenth and Eigtheenth-Century France*, New York, 1941, pp. 77-92.

4）J. C. Bluntschli, “Die Organisation des europäischen Staatenvereins,” in: *Gesammelte Kleine Schriften,* zweiter Band Nördlingen, 1881, p. 305, p. 308, pp. 303-308, pp. 297f., p. 311.

5）ロリマーの論文には直接当たっておらず，国際裁判所の構成と軍縮の程度についてはヒンズレイを参考にしたが（Hinsley, *op. cit.*, pp. 135f.）基本的にはヴェーベルクに依拠したため，本文では内部機関の名称の欧文名称をドイツ語にした．（Wehberg, op.cit., pp. 77-81.）ただし，ヒンズレイでも国際政治（統治）は government，内閣は ministry，上院は upper house である．Internationale Versammlung を下院とすることに若干の躊躇があるが，ブルンチュリの記述（Bluntschli, op. cit., pp. 295-297.）も参照することで下院と推測した．

6）W. Schücking, “Ausbau der Haager Werk,” in: *Recueil* 1［AHと略］; idem, *Internationale Rechtsgarantien*, Hamburg, 1918［*IR* と略］; A. Williams, “A League

ンストレーションも考えられていた.（Kernpunkt, p. 66.）

37）Frankreich, p. 314: idem, “Durchmarsch-recht und Völkerbundkrieg,”［Durchmarsch と略］*FW*, 1925, pp. 225f.

38）Wehberg, “Völkerbund und einseitige freiwillige Abrüstung,” *FW*, 1931, p. 296.

39）Frankreich, p. 314; Durchrmarsch, pp. 225f.

40）Konflikt, pp. 78ff.

41）Organisation, pp. 374f

42）Durchmarsch, p. 226.

43）Kampf, pp. 77-81.

44）W. Schwarz, “‘Deutschland und das Problem Übernationaler Wehrmacht,” *FW*, 1932, pp. 129-134.

45）Wehberg, “Die Ständige Exekutionsarmee und das Problem des Pazifismus,” *FW*, 1932, pp. 164-166.

46）ibid., pp. 164-167; Kampf, pp. 81ff. 彼は，国際連盟警察軍の戦争阻止機能を十分理解していないようにも見える.

47）Kampf, pp. 73-76. 1920年代半ばの世界平和会議においては，参加する平和主義者の傾向によって，当該問題についての決議の結果が異なっている．また，1931年の世界平和会議（1931年7月ブリュッセル）でもこの問題は取り上げられている．そこでは同会の軍縮委員会が完全軍縮の前提として国際執行力による相互安全保障の組織を要求する内容を含む決議案を準備したのに対して，クヴィッデが，実現性への危惧・国際連盟ミリタリズムあるいは国際連盟独裁の危険性，平和主義組織がこのような提案をすることの奇妙さ等を理由として，上記部分の削除を提案した．結果は120対108でクヴィッデの提案は斥けられている．

48）Wehberg, “Grundsätzliche Erörterungen zur Politlk der deutchen Friedensbewegung,” *FW*, 1927, p. 162.

49）Hiller, “Sicherung durch militärische Gewalt,” *FW*, 1924, pp. 314-316. 未来戦争とは，航空機・毒ガス等を駆使して銃後・戦場の区別なく行われる総力戦のことである．この意味で，法学者クラウス（Kraus）が直接国民一般の生活に関わってくる経済制裁よりも，兵士を対象とした軍事制裁の方が望ましいと述べているのは，古い戦争の観念に基づいているといえよう．（Rundfrage, p. 71.）

50）Hiller, “Konsequenz,” *FW*, 1929, pp. 104-106.

51）Stöcker, op. cit.

52）Woker, “Völkerbund und Giftgaswaffe,” *FW*, 1925, pp. 134-137.

53）Steinitz, “Randbemerkungen zur Umfrage über den Exekutionskrieg,” *FW*, 1927, p. 246.

54）Lange, “Abrüstung,” *FW*, 1925, p. 3.

55）Kalisch, “Der Zufall der Souveränität,” *FW*, 1925, P. 39. なお，筆者の現在の関

10) Wehberg, "Der Völkerbund und die Abrüstung 1920-1930," *FW*, 1931, pp. 98f.
11) ibid., pp. 99f.; "Der Garantievorschlag Lord Robert Cecills," *FW*, 1923, p. 96.
12) Wehberg, "Das Genfer Friedensprotokol,"［GFP と略］*FW*, 1924, pp. 253-270.
13) idem, "'Der bulgarisch-griechische Konflikt vor dem Völkerbundrate,"［Konflikt と略］*FW*, 1926, p. 77.
14) idem, "Völkerbunnd und Verteidigunguskrieg," *FW*, 1927, pp. 335f.
15) Konflikt, p. 77.
16) Wehberg, "Der Kernpunkt des Sicherheitsproblems,"［Kernpunkt と略］*FW*, 1928, p. 69.
17) Konflikt, p. 81; Frankreich, p. 313.
18) Wehberg, "Erwiderung an M. Steinitz," *FW*, 1928, p. 170; Frankreich, p. 313.
19) H. Francke, "Verteidigungskrieg und militärische Exekution," *FW*, 1926, p. 179.
20) Wehberg, "Völkerbund und einseitige freiwillige Abrüstung," *FW*, 1931, p. 294.
21) Kernpunkt, p. 69.
22) GFP, pp. 256ff
23) Frankreich, p. 312.
24) Francke, op. cit., pp. 179f.; idem., "Zur Frage der Ablehnung jeder militärischen Gewaltanwendung," *FW*, 1925, p. 99.
25) Frankreich, p. 313.
26) Sarrail, op. cit.
27) Endress, op. cit.
28) Schoenaich, op. cit.
29) Kampf, p. 75.
30) Frankreich, p. 314.
31) Kampf, p. 76.
32) "Das Friedenskartell für die Ächtung des Krieges in der Reichsverfassung," *FW*, 1928, pp. 161f.
33) Kernpunkt, pp. 65-70; Konflikt, pp. 78ff.
34) "Ströbel über internationale Exekution," *FW*, 1926, p.186.
35) Frankreich, p.313; "Die Rundfrage der Friedenswarte über den Sanktionskrieg (1),"［Rundfrage と略］FW, 1927, p. 68. また，彼は具体的な紛争解決のプロセスを提案している．(ibid., p. 68.); "Organisation der Völkerbundexekution,"［Organisation と略］*FW*, 1932, p. 375.
36) Rundfrage. また，ブルケールも紛争解決の具体的なプロセスを提案している．それによると，敵対行為の開始と戦争の勃発の間に国際連盟理事会は，1）当事国に動員と軍隊の移動の停止を勧告し，特定地域を中立地帯化する，2）専門家の派遣と勧告の実施状況の確認をする，3）遵守されていない場合にはその公表と制裁勧告を行う．制裁の内容は，連盟規約11条に拠るもので，大使の召還や経済的手段であり，同時に航空機及び艦船によるデモ

人々の対比は，ダイムリングの「提案者のうちどれほどが集中砲火の中にいたのか」という，民兵制導入案を批判する言葉（Deimling, “Gegen die Einführung des Milizsystems !” *FW*, 1927.5, p. 144.）や，エーリヒ・マリア・レマルク（Erich Maria Remarque）の『西部戦線異常なし』の主人公ボイマーの世代と，彼の教師カントレックの世代の相違が示しているように思われる．

95）戦時中の国家思想や国家主権の肥大に対する反動としても解釈されているし，また，生の哲学の影響も指摘されている（Schlüter, op. cit., p.199. Scheer, *op. cit.*, p. 391, p. 394）．

96）“Einwände,” p. 368; Schwann, op. cit., p. 22.

第２章　国際連盟とドイツの平和主義

1）本稿は，本書第1章（初出は「ヴァイマル期における平和主義」『歴史学研究』550号）の補論に相当する．

2）FW は，ドイツ平和協会の機関誌の一つで編集人は，国際法学者ヴェーベルク（Wehberg）である．発行部数は2200部で，平和主義的雑誌の中でも，例えば4万2000部の発行部数を誇る Das Andere Deutschland［以下，AD と略］と比べると小規模な雑誌といえよう．しかし，後者が特定の党派の平和主義者の見解発表の場の性格が強いのに対して，前者は，様々な傾向の平和主義者の論文を掲載し，国際連盟の議論や内外の平和主義団体の活動を扱っており有用である．ただし，編集人たるヴェーベルクの論文が最も頻繁に掲載されているという事実は否めない．

3）この問題についての研究としては，K.-F. Scheer, *Die Deutsche Friedensgesellschaft*, Köln, 1982, pp. 372-380; D. Riesenberger, *Geschichte der Friedensbewegung in Deutschland*, Göttingen, 1985, pp. 193-204.

4）H. Wehberg, “Der Kampf um die Schaffung einer internationalen Polizeimacht,”［Kampf と略］*FW*, 1932, pp. 68-84.

5）H. v. Gerlach, “Völkerbundarmee,” *FW*, 1923, pp. 76-78.

6）例えば，Sarrail, “Völkerbundarmee,” *FW*, 1923, pp.224-228; F. C. Endress, “Zur Organnisation der Völkerbundarmee,” *FW*, 1923, pp. 229-231; Wehberg, “Völkerbundexekution und Sicherung Frankreichs,”［Frankreich と略］*FW*, 1924, pp. 309-314; K. Hiller, “Sicherung durch militärische Gewalt,” *FW*, 1924, pp. 314-316; H. Stöcker, “Völkerbundexekutive, Frankreich, und Sicherheit,” *FW*, 1924, pp. 316-321; M. Steinitz, “Zur Frage der Ablehnung jeder Gewaltanwendung,” *FW*, 1925, pp. 137-139.

7）Gerlach, op. cit.

8）Kampf, pp. 73f.

9）“Kellogg-pakt und die deutschen Anträge im Sicherheitsausschuss,” *FW*, 1928, p. 258.

ぞれの勢力が，自らのできる手段で戦争を阻止するように努めることが重要だ，と捉えるようになっていったが（idem, “Wie verhindern wir den nächsten Krieg ?” in: *Sprung*, p. 117）.

85）“Synthese,” p. 290.

86）Kirchhoff, “Neue Handbücher der Friedensbewegung,” *FW*, 1932.5, p.145. シェーアは，ヒラーは自由意志の原則をひき合いに出すことで，生の権利という根本的公理を救おうとしたが，革命的武力行使は生の権利と一致しない，と指摘する（Scheer, *op. cit.*, p. 408, p. 411）. 確かにそれは一面では正しい指摘だが，本来，生の権利は生の尊厳よりも自由意志に近い観念であるように思われるし，そのことと，ヒラーの平和主義の出発点が「殺すなかれ」になかったこと，この点に，彼が自らの転換を正当化する内的根拠があったように思われる.

87）1923年に右翼一揆の可能性が高まった時ラディカルな平和主義者の多くは武装防衛を主張した. ファシストは体制転覆だけでなく，生命も脅かすという理由であろう. ちなみに，防衛戦争の支持者の多くは武装防衛の組織に反対した（“Erörterungen,” pp.164ff.）.

88）Hiller, “Wie verhindern wir den nächsten Krieg ?” in: *Sprung*, pp.114f.; idem, “Der revolutionäre Pazinsrnus erklärt den Bankrott des bürgerlichen,” *FW*, 1930.6, p. 169; Scheer, *op. cit.*, p.409. また，戦争がいったん始まれば，国民の多くが死すべき運命に陥るという予測は，開戦時革命で一般人の犠牲者が出ることをどう考えるかという問いの重みを軽減する働きをしたであろう.

89）Hiller, “Das Ei des Kolumbus,” *FW*, 1926.4, pp. 104-105; idem, “Konsequenz,” *FW*, 1929.4, p. 106.

90）“LP,” p.1363.

91）Hiller, “Militanter Pazifismus,” (1927), in: *Sprung*, p. 19. Schlüter, op. cit., pp. 175f.

92）以下の概観は，ロジェ・カイヨワ『戦争論』秋枝茂夫訳，法政大学出版局，1974年，ガストン・ブートゥール，ルネ・キャレール『戦争の社会学』高柳先男訳，中央大学出版部，1980年，に負うところが多い.

93）第一次大戦以前の，大義名分をもたない兵役拒否の実態は把握できなかった. ただ，ヴァイマル期の平和主義者は，19世紀のドイツでは良心的理由の兵役拒否も殆どないが，あっても常に宗教的理由の兵役拒否だ，と指摘している（Wilhelm Hubben, “Deutsche Kriegsdienstverweigeren im 19. Jahrhundert,” *FW*, 1929.4, p. 106）.

94）勿論，こうした人々の総てが反戦的傾向を示したわけではない. しかし，新しいナショナリストの一人，エルンスト・ユンガー（Ernst Jünger）が，何のために闘うかが本質的でなく，いかに闘うかのみが重要である，と述べた（脇圭平『知識人と政治』岩波書店，1973年，155頁）のも，既存の戦争観の転換を示唆していよう. また，戦争を戦場における現実に立って語ろうとする人々と，自らは戦地に赴かず，戦争を理念との関連で捉える

69) Kohn, op. cit., pp. 97f. また，兵役反対者インターナショナルの宣言には，「最後に，我々は戦争の本質的原因を国家の本質に関する誤った議論の中に見る．国家は人間のためにあるのであり，人間が国家のためにあるのではない．人間の生の尊厳，人間的個性が人間社会の根本原則にならなければならない．他方，個々の国家はもはや主権的個体として見られてはならない．というのは，総ての国民は人類という大きな家族の一員なのだから」とある（Lenz/ Fabian (ed.), *op. cit.*, p. 133）.

70) "LP," p. 1360. また，彼は，将来の一般兵役義務の軍隊の母体になる等の理由から，国防軍の解体を要求した（"RW," p. 221; Scheer, *op. cit.*, pp. 478f.）.

71) Hiller, "Logokratie oder ein Weltbund des Geistes," (1920), in: *Geist*, p.197, 195.

72) "Thesen," pp. 203f.

73) 国際連盟の強制執行戦争については，ヒラーは1921年には，志願兵によるそれを認める発言をしているが，1924年には，国土の回復より人間の生の方が価値があるとして，それを激しく非難した（Hiller, "Missverständnisse eines Rechtspazifisten," Neue Rundschau, 1921, p. 332; Hiller, "Sicherung durch militärische Gewalt ?" *FW*, 1924.12, p. 315; Stöcker, "Völkerbundexekution, Frankreich, Sicherheit," *FW*, 1924.12, pp. 316-321.

74) Scheer, *op. cit.*, p. 405, p. 411.

75) "Thesen," p. 204; "LP," p. 1366; "JP," p. 14

76) "JP," p. 14.

77) Hiller, "Einen Schritt noch Einstein," *WB*, 1931.8.18, p. 253.

78) GRP，BdK のプログラムはそれぞれ *FW*, 1931.10, p. 314; Kobler (ed.), *op. cit.*, pp. 361f.

79) Hiller, "Friede und Sozialismus," *FW*, 1926.8, p. 245; Schlüter, op. cit., pp. 147f.

80) "LP," p. 1366.

81) Hiller, "Haager Friedenskongress," (1923), in: *Geist*, p. 242. フィメンの主張自体は特に新しいものではないので，なぜこの時期にこの見解をヒラーが評価したのか，ということについては検討が必要である．なお，ヒラーは，この Krieg を Bürgerkrieg と捉えている．しかし，彼は革命が常に内戦を伴うとは考えていない．ちなみに，彼は，SPD や第2インターの1914年における無力と，その右派の防衛戦争に肯定的な態度を批判したが，ゼネストや兵役拒否等で戦争を阻止しようとする，左派の主張には共感し，戦争阻止のために，第2インター内に行動的平和主義を植え付ける必要がある，と述べている（Hiller, "Die Sozialdemokratie und der Kirieg," *WB*, 1926.8.3, pp. 166. ff.; Hiller, "Wie verhindern wir den nächsten Krieg ?" (1929), in: *Sprung*, p. 113.

82) "Synthese," pp. 287ff.

83) Hiller, "Friede und Sozialisnlus," *FW*, 1926.8, pp. 245f.; idem, "Der revolutionäre Pazinsrnus erklärt den Bankrott des bürgerlichen," *FW*, 1930.6, pp. 168f.

84) idem, "Differenz mit der KPD," *WB,* 1925.10.20, p.590. 確かに，次第に，それ

FW, 1927.12, p.369; “Rundfrage,” p. 291. これも国家主権を外から制限しようとした側面を示していよう.

57) Schlüter, op.cit., pp. 182ff.; Lütgemeier-Davin, *Pazifismus zwischen Kooperation und Konfrontation*, p. 45.

58) Hiller, “Thesen zum Thema Verteidigunguskrieg”［以下，“Thesen” と略］(1921), in: *Geist*, p. 202. シェーアは両者を明確に区別していないように思われる. Scheer, *op. cit*., pp. 391ff.

59) Hiller, “Linkspazifismus,”［以下，“LP” と略］*Neue Rundschau*, 1920, pp. 1359-1360.

60) “RW,” p. 220; Hiller, “Die neue Partei oder Politik der Synthese,”［以下，“Synthese” と略］(1924) in: *Geist*, p. 280.

61) “LP,” pp. 1360f.; “RW,” pp. 219f. また，彼は，「議会の多数もどんな条件下でも，生と死を自由に扱う権利をもっていない」と述べ，民主主義の名による死の強制に反対した (“Thesen,” p. 203).

62) “LP,” p. 1359.

63) ibid., p. 1360.

64) ibid., p. 1362.

65) “Thesen,” pp. 202f.; “RW,” p. 220; Hiller, “Jungpazifismus,”［以下，“JP” と略］*FW*, 1923.1/2, p. 13.

66) Hiller, “Das Recht auf Leben,” *WB*, 1924.10.16, pp. 579f. これは，第23回世界平和会議ベルリン大会での講演．彼は，一般兵役義務の廃絶と兵役拒否者の保護に国際連盟が取り組むように，同時に訴えている.

67) 大義に基づく兵役拒否，更には兵役義務観はいくつかの型に分類できると思われる．一つには，一般兵役義務の導入には反対するが，兵役拒否を主張する者と距離を置こうとするタイプ．おそらく，この立場に立つ人々の多くは，正式な手続きを経て一般兵役義務が導入されれば，それに従うのではないかと思われる．第二には，軍役は拒否するが，市民的代替奉仕にはつこうという立場がある．例えば，アルベルト・アインシュタイン (Albert Einstein) は，利己的理由や臆病からの兵役拒否でないことを示すために，兵役拒否者は平時に危険な作業を請け負うべきだ，という (“Prof. Einstein für Kriegsdienstverweigerung,” *FW*, 1931.6, pp. 176-177)．更には，特定の国，特定の場合の兵役を認める立場がある．例えば，ADの精神的指導者フリードリヒ・ヴィルヘルム・フェルスター (Friedrich Wilhem Foerster) は，プロイセン軍国主義に対抗するものとしてフランス軍を高く評価し，それゆえ，フランスの兵役拒否者を批判した (Foerster, “Militarismus hüben und drüben ?” in: Donat/ Wieland (ed.), *op. cit*., pp.323-327)．もちろん，あらゆる兵役及び代替活動を拒否する人々もいた．これらでは，兵役拒否は例外的行為と捉えられているように思われる.

68) “Einwände,” p. 369.

した(Wolf, "Antwort an Hiller," *WB*, 1926.10.5, pp. 551-552). エドゥアール・エリオ(Edouard Herriot)もジュネーヴ軍縮会議で短期兵役・限定兵員の軍隊を支持した("Milizsystem," p. 353).

43) 秘密再軍備を暴露する報道を阻止するため, 平和主義的ジャーナリストへの反逆罪訴訟手続が1920年代後半に急増したが, オシエツキーに対する訴訟はその代表的例である(邦語では, 長橋扶美子『言葉の力で』新日本出版社, 1982年, 82-93頁参照). この裁判の背後でヴィルヘルム・グレーナー(Wilhelm Groener)は平和主義者への特別法の形で, 国家誹毀罪の導入を画策しており(Kurt Grossmann, *Ossietzky*, München,1973, p. 207, pp. 358-361.), それは国防軍による言論統制の法制化とでもいうべきもので, ヴァイマル共和国期の司法の反動的性格と併せて考えるなら, 刑法改「正」の試みと並んで, 共和国に重大な意味を与える可能性があったといえると思われる.

44) Gerlach, "Die Milizlegende," *WB*, 1932.11.22, pp. 748-750.

45) "Milizsystem," pp. 358-360.

46) Deimling, "Gegen die Einführung des Milizsystems !" *FW*, 1927. 5, p. 144. 彼はDDP 党員で退役陸軍大将. なお, 1926年には一般兵役義務に反対する国際宣言が出された(Kobler, (ed.), *op. cit.*, pp. 362-364.).

47) Hiller, "Wahlen und Wehrpflicht," *WB*, 1924.5.1, pp. 569-572.

48) "Deutsche Reichstag und Wehrpflicht," *FW*, 1925.7, p. 213. また, 同じ場で人民党議員フランツ・ヴィリ・ブリューニングハウス(Franz Willi Brühninghaus)は, 防衛力を自由に行使せずに, 国際社会で自己の権利を主張できると考える国民は没落すると述べ, DDP のルートヴィヒ・ハース(Ludwig Haas)も, 国防形態を強制し, 防衛という自明の権利を制限するのは不当だ, と述べた.

49) Kohn, "Aufgaben und Wege des Aktiven Pazifismus," *FW*, 1929.4, p. 98. これは, 1928年7月の兵役反対者インターナショナル(War Resister International)第2回大会での講演である.

50) Ragaz, "Ist das Milizheer ein Schutz gegen den Militarismus ?" *FW*, 1927.1, pp. 3-4.

51) "Rundfrage," p. 294.

52) "Milizsystem," p. 355. Lütgemeier-Davin, *Pazifismus zwischen Kooperation und Konfrontation*, pp. 159f. 当然だが, 兵役の存在する国では, 相当な数の兵役拒否者が禁固刑等に服していた(Kobler (ed.), *op. cit.*, pp. 268ff.)

53) ヒラーの平和主義に関しては, Kayser, op. cit., pp. 23-42; Schlüter, op. cit., passim. Scheer, *op. cit.*, pp. 385-411.

54) Wehberg, "Grundsätzliche Erörterungen zur Politik der deutschen Friedensbewegung" [以下, "Erörterungen" と略], *FW*, 1927.6, p. 162.

55) Kobler (ed.), *op. cit.*, pp. 257ff.; Scheer, *op. cit.*, pp. 389f.

56) Wehberg, "Einwände gegen Kriegsdienstverwegerung," [以下, "Einwände" と略]

33) “Konflikt,” pp. 80ff.

34) Wehberg, “Die ständige Exekutionsarmee und das Probleme des Pazifismus,” *FW*, 1932.6, pp. 166f.; Scheer, *op. cit.*, pp. 379f.

35) この点についてシェーアは，穏健な平和主義は外［他の国家］に対する国家主権を制限しようとし，ラディカルな平和主義は内・外に対する国家主権を制限しようとした，とまとめた（Scheer, *op. cit.*, p. 379, pp. 393f.）．確かに，組織平和主義者はかかる傾向を強くもっており，国際的問題を扱えば事足れりと考えがちで，そのことは，平和運動の大衆運動化を阻害する原因ともなった．しかし，次章に関連してくるが，組織平和主義者，特にヴェーベルクが国家主権の制限を考える際には，国際的な場から国家の内・外に対する主権を制限しようとする面があったこと，換言すると，国家の国民に対する要求を，超国家の力によって制限しようとする面もあったことを指摘したい．それは，私人も国際法的権利と義務をもっており，国内法と国際法の対立する際には後者に従うべきだとする見解や，国際連盟の規約や国際的な平和への努力を積極的に憲法や国内法に取り入れるべきだという主張に表われている（Wehbrg, “Kriegsverhinderung und Landesverrat,” *FW*, 1927.12, p.358; Wehberg, “Was kann Deutschland für Aechtung des Kriegs tun ?” *FW*, 1928.5, pp. 129–134）．

36) Wehberg, “Erwiderung an Dr. Kurt Hlller,” *FW*, 1930.6, pp. 172f.

37) 例えば，ヒラーは，1914年8月のドイツの動員を，フランスやロシアに敵対的な行為として捉えるより，まず，ドイツ国民に敵対的な行為として考えている（Hiller, “Brauchen wir Reichswehr ?”［以下，“RW” と略］(1922)，in: *Geist*, p. 218).

38) 第一次大戦前・大戦期の兵役拒否に関しては，Kobler (ed.), *op. cit.*, pp. 257–278; Wehberg, “Die Sabotage des Krieges,” *FW*, 1926.5, pp. 137–139．また，BdK に関しては，Guido Grünewald, “Friedenssicherung durch radikale Kriegsdienstgegnerschaft,” in: Holl/ Wette (ed.), *op. cit.*, pp. 77–90.

39) Grünewald, op. cit., p.90.

40) この問題については，DFG 総会での議論を中心に，シェーアやリュトゲマイアー・ダーフィンが扱っている（Scheer, *op. cit.*, pp. 473ff.; Lütgemeier-Davin, *Pazifismus zwischen Kooperation und Konfrontation*, pp. 157ff.）．

41) SPD に関しては，山口定「ワイマル共和国後半期におけるドイツ社会民主党内の国防論争」（『立命館法学』1968年，466–517頁），Eckardt Opitz, “Sozialdemokratie und Militarismus in der Weilnarer Republik,” in: Klaus-Jürgen Müller/ Eckardt Opitz (ed.), *Militär und Militarismus in der Weimarer Republik*, Düsseldorf, 1978, pp. 269–286，を参照.

42) “Sozialdemokratie und Wehrproblem,” *FW*, 1927.7, p. 222; “Dokument d. Friedensbewegung,” *FW*, 1927.5, p.155. また，ベルリーナーターゲブラット紙のテーオドール・ヴォルフ（Theodor Wolf）は，WB で包括的に民兵制を支持

19）Schlüter, op. cit., pp. 161f.

20）Wehberg, " Eine Umfrage zum Weltfriedenskongress,"［以下，"Umfrage" と略］*FW*, 1924.8/9, p. 214. Scheer, *op. cit.*, pp. 378ff.

21）Wehberg, "Der bulgarisch-griechische Konflikt vor dem Völkerbundrate,"［以下，"Konflikt" と略］*FW*, 1926.3, p. 79.

22）"Umfrage," p. 215; Scheer, *op. cit.*, p. 377.

23）Embden, "Giftgaskrieg und Landesverteidigung," *FW*, 1928.7, pp. 199-204. 彼はオランダの上院議員．同様に，かかる状況では，「防衛」の名目で攻撃されることを避けるために，非武装化と中立国化が必要だと，DFG の事務局長ゲアハルト・ゼーガー（Gerhart Seger）は考えた（Seger, Deutschland eine zweite Schweiz? Neutralisation als Kriegsverhütung (Hiller, "Neutralisierung Deutschlands ?", *WB*, 1929.10.22, pp. 615ff. より））．また，フライブルク大学教授フランツ・ケラー（Franz Keller）は，かかる状況では軍事的防衛は正当防衛の手段でなくなったと捉えた（Keller, "Notwehr und Notwehrtechnik," *FW*, 1929.1, pp.10f.; Scheer, *op. cit.*, p. 389）．ほかに未来戦争との関連では，Hans Schwann, "Chemischer Krieg und Dienstverweigerung," *FW*, 1925.1, p. 20; Schoenaich, "Die Technik des Zukunftskrieges und Abwehr," in: Kobler (ed.), *op. cit.*, p. 343; Hiller, "Heroismts und Pazifismuss," *WB*, 1933.3.7, p. 353; Lütgemeier-Davin, *Pazifismus zwischen Kooperation und Konfrontation*, pp.258-261.

24）Woker, "Im Zeichen der Wirtschaft dem Abgrund entgegen," *FW*, 1925.1, p. 20. 彼女はベルン大学化学私講師．毒ガスは国際連盟でのその取り扱いにおいて，人道的兵器と見られたことさえもあった（Woker, "Völkerbund und Giftgaskrieg," *FW*, 1925.4, pp. 134ff.）．

25）Wehberg, "Ruhrbesetzung und Verteidigungskrieg,"［以下，"Ruhrbesetzung" と略］*FW*, 1923. 3, pp. 71f.; Scheer, *op. cit.*, p. 380.

26）Wehberg, "Völkerbund und Verteidigungskrieg," *FW*, 1927.11, p. 337.

27）idem, "Die Fortbildung des organisatorische Pazifismus," *FW*, 1925.2, p. 34.

28）Gerlach, "Eine Völkerbundarmee," *FW*, 1923. 3; p. 77; "Rundfrage," p. 291; Scheer, *op. cit.*, p. 377.

29）Francke, "Verteidigungskrieg und militärische Exekution," *FW*, 1926.6, pp. 179f. ハンス・フランケ（Hans Francke）は宗教社会主義者同盟のメンバー．

30）Gross, *op. ct.*, p. 72; Scheer, *op. cit.*, p.140.

31）Schwarz, "Deutschland und das Probleme übernationaler Wehrmacht," *FW*, 1932.5, p. 133. また，攻撃された国の軍隊が強制執行戦争という名目で防衛戦争を行うことを認めるか否か，国際連盟軍を常備軍とするか否か，などの問題もしばしば議論された（Wehberg, "Der Kampf um die Schaffung einer internationalen Polizeimacht," *FW*, 1932.3, pp. 74f.; Scheer, *op. cit.*, pp. 378ff.）．

32）Wehberg, "Völkerbundexekution und die Sicherung Frankreichs," *FW*, 1924.12, pp. 311-313.

Goldscheid）らによって再刊され，1924年 8・9月号から，ヴェーベルクが編集を受け継いだ．FW の発行部数は，約2200部．

12）*Die Weltbühne. Wochenschrift für Politik, Kunst, Wirtschaft*, Berlin, 1918–1933, rpt. Königstein/ Ts., 1979［以下，WB と略．WB に続く数字は年・月・日］．ジークフリート・ヤーコプゾーン（Siegfried Jacobsohn）が1905年にベルリンで創刊した演劇批評誌（Die Schaubühne）が前身で，次第に政治色を強め，1918年4月に WB と改称した．やや穏健な，Das Tagebuch 誌とともに，左翼知識人の中心的な発言の場だった．発行部数は最盛期に約2万部．ヤーコプゾーンの死後，トゥホルスキーを経て，1927年にカール・フォン・オシエツキー（Carl von Ossietzky）が編集を受け継いだ．1933年3月7日，ナチスの突撃隊の急襲を受けて休刊した．WB に関して詳しくは，Enseling, *op. cit.*; Deak, *op. cit.*

13）Kurt Lenz/ Walter Fabian (ed.), *Die Friedensbewegung. Ein Handbuch der Weltfriedensströmungen der Gegenwart*, Berlin, 1922; Franz Kobler (ed.), *Gewalt und Gewaltlosigkeit. Handbuch des Aktiven Pazifismus*, Zürich und Leipzig, 1928, rpt., New York, 1971.

14）Kurt Hiller, *Verwirklichung des Geistes im Staat. Beiträge zu einem System des logokratischen Aktivismus*, Leipzig, 1925［以下，*Geist* と略］; Hiller, *Der Sprung ins Helle*, Leipzig, 1932［以下，*Sprung* と略］．また，必ずしも完全な形のものではないが，最近出版された論説集としては，Stephan Reinhardt (ed.), *Kurt Hiller, Politische Publizistik von 1918-33*, Heidelberg, 1983.

15）“Eine Rundfrage der “Friedenswarte” Verteidigungskrieg und Dienstverweigerung,”［以下，“Rundfrage” と略］*FW*, 1928.10/11, p. 286, 290; Wehberg, “Das Milizsystem und die Organisation des Friedens,”［以下，“Milizsystem” と略］*FW*, 1932. 12, p. 355.

16）Wehberg, “Der Verteidigungs-und Exekutionskrieg als Sicherung eines angegriffenen Staates,”［以下，“Sicherung” と略］*FW*, 1929.2, p. 36. 防衛戦争と正当防衛については，前者を後者の一部とする，ラディカルな平和主義者マルタ・シュタイニツ（Martha Steinitz）の見解（“Rundfrage,” p. 298），防衛戦争は肉体と生命でなく，政治的・経済的価値を守るためなので，正当防衛ではないという，同じくラディカルな平和主義者アルノルト・カーリシュ（Arnold Kalisch）の見方（Kalisch, “Bürgerkrieg und Dienstverweigerung,” *FW*, 1926.5, p. 143），防衛戦争では襲う者と襲われる者の関係に，国家と国民の関係が加わるので，適切な類比ではないという，枢密法律顧問官アードルフ・ハイルベルク（Ado1f Heilberg）の見解（“Rundfrage,” p. 294）などがある．

17）“Rundfrage,” pp. 286f.; Scheer, *op. cit.*, p. 379. シェーナイヒは退役陸軍少将．1920年 に除隊後平和運動に参加し，1929年から DFG の会長になった．

18）Schoenaich, “ Vom Zukunftskrieg,” *FW*, 1927. 12, p. 357.

cit., pp. 371, p. 386.

8） Ⅱ・Ⅲでは，ラディカルな平和主義の代表的論客といわれる，クルト・ヒラー（Kurt Hiller）を主に扱うので，先に簡単に紹介したい．ヒラー（1885-1972年）はベルリンに生まれ，ベルリン大学等で法学を学び，学位論文“Das Recht über sich selbst”で自殺・同性愛等を扱った．1908年秋，一年志願兵として入営したが，すぐ脱営した．その後，表現主義運動に参加し，行動主義（Aktivismus）を標傍した．1920年に，詩人アルミン・ヴェークナー（Armin T. Wegner）らの設立したBdKに参加し，1926年には，革命的平和主義者グループ（Gruppe Revolutionärer Pazifisten［以下，GRPと略］）を，クルト・トゥホルスキー（Kurt Tucholsky），男女同権主義者のヘレーネ・シュテッカー（Helene Stöcker）らと結成したが，これは，100名程度の小集団である．彼は，1933年にナチスに逮捕されたが翌年釈放され亡命した．彼は，文士支配（Logokratie）を主張するエリート主義者であり，論争家としても有名である．学位論文に見られるように，彼の理念の萌芽を第一次大戦前に見ることもできる．

9） シュリューターは，防衛戦争に関する諸見解等々のテーマ別に，宗教的平和主義者を含む広範な平和主義者の主張を扱っているが，史料に語らせる形をとっており，諸見解をどう位置付けるかという点については，あまり明確ではない．（Schlüter, *op. cit.*, passim）．シェーアは，平和主義のイデオロギーを，穏健な平和主義，ラディカルな平和主義，革命的平和主義，倫理的平和主義に分けて緻密に分析しているが，個々の範疇間の差異，個々の範疇内部の差異，個々の見解の正当化の根拠，などについては，異なった見方が可能であろう（Scheer, op. cit., pp. 371-419）．リュトゲマイアー・ダーフィンは，各組織ごとに扱っているが，詳細な分析とはなっていないように思われる（Lütgemeier-Davin, *op. cit.*, pp. 20-82, et passim）．

10） 左翼知識人については，例えば，Alf Enseling, *Die Weltbühne: Organ der "Intellektuellen Linken"*, Münster Westf., 1962; Istvan Deak, *Weimar Germany's Left-Wing Intellectuals*, Berkeley and Los Angeles, 1968; Walter Laqueur, *Weimar: A Cultural History 1918-1933*, London, 1974（『ワイマル文化を生きた人々』脇圭平・八田恭昌・初宿正典訳，ミネルヴァ書房，1980年），クルト・トゥホルスキー『ヴァイマル・デモクラシーと知識人』野村彰編訳，ありえす書房，1977年．

11） *Die Friedens-Warte, Blätter für internationale Verständigung und Zwischenorganisation*, Leipzig, 1918-1920, Berlin, 1923-1929, Schweidnitz, 1930-1932．（FWに続く数字は年・月．）FWは，ズットナー夫人（Bertha von Suttner）の小説『武器を捨てて』に精神的基盤を与えられたドイツの平和主義を，科学的理論に高めたといわれるアルフレート・ヘルマン・フリート（Alfred Hermann Fried）が1899年にベルリンで創刊した月刊誌で，1921年に彼の死で休刊したが，1923年に社会学者ルードルフ・ゴルトシャイト（Rudolf

略]）が1921年に結成され，最盛期に22の組織が加盟し，5万人の会員を擁した．DFK については，Lütgemeier-Davin, *Pazifismus zwischen Kooperation und Konfrontation.*

3）DFG について簡単に説明したい．DFG はベルリンで弁護士のリヒャルト・グレリング（Richard Grelling）らが結成した，ドイツ最大の平和主義組織である．組織は連邦主義的色彩が濃く，地方組織（特に西南ドイツに多く存在した）の力が強かった．年に一度総会が開かれ，そこで執行部が選出され，その中から会長・書記長等 が選ばれた．1914年から29年まで，ルートヴィヒ・クヴィッデ（Ludwig Quidde）が会長を務めた．会員数は，第一次大戦前に1万人，1920年に9000人，最盛期の1926年に3万人であり，ヴァイマル期には，会員は，労働者，職員，自由業者が1/3ずつを占め，政党支持では，社会民主党［以下，SPD と略］支持が40～50%，民主党［以下，DDP と略］支持が20～25% といわれる．財政は会費と寄付に依存していた．機関誌は数誌の中から選択する形となっていたが，1927年以降は，Das Andere Deutschland［以下，AD と略］，Die Friedens-Warte［以下，FW と略］，Die Menschheit の3誌からの選択強制購読となった．DFG について詳しくは，Scheer, *op. cit.*

4）第一次大戦以前の平和主義については，Scheer, *op. cit.*

5）Scheer, *op. cit.*, p. 401.

6）例えば，全国で50万人を動員したといわれている，1920年代初期の，Nie-wieder-Krieg 集会（詳しくは，Reinhold Lütgemeier-Davin, "Basismobilisierung gegen den Krieg," in: Holl/ Wette (ed.), *op. cit.*, pp. 47-76），旧王侯財産問題を巡る，国民発案署名と国民投票への積極的参加（Scheer, *op. cit.*, pp. 497-506）などに現われている．また，フリッツ・キュスター（Fritz Küster）や，ハインリヒ・シュトレーベル（Heinrich Ströbel）ら AD の寄稿家たちは，プロイセン軍国主義を戦争の最大の原因と捉え，ドイツの主要戦争責任論をとり，平和運動を大衆運動化すべく集会等を頻繁に開き，また，ファシズムの危険性を早くから理解していたが，彼らの活動も内政への積極的関与を示す例といえよう．AD を中心とする人々は1920年代末に DFG の主導権を握るに至った．なお，AD の発行部数は4万2000 部である．詳しくは，Helmut Donat/ Lothar Wieland (ed.), *Das Andere Deutschland. Eine Auswahl.* (1925-1933), Königstein / Ts., 1980.

7）組織平和主義とは，国際組織の活動で平和を維持しようとする，手段に対応した呼称であり，穏健な平和主義とは，武力を拒否する姿勢の程度に対応した呼称である．両者の支持者は現実には殆ど重なっており，その中には，クヴィッデ，国際法学者ハンス・ヴェーベルク（Hans Wehberg），ヘルムート・フォン・ゲルラハ（Helmut von Gerlach）らがいる．ラディカルな平和主義も，同様に，手段的ラディカルさ，武力を拒否する態度のラディカルさ等に対応した呼称である．これらの呼称に関しては，Scheer, *op.*

註

第1部　ヴァイマル期における平和主義

第1章　ヴァイマル期における平和主義

1）　Kurt Sontheimer, *Antidemokratisches Denken in der Weimarer Republik. Die politischen Ideen des deutschen Nationalismus zwischen* 1918–1933, München, 1968（『ワイマール共和国の政治思想』河島幸夫・脇圭平訳，ミネルヴァ書房，1976年，89頁）.

2）　ヴァイマル期の平和主義の研究史を簡単に説明したい．既に1930年代に，純粋法学の立場に立つグロースの包括的な理論的研究（Leo Gross, *Pazifismus und Imperialismus. Eine kritische Untersucung ihrer theoretischer Bewegung*, Leipzig und Wien, 1931），カイザーの研究（Siegfried Kayser, Anschauungen über Krieg und Frieden in Deutschland nach dem Ende des Weltkrieges, Diss., phil. Berlin, 1936）があるが，1948年に出版されたバーケライの研究（Richard Berkeley, *Die Deutsche Friedensbewegung 1870–1933*, Hamburg, 1948）は，「もう一つのドイツ」を探る意図で，平和主義をドイツ史の中に位置付けようとした初めての試みである．この視角は，これ以降の研究も基本的に共有しているように思われる．1970年代の半ば以降，平和主義者の思想・組織・政治運動を包括的に扱った研究が登場した（Rolf R. Schlüter, Probleme der deutschen Friedensbewegung in der Weimarer Republik, Diss., phil. Bonn, 1975; Rosemarie Schumann, Pazifismus in der Entscheidung. Die DFG in den Jahren 1928–1933, Diss., phil. Berlin (DDR), 1975; Friedrich-Karl Scheer, *Die Deutsche Friedensgesellschaft (1892–1933). Organisation, Ideologie, politische Ziele*, Frankfurt am Main; Reinhold Lütgemeier-Davin, *Pazifismus zwischen Kooperation und Konfrontation,* Köln, 1982）．また，1981年にはホルとヴェッテの編集した論文集が出版され，個別的な主題を掘り下げて検討している．（Karl Holl/ Wolfram Wette (ed.), *Pazifismus in der Weimarer Republik*, Paderborn, 1981）．研究史について詳しくは，Lütgemeier-Davin, *Pazifismus zwischen Kooperation und Konfrontation,* pp. 9–12.

　平和主義組織としては，第一次大戦中に結成された新祖国同盟（Der Bund Neues Vaterland）（1922年に，Die Deutsche Liga für Menschenrechte に改称），ドイツカトリック教徒平和同盟（Der Friedensbund Deutscher Katholiken），宗教社会主義者同盟（Der Bund Religiöser Sozialisten），兵役反対者同盟（Der Bund der Kriegsdienstgegner［以下，BdK と略］），ドイツ国際連盟同盟（Die Deutsche Liga für Völkerbund）などがあり，これらの上部組織として，ドイツ平和カルテル（Das Deutsche Friedenskartell［以下，DFK と

【タ行】

【ナ行】

【ハ行】

【マ行】

【ラ行】

事項名

【タ行】

【ナ行】

【ハ行】

【マ行】

【ヤ行】

索引

人名

著者紹介
武田　昌之（たけだ　まさゆき）
一九五七年北海道生まれ
東京大学文学部第2類（史学）（西洋史学）卒業、東京大学大学院人文科学研究科西洋史学専攻修士課程修了、東京大学大学院人文科学研究科西洋史学専攻博士課程単位取得退学。
現在　東海大学国際文化学部地域創造学科教授

戦争《せんそう》・平和《へいわ》・国際組織《こくさいそしき》
歴史的《れきしてき》に考《かんが》える

発　行　二〇一八年十一月三〇日　第一版第一刷発行
著　者　武田昌之
発行者　浅野清彦
発行所　東海大学出版部
〒二五九－一二九二
神奈川県平塚市北金目四－一－一
電話〇四六三（五八）七八一一
FAX〇四六三（五八）七八三三
URL http://www.press.tokai.ac.jp/
振替〇〇一〇〇－五－四六六一四
印刷所　港北出版印刷株式会社
製本所　誠製本株式会社

ISBN978-4-486-02175-9